PAIXÃO DA IGNORÂNCIA
A escuta entre Psicanálise e Educação

CONTRACORRENTE

Copyright © EDITORA CONTRACORRENTE

Rua Dr. Cândido Espinheira, 560 | 3º andar
São Paulo – SP – Brasil | CEP 05004 000
www.editoracontracorrente.com.br
contato@editoracontracorrente.com.br

Editores

Camila Almeida Janela Valim
Gustavo Marinho de Carvalho
Rafael Valim

Coordenadores da Coleção
Educação e Psicanálise

Ana Cristina Dunker
Christian Dunker

Comitê editorial e científico da Coleção
Educação e Psicanálise

Ana Cristina Dunker	Biancha Angelucci
Christian Dunker	Cleide Terzi
Debora Vaz	Erica Burman
Ilana Katz	Juliana Daglio
Maria Cristina Kupfer	Marise Bastos
Mônica Matie Fujikawa	Paula Fonseca
Rafael Valim	Renata Araújo
Rinaldo Voltolini Ilana Pirone	Rose Gurski
Sonia Pieri	

Equipe editorial

Denise Dearo (design gráfico)
Maikon Nery (capa)
Juliana Daglio (revisão)
Douglas Magalhães (revisão)
Jade Amorim (revisão)

Dados Internacionais de Catalogação na Publicação (CIP)
(Ficha Catalográfica elaborada pela Editora Contracorrente)

D919 DUNKER, Christian.
Paixão da ignorância: a escuta entre Psicanálise e Educação – Coleção Educação e Psicanálise, 1ª reimpressão | Christian Dunker – São Paulo: Editora Contracorrente, 2020.

ISBN: 978-65-991194-9-1

1. Psicanálise. 2. Psicanálise e educação. 3. Educação. 4. Estudos em psicanálise.
I. Título. II. Autor. III. Coleção

CDD: 150.195
CDU: 159.9

Impresso no Brasil
Printed in Brazil

CHRISTIAN DUNKER

PAIXÃO DA IGNORÂNCIA
A escuta entre Psicanálise e Educação

1ª reimpressão

São Paulo

2020

SUMÁRIO

EDUCAÇÃO E PSICANÁLISE 9

APRESENTAÇÃO 11

INTRODUÇÃO 15

PARTE I
A ESCOLA ENTRE COMUNIDADE E INSTITUIÇÃO

Capítulo I – Paulo Freire 31

Capítulo II – Educação em tempos anti-intelectuais............... 35

Capítulo III – Pós-verdade e novo irracionalismo brasileiro 37

Capítulo IV – A arte de imbecilizar crianças......................... 43

Capítulo V – A escola de Procustro...................................... 47

Capítulo VI – Crianças para o mundo, escolas para a cidade ... 51

Capítulo VII – Cuidar, educar e governar............................. 57

PARTE II
EDUCAÇÃO PARA A ESCUTA

Capítulo I – Sofrimento na escola 69

Capítulo II – Medicalização, criminalização e *doping*.............. 77

Capítulo III – Desigualdade racial e socioeconômica na educação   93

Capítulo IV – Sofrimento digital...   97

Capítulo V – A escuta como resposta transversal ao sofrimento escolar...   113

Capítulo VI – O tempo da escuta..   117

Capítulo VII – O trabalho político da escuta...........................   123

Capítulo VIII – A escuta entre gerações   131

PARTE III
DO CONHECIMENTO AO RECONHECIMENTO

Capítulo I – A escola como escolha ética..............................   141

Capítulo II – Resultado ou processo   145

Capítulo III – O apólogo da flauta indiana   149

Capítulo IV – O desejo como valor   153

Capítulo V – Do conhecimento ao reconhecimento.................   159

Capítulo VI – Autonomia ou heteronomia   165

Capítulo VII – Dependência e independência..........................   175

Capítulo VIII – Segurança ou risco   179

Capítulo IX – A sala de aula como situação de risco..............   183

Capítulo X – A formação do desejo de saber........................   187

Capítulo XI – A formação do desejo de escola nos pais..........   191

Capítulo XII – A formação do desejo do professor   197

PARTE IV
LINGUAGEM, FALA E ESCRITA

Capítulo I – Cena de escritura infantil   205

Capítulo II – Letramento e alfabetização 209

Capítulo III – Constituição do sujeito............................... 213

Capítulo IV – Função de nomeação: a letra como litoral entre saber e gozo 217

Capítulo V – Função Dêitica: o sujeito da Enunciação no Enunciado 219

Capítulo VI – A negação e a rasura 221

Capítulo VII – Letramento primário e transitivismo................ 223

Capítulo VIII – O jogo de alternância (Fort-Da) e a superação do transitivismo 227

Capítulo IX – Hipótese sobre a aquisição da escrita 229

Capítulo X – Inversões.. 233

Capítulo XI – Confusão de línguas entre adultos e crianças.... 239

Capítulo XII – Contar em espelho.. 247

Capítulo XIII – O discurso alfabético 253

Capítulo XIV – Analfabetismo digital generalizado................ 259

PARTE V
PSICANÁLISE E UNIVERSIDADE

Capítulo I – Romance de formação na psicanálise.................. 267

Capítulo II – Psicanálise e universidade brasileira 281

Capítulo III – A Angústia da Tese.. 295

Capítulo IV – 27 + 1 erros mais comuns de quem quer escrever uma tese em psicanálise... 299

REFERÊNCIAS BIBLIOGRÁFICAS...................................... 327

EDUCAÇÃO E PSICANÁLISE

A **Coleção Educação e Psicanálise** propõe ampliar o campo de formação de educadores para a escuta de modo a contribuir para uma escola aprendente, não apenas em termos de seus alunos, mas da comunidade que esta compreende. Seu objetivo é dar voz a educadores e psicanalistas tentando reduzir o hiato entre a transmissão oral e a escrita, entre escola e universidade, entre prática e pesquisa, surgidas do chão da sala de aula. A proposta da coleção parte da escuta do próprio campo aprendente entre os atores da vida escolar retomando os princípios inclusivos de Paulo Freire. A coleção inclui textos de fundamentação, resistência, memória e autoria em diversidade de modelos, que pretendem reduzir muros que conformam experiências aprendentes e de escuta na intersecção entre psicanálise e educação. Concorrer para uma escola orientada para a vida comum, compartilhada e diversa demanda reorganização institucional e comunitária das escolas, discussão de seus modelos emergentes, contexto no qual a psicanálise contribui com operadores críticos de leitura do sofrimento escolar.

Christian Dunker
Ana Cristina Dunker

APRESENTAÇÃO

Venho de uma família que se dedica à educação desde o final do século XVII. Meus bisavós chegaram ao Brasil para administrar um orfanato e educandário iniciado pelo Regente Feijó, no bairro de Anália Franco. Minha avó foi professora primária por mais de 50 anos, no mesmo colégio alemão onde conheceu meu avô, vindo da Universidade de Viena, para estagiar no ensino das artes e da filosofia. Me casei com uma educadora e meu filho é professor de Física.

Sou professor há vinte e oito anos. Dei aulas de filosofia, metodologia e teoria da ciência, mas depois me concentrei no ensino da clínica psicanalítica e da psicopatologia. Dei aulas em faculdades da periferia de São Paulo e em mais vinte universidades estrangeiras. Dei aulas públicas no viaduto do Chá, na praia de Ondina, em salões de igrejas e festas de rua. Falei para empresários e para escolas de elite, mas também em praças públicas e para operários em seu chão de fábrica. Escrevi livros e criei um canal no *Youtube* para conversar com quem quer aprender e gosta de perguntar. Durante todo esse tempo tentei transmitir a psicanálise em escolas, grupos de estudo, associações, seminários abertos e assemelhados. Nesse tempo todo, no entanto, nunca me senti um professor. Professor era coisa para os grandes, para os antigos, para meus ancestrais que se dedicaram a tarefas mais nobres como as artes ou as engenharias. Dar aulas fazia parte da prática de psicanalista e pesquisador. O dever de compartilhar dúvidas e achados fazia a docência vir por acréscimo. Ensinar fazia parte da vida. Era apenas o enquadre ou

CHRISTIAN DUNKER

o contexto para transmitir um certo desejo ou uma certa relação com o saber, sem grande preocupação didática ou pedagógica. Minhas aulas sempre me pareceram confusas, com lousas extensas e ilegíveis, erráticas do ponto de vista do encadeamento de ideias, tentando compensar na "raça" e na animação a falta de preparo didático. Assim se deu do mestrado ao doutorado, do pós-doutorado a Livre-Docência. Foi só depois de ter alcançado o mais alto cargo que um professor universitário pode obter em nosso país, o de Professor Titular, em uma universidade pública, como a USP, no contexto político de ataque e desvalorização dos professores, que se tornou óbvia minha dívida e responsabilidade como professor.

A partir de então aprofundei minha prática de divulgação científica, minhas intervenções e colunas tentando reduzir os muros que separam a universidade da sociedade civil e principalmente segregam discursivamente as pessoas distantes do ensino formal e do vocabulário institucional da pesquisa. Abri um canal no *Youtube* e iniciei uma série de conversas com escolas públicas e privadas. Aumentei o contato e colaboração com os professores da escola de minha esposa, o Carandá Vivavida, contexto no qual conheci o palhaço e educador Claudio Thebas, com quem desenvolvi uma pequena teoria da escuta lúdica, com a qual atravessamos o Brasil, nos apresentando. Percebi então como a psicanálise, no Brasil, é parte de nosso processo civilizatório. Ela traz uma ética do estudo, do aperfeiçoamento e da busca da excelência em relação à transmissão, ao saber e a sua prática que consegue se manter, em muitos casos, à margem das inciativas estatais e da lógica empresarial.

No Brasil não temos muitos institutos de pesquisa independentes que não sejam financiados pelo interesse público ou que se ajustem ao modo de empreender o saber. A maneira como os psicanalistas trabalham e estudam juntos, permanentemente, sem fins pecuniários imediatos, representa uma exceção que é preciso multiplicar e fazer conhecer. É por isso também que ela é frequentemente confundida com uma pseudo-ciência, apesar de sua forte implantação nos sistemas universitários de pesquisa, ou com uma religião, apesar de Freud ter declarado o caráter laico da psicanálise inúmeras vezes.

12

APRESENTAÇÃO

Nunca entendi, por exemplo, porque no Brasil havia tanta diferença entre a cultura de professores escolares e professores universitários. O que, aliás, se desdobra em uma distância inaceitável e incompreensível entre escolas e universidades, distância responsável por muitos desastres e decepções, cada vez mais intensas em nossos jovens alunos. Este livro é um produto e um efeito deste projeto para reverter a lógica condominial em educação.

Contudo, de repente as coisas se transformaram. E no interior deste processo lembrei-me de uma transformação assinalada nas biografias de Freud. O criador da psicanálise, apesar de judeu, jamais professou qualquer intimidade com a religião. Defendeu sempre que a psicanálise é um saber laico e que a influência do judaísmo em seu pensamento não passava de uma contingência cultural. No entanto, isso mudou quando a Áustria foi anexada pela Alemanha de Hitler e os judeus começaram a ser perseguidos. Nessa hora Freud imediatamente fez questão de acentuar sua origem, fazendo conferências em entidades judaicas e indispondo-se com as autoridades. Nada disso, no entanto, impediu que duas de suas irmãs fossem mortas no campo de concentração de Theresienstadt.

Algo análogo se passou aqui quando me dei conta de que meus amigos que ensinavam Marx ou eram teóricos de esquerda passaram a ser demitidos pelas universidades, quando meus alunos de mestrado e doutorado perdiam bolsas e quando desapareceram as reposições de professores em meu departamento.

Quando a sofrida condição de professor se torna um inimigo de Estado, estamos em um mundo invertido. Quando qualquer um arroga-se a prerrogativa de suposto saber ensinar, introduzindo técnicas mirabolantes e discursos de ocasião, apenas e tão somente porque a educação tornou-se terra arrasada, portanto deserto de ninguém, chegou a hora de ensinar alguma coisa aos espíritos repletos de soberba ignorância.

Depois de 30 anos de livre concorrência ainda são as universidades públicas as que melhor se posicionam nas avaliações nacionais e internacionais. Depois de décadas de estatísticos, administradores, moralistas ou tecnólogos de ensino, ainda não demos voz aos educadores.

Parece que, ao longo desse tempo, nos esforçamos para destituí-los do ato de educação. Assim como a política foi substituída por gestores, técnicos e especialistas, a educação tornou-se um discurso para filósofos, psicólogos ou religiosos. Não que não possam sê-lo, como o autor destas linhas, mas é preciso retornar aos fundamentos dessa função e tentar resgatar o que nela há de mais simples: a palavra. Se há alguma modulação significativa nessa função, nesse mesmo período, é a que força o professor a falar privando-se do tempo de escutar. Falar para ocupar currículo, falar para disciplinar, falar para ensinar. Nunca houve um processo colonizador que deixou de começar pelo ato de propor ao outro: *fale a minha língua, porque assim a gente se entende.*

Por isso, se queremos outra coisa que a domesticação da barbárie, é preciso começar a pensar uma educação para a escuta e uma educação pela escuta. Talvez tenha sido essa a pista inaugurada por Ranciére e Larossa, por Lavater e Ponzzio, quando introduziram uma certa educação estética do olhar.

O olhar é silêncio ativo e a palavra, escuta em gestação.

INTRODUÇÃO

A escuta talvez esteja no ponto de passagem e de articulação entre duas superfícies: educação formal e educação informal; educar e cuidar, aprender e ensinar. Este ponto de divisão subjetiva do educador é também seu ponto de desamparo e de vazio. Por isso penso que a escuta – que não é prerrogativa ou exclusividade do psicanalista, do psicoterapeuta ou do especialista em saúde mental – tornou-se peça fundamental para o educador.

Depois de gerações formadas para disputar a fala, depois de anos avaliando a participação de alunos pela sua disposição a falar, estamos nos dando conta de que a faculdade de escutar também devia fazer parte de nossos currículos, objetivos e habilidades. Um dos equívocos dessa falicização da fala é pensar que o protagonista é quem fala e o subordinado quem escuta. Penso que o protagonista é aquele que, como diz o termo em grego, carrega em si (*proto*) o conflito (*agon*).

Assim como a paixão da fala parece acompanhar os que querem saber, a paixão da escuta tem a ver com a experiência da ignorância. Não se trata aqui da ignorância como mera falta de instrução ou civilidade, mas da ignorância como ponto de partida para a aventura da escuta e da abertura para o outro. Chamemos isso de escuta lúdica ou escuta empática, escuta ativa ou não violenta.

O que este livro defende como mais central é que a escuta é uma ética, não uma técnica ou uma ferramenta. Há táticas de *escutatória* (conforme a expressão de Rubem Alves), assim como existem exercícios de oratória. Mas o principal é que a escutatória se faça acompanhar de uma certa relação produtiva com a ignorância, uma relação potente com o não-saber, ou com o não-ainda-sabido. Esse era também o conselho de Lacan aos jovens analistas: não compreendam, não entendam tão rápido o que seus analisantes dizem, suspendam o fechamento do circuito da comunicação. Para fazer isso será preciso produzir-se uma paixão, a paixão de manter-se em relativa ignorância sobre o sentido, a intenção ou o significado do que o outro diz. Manter o dizer do outro como um enigma, ainda que seja um enigma para aquele mesmo que fala.

Não parece um ponto fora desta curva o fato de que o *Mestre Ignorante*, de Jacques Racière,[1] tenha se tornando um paradigma para os educadores do século XXI, pois aqui se vê a função da ignorância efetivar uma transformação nas relações de poder. Escrevi um livro tentando mostrar que a psicanálise se coloca como herdeira da tradição do cuidado de si.[2] Percebo agora que existe uma tradição paralela, mas não menos importante, que se poderia chamar educação de si. É nela que se inscreve o personagem Joseph Jacotot de quem Rancière fala. Assim como o mestre ignorante transmite aquilo que ele ignora, por meio de perguntas sobre o que se vê, o que se pensa e o que se faz diante de algo, o psicanalista transmite seu desejo de analisar a partir da paixão da ignorância que o habita.

No Brasil, um marco substancial da introdução da paixão como temática educacional é Paulo Freire. Tomados em seu conjunto, os textos aqui reunidos esboçam um retorno ao pensamento de Paulo Freire acrescido e combinado com a teoria lacaniana da linguagem. A preocupação freireana com o sentido social e político da educação, a importância conferida aos afetos nesse processo, a reflexão sobre a emancipação e os problemas práticos e teóricos da aquisição da leitura, estão aqui representados. Mas o ponto mais crítico de convergência entre

---

[1] RANCIÈRE, J. *O Mestre Ignorante*. Belo Horizonte: Autêntica, 2015

[2] DUNKER, C.I.L. *Estrutura e Constituição da Clínica Psicanalítica:* uma arqueologia das práticas de cura, tratamento e terapia. São Paulo: Annablume, 2013.

INTRODUÇÃO

Lacan e Freire talvez se encontre na maneira com a qual ambos se colocavam diante do tema do saber, com uma atitude ética que se poderia definir pela *paixão da ignorância*.

Lacan herdou do budismo a teoria de que as paixões do ser são três: amor, ódio e ignorância. Paixão aqui remete ao radical grego *pathos*, ou seja, não apenas uma forma de padecimento ou passividade, mas uma capacidade de ser *afetado por* e de aceitação radical da experiência. Depois dessa bifurcação primária, mais ligada à língua e ao corpo do que ao pensamento, formou-se a oposição mais conhecida entre razão e paixão. Pode-se falar então em um *pathos* do tédio, assim como da errância ou da melancolia. Mas a ideia de que a paixão toca o nosso ser, diferentemente de nossos afetos ou de nossas emoções, convida a uma definição precária que seja do que entendemos por ser.

O ser não está em nenhum lugar, a não ser nos intervalos, ali onde ele é o menos significante dos significantes, a saber, o corte (...) Se quisermos dar ao ser sua definição mínima, diremos que ele é o real, enquanto este se inscreve no simbólico.[3]

A paixão da ignorância é uma espécie de propedêutica para a ação, um lugar ou uma posição onde se está com relação ao saber que permite produzir efeitos. Ali, no abismo mais profundo, o homem comum responderá com a negação (*Verneinung*) ou com o recalque (*Verdrängung*), ou seja, ele recobrirá este vazio com o ódio, que imaginariza o real, ou o amor, que simboliza o imaginário. A ignorância é a realização do simbólico, e quando o simbólico se realiza percebemos que ele é composto de negatividade e não de positividade. Daí que a paixão da ignorância represente a diretiva socrática do "só sei que nada sei", mas considerando o saber como um processo. O que distingue o psicanalista – e porque não dizer que ele pode compartilhar essa disposição com um certo tipo de educador – é que ele opta pela paixão pela ignorância. Isso significa destituir o poder que o saber carrega consigo. Ao renunciar ao exercício do poder, quiçá este se transforma em autoridade transferencial.

---

[3] LACAN, J. *O Seminário Livro I Os Escritos Técnicos de Freud*. Rio de Janeiro: Jorge Zahar, 1988, [1953], p. 254.

CHRISTIAN DUNKER

"O analista não deve desconhecer o que eu chamarei o poder de acesso ao ser da dimensão da ignorância, porque ele tem que responder àquele que por todo seu discurso, o interroga nesta dimensão. Não tem que guiar o sujeito num *Wissen*, num saber, mas nas vias de acesso a este saber".[4]

A alienação, representada no discurso de Lacan, pela posição do escravo, consiste em obstruir-se as vias que levam ao saber. É isso também o que define o recalcamento e a defesa para Freud: *não quero saber*. Suspender este tipo de ignorância, na qual se formam nossos sintomas, tem efeitos sobre nossa atitude diante do saber em geral, não apenas daquele que se estrutura pela negação, do sexual e do infantil. Portanto, não se tratam apenas dos efeitos mais ou menos diretos de inibição ou de recusa ao contexto de aprendizagem, que tão frequentemente vemos nos percursos escolares, mas de um impedimento global, que faz da recusa ao saber um casamento entre a ignorância e o desconhecimento.

"A psicanálise é uma dialética (...) E essa arte é a mesma em Hegel. Em outros termos, a posição do analista deve ser a de uma *ignorantia docta*, o que não quer dizer sábia, mas formal, e que pode ser para o sujeito, formadora.

A tentação é grande, porque está em voga, neste tempo do ódio, transformar a *ignorantia docta* no que chamei, não é de ontem, uma *ignorantia docens*".[5]

Aqui Lacan liga a paixão da ignorância, de origem budista, com a douta ignorância, expressão do filósofo Nicolau de Cusa (1401-1464) que se refere ao conhecimento que envolve a unidade dos contrários e que se expressa na forma de um desejo:

"(...) desejamos saber que não sabemos. Se conseguirmos isso alcançaremos a douta ignorância. Assim como o infinito abrange o finito, sem por isso ser finitizado, assim o saber abrange o não–saber, sem

---

[4] LACAN, J. *O Seminário Livro I*: Os Escritos Técnicos de Freud. Rio de Janeiro: Zahar, 1988, [1953], p. 317.

[5] LACAN, J. *O Seminário Livro I*: Os Escritos Técnicos de Freud. Rio de Janeiro: Zahar, 1988, [1953], p. 317.

INTRODUÇÃO

por isso converter-se em não-saber (...) quanto mais douto alguém for, tanto mais reconhecerá ser ignorante".[6]

Assumindo uma perspectiva negativa diante do saber, mas sem que isso se consagre em ceticismo, a douta ignorância exige dedicação ao saber, mas para que este realize de forma máxima a ignorância. Dela advém a curiosidade, forma de desejo infantil, que se alimenta do reconhecimento da existência do que se ignora.

Paulo Freire e Lacan estariam assim reunidos em um projeto homólogo de subversão do uso, posse e propriedade do saber. É possível que seja este projeto que incomode tanto os conservadores obscurantistas que hoje elegem Paulo Freire como inimigo público da educação. Síntese da escola com partido e do uso ideológico do Estado para perversão de crianças indefesas, aliás, como a psicanálise que desde sempre foi acusada de corromper a juventude com sua "mania" em torno da sexualidade.

Quando a moralidade tosca que tomou conta da educação brasileira em 2018 critica Paulo Freire por ser o responsável pelos nossos problemas, eles percebem corretamente o sentido de unidade que o autor de *Pedagogia do Oprimido*[7] alcançou com sua obra e com sua prática. Mas, ao contrário do que tal crítica sugere, Paulo Freire nunca foi o ponto sinóptico de convergência para a educação no Brasil. Talvez a receita esteja certa apesar da incorreção do diagnóstico.

Entender as razões que levaram a isso, bem como pontuar o lugar estratégico da educação no processo político brasileiro, compõe o objetivo deste livro. Sua hipótese de trabalho retoma o que tenho feito em trabalhos anteriores acerca das transformações no estatuto do mal-estar e na gramática do sofrimento[8] e da escuta[9], neste caso considerando o

---

[6] CUSA, N. *A Douta Ignorância*. Porto Alegre: EDIPUCRS, 2002, [1440], p. 43-44.

[7] FREIRE, P. *Pedagogia do Oprimido*. São Paulo: Paz e Terra, 2005.

[8] DUNKER, C.I.L. *Mal-Estar, Sofrimento e Sintoma: uma psicopatologia do Brasil entre muros*. São Paulo: Boitempo, 2015.

[9] DUNKER, C.I.L; THEBAS, C. *O Palhaço e o Psicanalista:* como escutar pessoas e transformar vidas. São Paulo: Planeta, 2018.

contexto da escola. A conversão do sofrimento em sintoma, derivada das alterações em nossas formas de vida, vale dizer de nossas relações entre trabalho, desejo e linguagem, demandam uma resposta ética e política que aqui tento desenvolver com a noção de escuta.

Fundamento e princípio do poder da ação psicanalítica, o estatuto mesmo da palavra passou por transformações decisivas com a versão brasileira do neoliberalismo, com a disseminação da cultura digital e com as novas formas de individuação, notadamente concernentes aos processos de autonomia e independência com suas implicações para formação do desejo. É, portanto, a palavra em sua dimensão de escuta, de discurso e de escrita que está colocada em questão neste livro.

Na primeira parte, apresento as transformações comunitárias e institucionais pelas quais a escola brasileira passou nos últimos quinze anos, tendo em vista a hipótese da vida em forma de condomínio. Nesse período, a escolarização brasileira passou por um duplo processo: por um lado acirrou-se e generalizou-se as estruturas condominiais que já se encontravam disponíveis, por outro começamos a perceber melhor os limites dessa forma de pensar a escola em um país de dimensões e desigualdades extensas como o Brasil.

Escolas com mais muros, muros bilíngues, muros de classe, muros e câmeras, que terminaram por produzir o consenso ideológico de que nossas crianças estavam em perigo nas mãos de educadores marxistas, manipuladores de almas que, com sua permissividade sexual e sua incitação aos direitos humanos, estavam a corromper a família.

Escolas com mais síndicos, com seus processos de gestão e gerenciamento cognitivo, com seus novos desenhos de pensamento, de apostilamento de saberes e de preparação para um novo mundo do trabalho, agora plenamente assimilado ao mundo laboral.

Escolas com alunos que sofrem de uma nova maneira. Mais silenciosa, mais disruptiva, mais apática, mais violenta, com sintomas que se desdobraram em medicalização, criminalização e indução artificial de desempenho em escala de massa. Depois de trinta anos individualizando o sofrimento, tornando-o uma experiência individualizada indiferente

INTRODUÇÃO

à palavra e à escuta, secretada por neurotransmissores, chegamos a uma espécie de colapso discursivo do neoliberalismo.

Na segunda parte tentei mostrar como a escuta pode nos ajudar a fazer um diagnóstico e intervenção sobre a crise regressiva que atravessamos, mas também como ela ocupa um lugar estratégico no enfrentamento e transformação do novo sofrimento escolar. O conceito e a prática da escuta não são privilégios nem prerrogativas de psicanalistas. Como tentei mostrar em trabalhos anteriores,[10] a escuta é uma forma de antídoto genérico para o novo sofrimento escolar. No conjunto, isso significa que ao mesmo tempo o processo de condominização das escolas tornou-se mais agudo, mas também a consciência sobre seus efeitos e malefícios. Não é por outro motivo que a polarização política com a qual se tem caracterizado os anos 2016/2018, colocou no centro do debate o estatuto das escolas. No momento em que a educação começa a alcançar um número sem precedentes de alunos, com a redução substancial de crianças fora da escola e queda de índices de evasão, no momento em que, pela primeira vez, temos mais alunos negros do que brancos no ensino universitário, como efeito do sistema de cotas e de financiamento público do acesso à faculdade, nesta hora surge uma demonização calculada das universidades públicas, das políticas públicas de educação, dos intelectuais e professores, do universo do livro e da escrita.

A emergência de um discurso obscurantista não pode ser confundida nem reduzida ao contra golpe do conservadorismo. O conservadorismo é uma atitude legítima e defensável na história da cultura. Reter, conservar e manter valores, seja na forma de obras, ideias ou autores, segundo uma perspectiva do seu declínio ao longo do tempo não é um problema em si. A tradição conservadora na modernidade, desde Burkhardt a Gabriel Tarde, passando pelos anti-filósofos franceses e chegando em T.S. Elliot, nos deixou frutos indiscutíveis. Mas isso é profundamente diferente do movimento anti-intelectual de estreitamento democrático, tendente ao silenciamento e exclusão de valores que não são os seus, que observamos nos críticos contemporâneos de Paulo Freire.

---

[10] DUNKER, C.I.L. & THEBAS, C. *O Palhaço e o Psicanalista*: escutando pessoas e transformando vidas. São Paulo: Planeta, 2018.

CHRISTIAN DUNKER

A esse respeito temos que entender o que teria acontecido com o melhor de nosso pensamento conservador, de extração liberal, que nunca conseguiu se estabelecer como uma plataforma realmente civilizatória no Brasil. Há, como já argumentei em outros lugares, uma crônica dificuldade em sustentar para além das bravatas declaratórias e das ideias fora de lugar um individualismo capaz de confiar em instituições, separar público e privado ou acreditar na força esclarecedora ou civilizatória da razão como um ideal mediador e emancipatório. Como mostrou Maria Helena Patto,[11] os ideais liberais no campo da educação uma vez inoculados em solo nacional, foram sucessivamente apropriados como forma de segregação, naturalização de diferenças e confirmação de preconceitos. Mas é nesse vazio conservador que podemos detectar a emergência de um discurso regressivo, pré-liberal e que, no fundo, não aceita regras elementares do jogo da educação tais como renunciar ao poder das famílias e transferi-lo para o domínio do saber laico, administrado pelo Estado e fazer da educação privada uma concessão que deve prestar contas ao interesse público. Em vez disso, temos o retorno a uma educação disciplinar de verniz militarista, a ascensão da educação moral, de implantação neopentecostal e a degradação de nossas ambições científicas ao formato demissionário e ideológico.

Contra essa trajetória regressiva é importante retomar a função elementar da palavra, matéria prima da psicanálise, mas também ponto de partida da democracia e condição de possibilidade da experiência educativa.

Este livro é uma tentativa de retomar a palavra não apenas pelo lado de quem a possui e a domina, de quem disputa seu lugar de fala e produz sua voz, mas também pela via da escuta e da leitura, como ato transformativo. Aqui não se trata apenas do manejo da palavra como prerrogativa exclusiva de psicanalistas ou clínicos, mas como meio cultural para a produção do comum. Na terceira parte, sugiro como a escuta pode redefinir processos de autoridade e de crítica da ideologia, bem como participar do contexto de redefinição institucional e comunitária

---

[11] PATTO, M.H.S. *A Produção do Fracasso Escolar*. São Paulo: Queiróz, 1987

INTRODUÇÃO

que atravessa as escolas, mais especificamente com relação às novas gramáticas da luta por reconhecimento.

A Escola, tal como a conhecemos, é uma invenção relativamente recente. Ainda que ela remonte às experiências gregas pelas quais o saber era transmitido segundo uma forma ética precisa, quer no Jardim de Epicuro, na Academia de Platão, no Liceu de Aristóteles ou na Stoa de Crisipo, foi só no século XIX que ela integrou-se ao projeto de formação dos Estados nacionais, os quais precisavam homogeneizar suas línguas, sua história e suas mentalidades com vistas à institucionalização da sociedade. É bom lembrar, portanto, que a escola se torna uma experiência compulsória e universal, subsequentemente um direito. Sua evolução como instituição é paralela ao processo de desencantamento do mundo, com sua progressiva racionalização. Nesse processo, não deveríamos esquecer que a escola, seja ela particular ou estatal, serve sempre ao interesse público. É parte constitutiva do espaço público e concorre para que este tenha estrutura de saber. O uso da razão em espaço público, que é onde a fala do professor se coloca, é uma condição na qual alcançamos nossa maioridade ou também o que Kant chamou de emancipação ou esclarecimento.

Mas a escola é também uma comunidade. Aliás, elas se particularizam neste aspecto, pois umas refletem comunidades de destino nacionais, como as escolas alemã, francesa ou americana; outras derivam de comunidades religiosas como jesuítas, adventistas ou marianos; comunidades definidas pelo corte de classe, pela extração geográfica, por visões de mundo, como as chamadas progressistas ou experimentais. Há comunidades definidas por posições filosóficas, por modelos de ensino e aprendizagem, todas elas explorando soluções para o problema genérico de como uma comunidade pode se tornar uma instituição e uma empresa e ainda assim manter-se uma comunidade.

Mais recentemente surgem escolas que se definem como uma comunidade internacional a partir da língua. As escolas bilíngues ou multiculturalistas percebem a importância da diversidade em um mundo em franca expansão da diferença. Por outro lado, escolas militarizadas, que prosperam pelo país afora, parecem temer essa diversidade e interpretá-la como fonte de desordem e desencaminhamento da autoridade. Ao mesmo tempo a escola, principalmente quando ela começa a avançar cada vez mais cedo sobre o processo de individualização, herda da família o seu sentido de comunidade. Na família, estamos sempre em posição de minoridade, pois por mais equitativa ou dialogal que ela seja, nela as posições não são substituíveis. E é este caráter insubstituível que a torna uma matriz de formação de nossa gramática amorosa primária. Na família começamos sendo amados pelo que somos, não pelo que fazemos. Gradualmente isso se altera, até o ponto em que passamos da condição de sermos cuidados para a de educados. Contudo, o sentido de possessão proveniente dessa experiência primeira marcará profundamente a nossa esfera privada e a maneira com entendemos sua tradução como desejos e demandas.

A escola enquanto instituição como tal quer "manter-se de pé" e perpetuar-se em sua finalidade, por força de lei e por prerrogativa de Estado e, quando for o caso, por prerrogativa de desempenho ou de eficácia negocial. Na escola a contradição entre instituição e comunidade jamais é propriamente superada. Mas o que é relativamente novo em nossa situação é o surgimento de um duplo espaço intermediário, entre as duas esferas, pública e privada. Este é o espaço da intimidade quando se pensa no vetor do espaço privado, mas é também o espaço do comum quando se pensa no espaço público. O comum e o íntimo envolvem ambos uma indeterminação da posse e da propriedade. O comum e o íntimo são situações problemáticas para as esferas do ser e do ter. Por isso seria mais correto perceber que a relação entre o público e o privado pode não ser o equivalente de duas esferas, mas talvez uma estrutura onde o fora e o dentro admitam espaços de transição.

Isso traria consequências importantes para o nosso próprio entendimento de indivíduo, que costumamos representar, desde Leibniz, como uma bolha ou como uma mônada. Há o dentro e o fora do corpo, assim como há a casa e a rua, o privado e o público. A crítica psicanalítica da modernidade recusa pensar o espaço público e privado como esferas, em vez disso proporá uma dupla zona de interpenetração, que afetará profundamente o entendimento do que se entende por saber e por reconhecimento.

INTRODUÇÃO

A partilha do comum é também a institucionalização de uma forma de fazer, de gerir, de agir junto. A partilha do íntimo é uma forma comunitária de estar, de dividir incertezas e promessas. Podemos pensar este comum como uma origem comum, mas também como um comum porvir, um comum a construir. Tais zonas de indeterminação que constituem o comum e o íntimo podem ser definidas por uma espécie de furo ou de incompletude das esferas. Neste furo há uma experiência bastante específica concernente à nossa relação com o saber, pois neste furo está nossa experiência de ignorância.

Se comunidade é um conceito que impõe uma geografia de litorais e indeterminações, sempre aberta à inclusão e à referência da família como comunidade origem, a experiência da institucionalização introduz um sentido inédito e civilizatório de escola. Do ponto de vista da institucionalidade, a escola é o lugar onde aprendemos que a lei não foi feita de modo caprichoso por herdeiros ou assemelhados de nossos parentes. Na escola, descobrimos que podemos ser substituídos por qualquer outrem e que podemos ser comparados com os outros. Na escola a lei torna-se impessoal, vale para todos, não se aplica conforme o gosto ou predileção do professor, do coordenador ou da direção. A escola nos traz uma simulação e um ensaio do que é um espaço público e a palavra do professor é a primeira e fundamental representação necessária para essa passagem. Nisso se introduz um termo decisivo para falar da escola como uma instituição que serve e se cria como parte do interesse público: *representação*. Seja ela gerida por fundações, pelo Estado ou pela iniciativa privada, a escola é sempre de interesse e finalidade pública e, portanto, submetida a uma lógica de transferência de poder por representação.

Freud criou a psicanálise presumindo um conceito aparentemente simples: representação, ou *Vortellung*. Termo chave no pensamento moderno porque, entre outras coisas, permite ser tomado como um conceito epistêmico quando pensamos que conhecer é representar corretamente fenômenos e objetos, mas trata-se também de uma noção política quando pensamos que nossas democracias parlamentares confiam sobretudo em sistemas de representação distrital, federal e estadual. Finalmente, se lembramos que um ator representa um papel em uma peça

CHRISTIAN DUNKER

ou que um pintor constrói representações com imagens, vemos que representação era um termo chave para a teoria estética.

Na recente crise política brasileira, ouviu-se frequentemente que ela era uma crise de representatividade das instituições, dos personagens e da confiança na autoridade da razão ou na fidedignidade da informação, que teria abalado mais ainda a confiança na ciência, nas escolas e nas universidades. Nas artes e na cultura, nota-se cada vez mais um esforço de retorno ao modo correto de representar, bem como um retorno da suspeita e da indignação com certos temas que não deveriam ser representados em museus e exposições. Ainda neste contexto se encontrará uma consciência crescente de que certos grupos como mulheres, negros, LGTBs e pobres estão sobrerrepresentados em instâncias de poder e decisão, seja na esfera pública seja em empresas.

Comunidade e institucionalidade, reconhecimento pelo amor e reconhecimento pelas leis, convivem de modo tenso, contraditório e por vezes em colapso, em cada uma das experiências escolares que conhecemos. Contudo, no Brasil depois de 2013 essa oposição chegou a tal intensificação e cruzou-se de tal maneira com o processo político que uma verdadeira mutação regressiva parece ter emergido. Em vez da paixão pela ignorância, encontramos o embrutecimento dos que querem praticar a pedagogia cultural baseada coerção de temas e valores. Uma transformação do sentido de comunidade parece ter reforçado o espírito comunitário modificado, por meio do qual as famílias passaram a se entender como proprietárias ou acionistas da escola. Por outro lado, transformações institucionais sugerem que as escolas devam se tornar, cada vez mais, espaços disciplinares e regrados de forma impessoal.

Na quarta parte, apresento uma contribuição pontual, proveniente do conceito psicanalítico de letra, para a teoria da alfabetização infantil. Tentei apresentar uma conjectura sobre como a hipótese genérica de Paulo Freire acerca do fato de que antes de entrar em contato com o saber formal e codificado, institucionalmente representado pela escola, a criança ou o adulto analfabeto, já é um leitor do mundo. A ideia de que ali onde não há letra existe apenas um vazio a ser preenchido por uma educação bancária, ao modo de uma tela branca, é uma ideia que desconhece o entendimento mais amplo e universalista de linguagem.

INTRODUÇÃO

Esta ideia freireana se combina com a hipótese de Lacan de que chegamos ao mundo em uma determinada constelação familiar, em uma mitologia familiar que nos precede com sua rede de expectativas e so-bredeterminações. Os desejos que antecipam a chegada de uma criança são também as coordenadas simbólicas nas quais ela nasce. Portanto, ela não é uma tela branca. Aprendemos que quando os pais entendem que seus filhos são apenas uma extensão imaginária de seus planos e sua forma de ver o mundo, graves problemas surgirão para esta criança. A criança não é uma massa plástica a ser modelada pelo narcisismo dos pais. Isso acontece porque a rede de expectativas que recai sobre a chegada de alguém ao mundo é, em grande medida, inconsciente. Por isso, muitos filhos, ao realizar desejos negados dos pais são objeto da mais severa crítica e repúdio.

Mas a criança não é uma tela em branco, apenas porque nela se antecipam desejos e demandas insabidas, mas também porque ela é um ser ativo e um sujeito em sua relação com a linguagem, desde o início. Ela é falada pelo mito familiar do neurótico ao mesmo tempo em que fala, do lugar da verdade suprimida por este mesmo sistema. E ela fala, simplesmente porque lê o mundo, como um conjunto de traços que caem sobre seu corpo. Um conjunto de marcas mnêmicas, ou seja, como inscrições de memórias, produzidas pelos toques, pelas carícias, mas também pelas ausências e privações que o tempo do Outro lhe impõe.

Essa ideia de que o sujeito depende de uma espécie de aposta ou de suposição antecipante nos conduz a uma teoria da aquisição da escrita capaz de incorporar o laço social no interior do qual reaprendemos a ler e escrever.

Na quinta e última parte, apresento algumas observações sobre a psicanálise na universidade. São textos que tentam reinterpretar as questões legadas por Freud sobre o ensino da psicanálise à luz dos desenvolvimentos lacanianos sobre o discurso da universidade. Entendo que a pesquisa em psicanálise seria um quarto elemento em relação ao tripé da formação do psicanalista, baseado na sua análise pessoal, na supervisão continuada dos casos que ele atende e no estudo dos conceitos que fundamentam e generalizam a prática do método de investigação e do

CHRISTIAN DUNKER

método de tratamento. Nesse sentido, a pesquisa em psicanálise é uma dimensão suplementar da formação. Isso significa que ela pode ser adicionada ao tripé sem que sua ausência signifique qualquer prejuízo ou minoridade. Lembremos que o ensino e a formação em psicanálise na universidade, particularmente nos cursos de psicologia, não passam de uma função propedêutica ou preparatória. Logo, a psicanálise traz para a universidade um engajamento ético que nem sempre se obtém quando se considera o registro estrito da profissionalização. Por outro lado, a universidade é um lugar de convergência para o que a psicanálise apresenta de sintoma em relação ao projeto freudiano original, a saber, um campo que se organiza conforme a contrariedade, a crítica e a laicidade que se espera da ciência. Nisso não se antecipa nenhuma ilação sobre a cientificidade da psicanálise, conforme seus critérios de demarcação, mas apenas se reserva a ideia de que a psicanálise se transmite e se endereça segundo critérios públicos de aspiração universal, portanto refratários aos particularismos de escola e às políticas de vizinhanças que infelizmente causam o desagravo de muitas pessoas em relação à invenção freudiana.

Parte I
A Escola entre comunidade e instituição

30

Capítulo I
PAULO FREIRE

Jamais me esquecerei da conferência de Paulo Freire na Faculdade de Educação da USP em 1987. Tempos de redemocratização do país, para a qual ele trazia a experiência da África que tinha adotado sua concepção de alfabetização. Tinha ido receber um prêmio em um destes países, talvez fosse o Zimbábue, e o dignitário local foi buscá-lo no hotel. Como parte dos costumes locais, em sinal de reverência e acolhimento, o tal sujeito tomou a mão de Paulo Freire e saíram assim, de mãos dadas, caminhando pela rua. Um exemplo prático e impactante de sua tese mais importante discutida em *Pedagogia do Oprimido*: reconhecer o saber e o modo de vida do aprendente. Cada um aprende a partir de sua própria posição e história, seja ela de riqueza ou pobreza, de mulher ou homem, de negro ou branco. A ideia é tão forte quanto simples. Fazer valer a leitura que cada um já tem do mundo para, em seguida, expandir ou tirar para fora, no sentido literal e latino de *educere*, torna cada um sujeito de sua própria viagem de conhecimento, o que antigamente chamava-se formação. Ideologia, ao contrário, é achar que a criança ou o adulto analfabeto é uma página em branco que a gente preenche como uma conta bancária.

A ideia pareceu-me incrivelmente psicanalítica, ou pelo menos lacaniana, no sentido de que aprendíamos a não inserir palavras ou intenções na boca de nossos pacientes. Nunca, jamais em tempo algum, querer impor o seu saber de modo a sugestionar o analisante em um sentido específico e consequentemente destituí-lo como agente de seu próprio processo. Por outro lado, a imagem da vergonha relativa que o grande mestre tinha sentido e compartilhara conosco, era uma segunda lição imensa. Não é um problema possuir valores e preconceitos se você está disposto a enfrentá-los expondo-os à experiência que transformará os envolvidos. O reconhecimento do ponto de vista do outro, na contradição produtiva que ele traz com o seu, exprimia-se na cena de dois homens andando de braços dados em público.

Quando cheguei à Inglaterra, por volta de 2001, para fazer meu pós-doutorado, perguntei o que eles sabiam sobre o Brasil. A resposta foi clara e repetitiva: *em termos intelectuais?* Paulo Freire. Visto como uma espécie de Franz Fanon da educação, um dos pais da teoria pós-colonial, ele é o que temos de mais próximo de Pelé no futebol acadêmico. Ainda que fosse um autor médio, ele é o cara que todo mundo conhece. Se você dúvida, consulte um site chamado Google Acadêmico.[12] Pelo mundo afora, acostumei-me com essa resposta, até que pude conhecer sua filha, Madalena Freire, também educadora. Ela tinha colocado em prática um modelo de formação de professores nas comunidades dos morros do Rio de Janeiro, baseado na apropriação e escrita da história de si. Tornar-se autor. Estava ali a mesma ideia novamente.

Portanto, quando vejo nosso novo governo declarar uma limpeza étnica do lixo marxista nas universidades começando por Paulo Freire na educação, não consigo deixar de pensar como suas ideias deram certo. Foi graças a essa valorização cultural do ponto de vista do outro que os discursos mais ignorantes, como os que Olavo de Carvalho, mentor desta barbárie que se anuncia, puderam se apresentar como uma opinião entre outras. Terra plana, conspiração gay-comunista, Darwin e Newton – essa dupla de idiotas, tudo vale como um ponto de vista digno de respeito e consideração, ainda mais quando enunciado do alto das goiabeiras em flor. A culpa é mesmo de Paulo Freire. Se não tivéssemos levado tão a sério o que ele disse, jamais teríamos permitido que

---

[12] Disponível em: https://scholar.google.com.br/

PARTE I - CAPÍTULO I - PAULO FREIRE

pessoas sem formação acadêmica formal ou instrução credenciada pudessem externar tais opiniões sem vergonha (no duplo sentido). O que ele não podia prever é que depois de tudo, em sua própria terra, ele não teria vergonha, mas sim medo de andar de braços dados com outro homem.

Capítulo II

EDUCAÇÃO EM TEMPOS ANTI-INTELECTUAIS

Hoje temos que enfrentar os efeitos de uma cultura anti-intelectual, herdeira do que Sergio Rouanet chamou de *novo irracionalismo brasileiro*.[13] Muitos recriminam as redes sociais como lugar de barbarização da cultura, poucos lembram que ela é também o meio pelo qual podemos comparar discursos, práticas e valores. Dessa comparação, surge a céu aberto, para horror de muitos, o abismo que calculadamente se criou entre ricos e pobres, em termos deste bem simbólico, público e coletivo que é a educação. A antiga tensão entre alta e baixa cultura, erudita e popular, foi substituída pela farta distribuição de leis não cumpridas de acesso fácil e universal ao saber. Como se nossa Maria Antonieta estivesse a dizer: *"se eles não têm professores, por que não lhes damos alguns tablets?"*.

Antes a educação deveria formar pelo trabalho ao modo profissionalizante, depois nos obcecamos com a formação para o mercado, hoje o negócio da educação inclui subvenções estatais seletivas, mercado de apostilas e ensino à distância, produção de métricas manipuladas e aquisição de escolas e universidades por fundos bancários. Se nossos alunos se tornaram consumidores, nada melhor do que lhes vender o truque perfeito: educação sem dedicação, resultados sem meios, aulas sem professores, saber sem

---

[13] ROUANET. S. P. *As Razões do Iluminismo*. São Paulo: Brasiliense, 1988.

cultura, permanência sem merenda. Primeiro atacamos professores, intelectuais e pesquisadores, depois cortamos os investimentos em educação e todos ficam contentes como se estivéssemos purificando o país. Não é um acaso que, junto com o negócio da educação, emergiram métodos magistrais de ensino distância e gestões profissionais que anunciam grandes resultados a custos módicos e tempo diminuído. Tudo para conseguir provar ao consumidor que é possível ter boa educação sem ter que pagar por ela, seja em dinheiro seja em dedicação. O golpe, portanto, depende de uma justa combinação entre ingenuidade e desejo ativo de ser enganado.

A vida digital barateou a informação, como se só por isso a experiência de saber se tornasse gratuita. Professores mal pagos e entulhados de normas são gentilmente convidados a tornarem-se administradores de desempenho e culpados pelos resultados de seus alunos. Estamos novamente presumindo a mágica para depois recriminar a realidade. O que não rende, não produz, não serve ou não se contabiliza deve ser encostado no depósito arcaico das ideologias, das ciências humanas e seus pseudo-intelectuais.

Por que a complexa hermenêutica bíblica e a controversa história da teologia teriam mais valor do que o *fast food* temático de uma religiosidade de resultados? Nunca na história deste condomínio Brasil, a mediocridade se fez passar, com aplausos de tantos, por ajuste de custos e caça aos privilégios.

Mas, como dizia Freud, a voz da razão pode falar baixo, mas ela não descansa. Aqueles que hoje apoiam o sucateamento de escolas e universidades em uma cruzada contra o esquerdismo que se apossou de nossas crianças, deveriam voltar à pergunta feita por Sérgio Buarque de Holanda nos anos 1936: *será que as famílias da aristocracia brasileira entregarão seus filhos para o Estado criar, incutindo-lhes o sentido republicano do bem público, ou no final eles continuarão a tratar as crianças como sua posse e extensão, de tal forma que as escolas se dobrarão aos interesses das famílias?*[14]

---

[14] "Ainda hoje persistem aqui e ali, mesmo nas grandes cidades, algumas destas famílias "retardatárias", concentradas em si mesmas e obedientes ao velho ideal que mandava educarem-se os filhos apenas para o círculo doméstico. (...) Segundo alguns pedagogos e psicólogos, a educação doméstica deve ser apenas uma espécie de propedêutica da vida em sociedade, fora da família (...) a separar o indivíduo da comunidade doméstica, a libertá-lo, por assim dizer, das "virtudes familiares". *In:* BUARQUE DE HOLANDA, S. (1936-1955) *Raízes do Brasil.* São Paulo: Companhia das Letras, 1996, pág. 143.

Capítulo III

PÓS-VERDADE E O NOVO IRRACIONALISMO BRASILEIRO

A relação entre o declínio social da escuta e a emergência da prática de *Fake-News* é direta, mas de determinação múltipla. *Fake News* não é só um fato que pode ser checado e desqualificado, ainda que neste ínterim ele tenha causado prejuízos, por vezes irreparáveis. *Fake News* afetam os fatos criando erros, mas também mentiras e ilusões. São estas as três inversões da verdade:

a. A verdade sem compromisso temporal com a história de sua formulação, portanto sem potência de fidelidade passada (ilusões de memória).

b. A verdade sem desejo, portanto sem capacidade de engajamento, sem compromisso e sem promessa (mentiras desejantes).

c. A verdade sem fatos, consensos ou verificação (falsidade das afirmações).

Por isso, é possível contar uma mentira dizendo apenas verdades factuais. É possível iludir o outro com suas próprias mentiras, sem responsabilidade. É possível manipular dados e imagens para que produzam o sentido que oculte o Real.

Em temas tão espinhosos quanto política, religião, sexo e moral, há uma grande dificuldade de se estabelecer uma interlocução. Mas o

CHRISTIAN DUNKER

conceito de interlocução já é um conceito que privilegia a fala à escuta e vem da ideia de que a troca de mensagens ou de turnos envolve "locuções", ou seja, loquazes falantes e não a troca de silêncios, que talvez fosse uma versão mais oriental nessa matéria.

A educação para a escuta não é exatamente o mesmo que uma educação para o diálogo, pois o diálogo geralmente presume regra, códigos e demais dispositivos que antecipam as condições pelas quais a conversa ou a interlocução pode ocorrer. A escuta, ao contrário, é o espaço de criação ou de determinação dessas regras. Lembremos que para Searle[15] e Austin,[16] filósofos da linguagem, o ato ilocucionário se contrapunha ao ato performativo, ou seja, falas que "fazem" e não apenas que "representam" ou efetuam demandas. A política é curiosamente o campo fundado na palavra para substituir a violência e reconhecer a diversidade produtiva. Mas quando a extensão de participantes aumenta e as decisões se tornam mais complexas, começamos a ter que "reduzir" os assuntos e as pessoas. Também no sexo ou na religião nos acreditamos fincados em solo sólido e inamovível dos princípios que nos constituem como somos. Quando isso é tocado nossa insegurança ontológica emerge, indicando que nossa identidade não é tão perfeita quanto gostaríamos. Mas é nesta vacilação de nosso ser que reside também a liberdade desconhecida em nós mesmos. Uma liberdade da qual não queremos saber, porque ela pode mostrar que nosso eu e que nossa identidade não deixa de ser apenas sintomas mais estruturados e normalopáticos.

Porém o fulcro da desescutação quando a matéria em questão é o sexo, diz respeito aos modos contingentes como cada um constrói sua gramática de satisfações. São escolhas pouco flexíveis que envolvem modos de extração de prazer e gozo, que possuem uma propriedade elementar de generalização. O modo como cada qual lida com sua fantasia, se a maltrata ou se tem alguma noção de seu funcionamento, principalmente como ela se lança para fora de quatro paredes, involuntariamente é de modo insabido ou ignorado e que, tão frequentemente, é

---

[15] SEARL, J. *O Problema da Consciência*. São Paulo: Unesp, 2001.

[16] AUSTIN, J. *Quando Dizer é Fazer*. Porto Alegre: Artes Médicas, 1980.

PARTE I - CAPÍTULO III - PÓS-VERDADE E O NOVO IRRACIONALISMO...

fonte de perturbação interna e não aceitação nas pessoas. O insuportável do gozo é que ele é, apenas e tão somente, a fantasia daquela pessoa, ainda que tenhamos essa mania de querer vestir o outro com nosso modelo. Ignorar que outras pessoas têm outras fantasias é a razão e princípio da desescutação da singularidade do outro, de sua decomposição em meros particulares. O particular é um princípio de coletivização, assim como o singular é um princípio de diferenciação. A escuta é um modo de acolher e destinar o conflito entre um e outro simplesmente porque aspira a universalidade da linguagem.

Costuma-se datar em 2013 e mais decisivamente em 2016 a época na qual nos acostumamos com a negação da fala alheia. É claro que essa descontinuidade nos ajudou a perceber que existiam muitas vozes silenciadas há tempo demais: negros, periféricos, mulheres, gays, trans, pobres, refugiados, migrantes. Em vez de escutar o que eles dizem, decidimos quem eles são. A redução do mapa a somente dois, nós e eles, é uma redução imaginária desencadeada pela crise da lógica do condomínio e um retorno relativo à força das ruas, uma insatisfação com o uso do sofrimento como força indutora de mais produtividade no trabalho e na escola e, finalmente, um novo tipo de linguagem que determina novas formas de vida e de laço social que vieram com a cultura digital. Com isso muitas pessoas entraram em espinhosos desfiladeiros políticos, sem formação para a escuta em situação de diversidade, seduzidos pela mensagem de engrandecimento de si e pela promessa fácil de que todo o mal pode ser erradicado de uma vez, porque *ele* está nessas pessoas sem caráter que estão a mais neste mundo. Esse método segregativo encontrou meios de expressão para tornar a nossa democracia, de aspiração inclusiva, em uma democracia de corte exclusivista, ou seja, funcional e eficaz para cada vez menos pessoas. O autoritarismo é apenas uma exageração das práticas de poder em detrimento da autoridade, uma aposta na prevalência do controle sobre o cuidado, da violência sobre a educação.

Nos anos 1990, Woody Allen dizia que o mundo podia ser horrível, mas ainda era o único lugar onde se poderia comer um bife decente. Nos anos 2000, Cyfer, o personagem do filme Matrix (dir. irmãos Wachowski) que decide voltar para o mundo da ilusão, declara:

CHRISTIAN DUNKER

"a ignorância é uma benção". Portanto, não devíamos nos assustar quando o dicionário Oxford declara o termo "pós-verdade" a palavra do ano de 2016. Uma longa jornada filosófica e cultural foi necessária para que primeiro aposentássemos a noção de sujeito, depois nos apaixonássemos pelo Real, para finalmente chegar ao estado presente no qual a verdade é apenas mais uma participante do jogo, sem privilégios ou prerrogativas. Entenda-se por verdade tanto a revelação (*alethéia*) de uma lembrança esquecida, quanto a precisão do testemunho (*veritas*) e ainda a confiança da promessa (*emunah*), por isso a verdade tem três opostos diferentes: a ilusão, a falsidade e a mentira. A pós-verdade é algo distinto do mero *relativismo* e sua dispersão de pontos de vista, todos igualmente válidos, ou do *pragmatismo*, com sua regra maior de que é a eficácia e eficiência, as quais se impõem às nossas melhores representações do mundo. Ela também não é apenas a consagração do *cinismo* no poder, com sua moral provisória capaz de gerenciar o pessimismo no atacado da tragédia humana, em proveito de vantagens obtidas no varejo narcísico. A pós-verdade depende da confiança na auto-verdade, ou seja, na crença de que algo é verdadeiro ou contém algum teor de veracidade apenas porque eu o enuncio, enquanto tal reflete ou exprime uma parte "verdadeira" de mim. Mas além disso a pós-verdade imprime uma ruptura entre os três regimes de verdade e seus contrários. Ela ataca a estrutura de ficção da verdade, ou seja, o fio de fantasia que liga a verdade como confiança e aposta na palavra, a verdade como descoberta e certeza e a verdade como legitimidade e exatidão.

É porque as três faces da verdade não se ligam senão por uma ficção de que se pode contar um monte de mentiras dizendo só a verdade, mas também criar muitos fatos sem sentido algum e ainda fazer de conta que o que dizemos agora, neste contexto e segundo estas circunstâncias, não tem nenhuma consequência para o momento vindouro.

A pós-verdade tem muitas implicações políticas, morais e institucionais. Ela afeta cotidianamente nossos laços amorosos e nossas formas de sofrimento, principalmente na medida que este depende de descrições, nomeações e narrativas. Mas é na educação que a suspensão da verdade prenuncia um conjunto de efeitos ainda incalculáveis. Imaginemos, para reduzir o problema, o que significaria um professor

PARTE I - CAPÍTULO III - PÓS-VERDADE E O NOVO IRRACIONALISMO...

que superou a problemática da escola sem partido porque ingressou em uma nova era de saberes pós-verdadeiros. Seu perfil didático pedagógico poderia ser construído, de forma conjectural, a partir de sete atitudes fundamentais:

1. Advogue que a tecnologia não tolera barreiras. Tudo se comunica com tudo conforme a vontade do cliente. Recorra a esquemas holistas e integrativos para mostrar que, se permanecemos juntos, confortáveis e amados, tudo terminará bem. É mais importante saber quem somos do que o que podemos fazer em conjunto.

2. Confunda a formação de atitude crítica baseada no cultivo produtivo da dúvida e da incerteza com "circunstâncias nas quais fatos objetivos têm menos influência em moldar a opinião pública do que apelos à emoção e a crenças pessoais". A opinião pública compra qualquer coisa, inclusive conhecimento verdadeiro.

3. Mostre-se indiferente em questões controversas como neutralidade do conhecimento científico ou do ordenamento jurídico, evite qualquer termo de conotação política tal como "androcêntrico" ou "patriarcal". Assuntos como desigualdade racial e distribuição de renda são demasiadamente humanos, por isso neles todas as opiniões são igualmente relativas. Seja sempre objetivo: se você dominar os meios e produzir imagem, o efeito de verdade virá por si mesmo.

4. Seja infinitamente tolerante com a expressão de valores, desde que possa controlar suas consequências com o rigor de procedimentos burocráticos segregativos e que faça com que a performance seja alcançada ao final do semestre. Lembre-se: seus alunos sabem que você não acredita no que está fazendo, por isso sempre diga coisas impactantes e menospreze autoridades ou especialistas que possam desmenti-las. A vida é um show e a sala de aula o ensaio do espetáculo.

5. Cultive uma atitude estética, humorada e flexível. Mostre, com isso, que é mais importante quem está falando, com seu carisma e estilo, do que os argumentos em si, as demonstrações ou as provas. Sempre confie que a última palavra e o consenso do momento é o que importa. Divergentes merecem no máximo o tratamento de "inclusão" e no

CHRISTIAN DUNKER

mínimo o desprezo silencioso. Considere que nenhuma conversa que não possa ser resolvida em menos de 15 minutos vale a pena.

6. Use e abuse do trabalho em grupo. Ele permite que os alunos aprendam que, em nome de ideais nobres como colaboração e solidariedade, podemos criar uma indústria da injustiça e da desresponsabilização. A troca de favores espúrios, o plágio e as técnicas de manipulação da concorrência interna serão úteis para a vida que virá.

7. Sempre privilegie a forma ao conteúdo. O método e as técnicas acima de qualquer substância. Apostilas e livros didáticos fazem o trabalho por você. Entenda: sua função é apenas fazer a gestão da sala de aula e cumprir os encargos administrativos. Ensinar é coisa de gente ultrapassada.

Capítulo IV

A ARTE DE IMBECILIZAR CRIANÇAS

"A arte de perder não é difícil de dominar; há tantas coisas que parecem preenchidas com a intenção de serem perdidas, que a perda delas não é nenhum desastre. Perca algo todos os dias. (…) Então pratique perder melhor, perder mais rápido: lugares e nomes, e até mesmo onde é que você queria viajar".[17]

---

[17] One Art [Uma Certa Arte] (Elizabeth Bishop)
The art of losing isn't hard to master; A arte da perda é fácil de estudar: [A arte da perda não é difícil de dominar] so many things seem filled with the intent a perda, a tantas coisas, é latente [habita] to be lost that their loss is no disaster. que perdê-las nem chega a ser azar [desastre]. Lose something every day. Accept the fluster Perde algo a cada dia. Deixa estar: of lost door keys, the hour badly spent. percam-se a chave, o tempo inutilmente. The art of losing isn't hard to master. A arte da perda é fácil de abarcar [A arte da perda não é difícil de dominar]. Then practice losing farther, losing faster: Perde-se mais e melhor. [Perca mais, perca melhor] places, and names, and where it was you meant [perca] Nome ou lugar, [perca o] destino que talvez tinhas em mente to travel. None of these will bring disaster. para a viagem. Nem isto é mesmo azar. [um desastre] I lost my mother's watch. And look! my last, or Perdi o relógio de mamãe. E um lar next-to-last, of three loved houses went. dos três que tive, o (quase) mais recente. The art of losing isn't hard to master. A arte da perda é fácil de apurar. [A arte da perda não é difícil de dominar] I lost two cities, lovely ones. And, vaster, [Eu perdi] Duas cidades lindas. Mais: um par some realms I owned, two rivers, a continent. de rios, uns reinos meus, um continente. I miss them, but it wasn't a disaster. Perdi-os, mas não foi um grande azar. [Perdi-os mas não foi um grande desastre] —Even losing you (the joking voice, a gesture Mesmo perder-te (a voz jocosa, um ar [Mesmo perder-te (a jocosa voz

CHRISTIAN DUNKER

O poema de Elizabeth Bishop, *One Art*, deveria ser leitura obrigatória e diária para aqueles pais que se recusam a perder seus filhos para o mundo. Em vez de acompanhá-los nessa viagem, que não é em princípio desastrosa, eles querem ampliar o tamanho do mundo que eles mesmos controlam. O mundo em forma de família. O mundo em forma de prisão.

A imbecilização metódica da infância começa pela patologização como individualização de riscos e neutralização das performances desviantes. Entre 1992 e 2007, o diagnóstico de autismo e de risco para cresceu nove vezes nos Estados Unidos. Entre 1997 e 2000, subiu 138% o uso de anti-psicóticos em crianças. Durante esse processo, o professor vai se tornando cada vez mais um "especialista em aprendizagem", um "coach" do saber. Os pedidos de tempo extra para o SAT dobraram de 1990 a 2005. O mercado de aulas particulares cresce à razão de 15% ao ano nos últimos 10 anos.

Na arte de imbecilizar crianças, os currículos autocráticos, as seleções baseadas em exercícios mnemotécnicos e as rotinas escolares poucos significativas concorrem fortemente com o receituário oligofrênico dos pais. Nesse sentido, a primeira tática para imbecilizar crianças consiste em protegê-las discursivamente de problemas. Evitar contato com as verdades dolorosas. A *Bruxa* e a *Madrasta Malvada* devem ser banidas, juntas com o *Lobo Mau*. Em cima do piano não tem mais copo de veneno, mas suco azedo ou verde. A morte é apenas uma viagem. A forma afirmativa, pessoal e direta: "*Atirei o pau no gato*" deve ser vertida para o mais sóbrio e correto "*Não atire o pau no gato, porque isso não se faz*". Corta-se assim o suporte imaginário necessário para que a criança elabore seu sadismo, bem como o masoquismo social que a cerca. De fato, a palavra imbecil provém do latim *baculum*, bastão de pastor. Alguém sem bastão é alguém que deve ser pastoreado pelos outros, alguém que não fará uso algum de seu bastão para se defender, será, pois, um fraco e frágil... sem pau para atirar.

---

do gesto de amor)]I love) I shan't have lied. It's evidente que eu amo), isso tampouco me desmente. the art of losing's not too hard to master A arte da perda é fácil, apesar [A arte da perda não é tão difícil de dominar] though it may look like (*Write* it!) like disaster. de parecer (Anota!) um grande azar

PARTE I - CAPÍTULO IV - A ARTE DE IMBECILIZAR CRIANÇAS

A segunda tática para não perder os filhos para o mundo consiste na sua cretinização. Os cretinos eram crianças que habitavam os vales da Suíça onde o sal continha pouco iodo. Sem iodo elas desenvolviam uma deficiência cognitiva, associada à disfunção da tireoide. Como não podiam mais ser educadas pelos pais, elas eram transferidas para as comunidades religiosas, daí o termo *chretién* (cristão). E assim fazem os pais que entregam seus filhos para a escola como se elas os tivessem não apenas que ensinar, mas educar, controlar, disciplinar, cuidar e assim por diante. E assim ocorre com os que terceirizam a educação dos filhos.

A terceira técnica na arte de não perder as crianças para o mundo consiste em mantê-las isoladas, em situação de indivíduo privado ou como os gregos chamavam, estado de *idiotés*. A escola é um obstáculo para o novo espírito do neoliberalismo, que advoga que cada um de nós é uma espécie de livre empresa que deve escolher livremente seus fornecedores e aplicar seus investimentos segundo os princípios de otimização de resultados. Estes pais empreendedores sentem-se, segundo a prerrogativa de pagantes e clientes, no direito de elevar os princípios individuais e privados à dignidade da coisa pública. Educação é um empreendimento público, não é uma associação privada de interesses ampliados da família. Contudo, é assim que agem os que querem proteger a criança da norma, da lei e da regra cuja razão de ser é pública.

A arte de imbecilizar crianças, como se vê, é o contrário do que nos recomendava a poeta americana. Ela consiste em reter para nós o que devia ir para o mundo, em temer desastres quando o pior desastre já está a acontecer. É em uma vida sem bastão, sem sal ou sem via pública. Quando percebemos o quanto dominamos essa arte geralmente já é tarde demais e nossas crianças já se foram da pior maneira possível, do modo mais lento, que as condenou ao estado de minoridade penal perpétua.

Capítulo V

A ESCOLA DE PROCUSTRO

Há uma transformação em curso nas escolas de São Paulo. Diferenças seculares entre orientações de ensino, propostas de formação e perspectivas de excelência ou vanguarda, entraram em uma espécie de régua comum, primeiro jurídica, depois comercial e enfim cultural.

É como ouve-se em algumas escolas: *aqui não temos problemas com drogas, quando achamos um, mandamos ele imediatamente para fora.* Contudo, a cultura como régua comum pode funcionar como o leito de Procusto. Este famoso personagem grego, hospitaleiro e inclusivo, recebia todos em sua morada, mas tinha uma só cama de ferro, de tal forma que aos que fossem muito baixos ele os esticava e aos que fossem muito alto, ele cortava seus membros. De tal forma que o leito de Procusto estava sempre justo e adaptado ao seu hóspede. Até que Teseu o enfrentou mostrando que ele mesmo não estava adequado à cama que impunha aos outros, aplicando-lhe o castigo nos mesmos termos. Vale como regra geral para os que cobiçam controlar a sexualidade alheia, porque não estão cabendo na própria cama.

Para Axel Honneth,[18] a formação reúne as noções de cultura e educação, possuindo assim uma espécie de função terapêutica. Ela tem

---

[18] HONNETH, Axel. *Pathologies of Reason*. New York: Columbia, 2009.

CHRISTIAN DUNKER

que conciliar dois outros sistemas de contradição, o primeiro formado pela dialética entre amor e amizade, o segundo formado pela dialética entre direito e ética. Seguindo o caminho da teoria crítica, Honneth, na esteira da reflexão hegeliana sobre o modo de ser ético (*Sittlichkeit*), entende que formação (*Bildung*) é experiência e experiência é contradição. Formar-se não é acumular, mas se auto-dilacerar, criar juízos de separação e reconciliação, de negação e reapropriação. Essa função terapêutica da cultura é dupla, pois envolve reconstrução de uma experiência que nos antecedeu, na esperança amorosa de curar os impasses não resolvidos; mas também aposta que as próprias contradições que nos habitam sejam reconstituídas no futuro e, de outra maneira, pela transformação ética de suas condições jurídicas. Mas o que estamos acompanhando com a crescente demanda por qualidade em nossas escolas, com a profissionalização de seus sistemas de controle e desempenho, com a redescoberta do "negócio escolar", é um autêntico choque anti-honnethiano. Sinteticamente: proliferação de normas, formas jurídicas, métodos, apostilas, procedimentos contrabalançados com aspirações éticas de conteúdo, de reconhecimento de singularidades. Há uma tensão crescente entre as aspirações liberais por serviços de qualidade e o laço ético de transferência de confiança e autoridade necessário para a formação. Honneth nos ajuda a entender por que a formação é uma experiência de angústia, mas não de humilhação. Porque ela pode inverter-se de função terapêutica em vivência de trauma cumulativo.

Acirramento jurídico contra a escola, resposta coorporativa e políticas públicas *formais* encontram seu denominador comum na cultura do aluno-consumidor. Educação *payperview*, escolha você mesmo, pague você mesmo e não receba o serviço você mesmo (porque o sistema está fora do ar). Educação à distância, universidades reduzidas ao máximo em sua carga horária, mercado de títulos e desqualificação de doutores em universidades públicas são apenas um lado do golpe pelo qual o saber tem que ter sua autoridade e excelência reduzida para que o negócio da educação prospere. São os ricos, bem estudados, que passaram anos em estudos teóricos, agora defendendo uma escolarização *maker*, mais prática e funcional, para as massas. A crítica da escola convencional invariavelmente a associa com a ideia de teoria e de

PARTE I - CAPÍTULO V - A ESCOLA DE PROCUSTRO

perda ou distanciamento da experiência. Isso se mostra compatível com nosso momento laboral no qual a vida no trabalho cria seus próprios vetores de aprendizagem, divididos entre a grande especialização técnica, com alto risco de obsolescência e a complexidade política e relacional exigida pela vida em grandes corporações. Entre ambos há uma espécie de fosso mediano, no qual os saberes intermediários e formações que não são nem elementares nem excepcionais estão sujeitas à crescente precarização.

Aqui vem aparecendo, mas não ainda de forma dominante, uma extensão no nosso sintoma social chamado *cinismo de resultados.* Cada qual responde: *só estou fazendo minha função* (como se Eichmann, o nazista responsável por campos de concentração, não tivesse dito exatamente isso ao se defender no tribunal de Jerusalém[19]). Professor ou aluno, diretor ou coordenador, dono de escola ou político, cada um está *fazendo só a sua função.* É por isso que está fazendo mal, pois a sua função é sair de sua função. Sua função, enquanto partícipe de uma formação, é rearticular, reconstruir e reparar a divisão social das funções. Freud já afirmara: educar é uma profissão impossível. E é bom que permaneça assim, não vamos transformá-la em um conjunto de procedimentos perfeitamente possíveis, formais e instrumentais.

Exemplo: Jantar de família depois de uma aula sobre matemática, em uma escola que se apresenta como crítica, inclusiva e que é também" emergente" do ponto de vista do público consumidor. Discute-se o conceito de conjunto e a noção de infinito. Argumento que existem diferentes tipos de infinito, talvez de tamanhos distintos. Para minha surpresa, no dia seguinte encontro meu filho desolado: a história dos infinitos diferentes não é verdade, lorota para atrapalhar a aula e intimidar o professor, perguntas deste tipo não devem ser feitas. Sendo eu

---

[19] "O que eu quis dizer com minha menção a Kant foi que o princípio de minha vontade deve ser sempre tal que possa transformar-se em princípio de leis gerais" (...) a distorção inconsciente de Eichmann está de acordo com aquilo que ele próprio chamou de versão de Kant 'para uso doméstico do homem comum'. No uso doméstico, tudo o que resta do espírito de Kant é a exigência de que o homem faça mais do que obedecer à lei (...) Aja de tal modo que o Führer se souber de sua atitude, a aprove". *In:* ARENDT, H. *Eichmann em Jerusalém.* São Paulo: Companhia das Letras, 2019, [1964], p. 153-154.

também professor, considero o que teria acontecido: erro de forma, exibicionismo intelectual, pressa para "fechar" toda a matéria. Reúno então outros tantos episódios análogos de como o saber pode ser inconveniente, perturbador e decorrer em experiências de humilhação. Principalmente quando ele deixa de ser um empreendimento de construção coletiva e passa a ser propriedade particular que aprofunda diferenças segundo a lógica de autoridades constituídas. Vem-me então o dito de um velho professor, destes que também são professores de vida: *a inteligência tem limites, mas a ignorância é infinita.*

Capítulo VI

CRIANÇAS PARA O MUNDO, ESCOLAS PARA A CIDADE

Antigamente dizia-se que era preciso criar as crianças para o mundo e não para nós mesmos. Hoje talvez deveríamos modalizar o ditado para algo como: crie seu filho para a cidade, ou como dizem os africanos: é preciso uma aldeia para criar uma criança.

Recentemente estive em uma escola construída segundo princípios de sustentabilidade no interior do Uruguai. Sob um amontoado de pneus soterrados coleta-se ar que, uma vez resfriado, circula por entre as salas de aula, aproveitando um sistema chamado ventilação cruzada, resultando custo zero para manter a temperatura das salas. Construída ao modo de uma *Earthship* (nave terrestre), com 60% de materiais naturais e reciclados, usando massa térmica, eletricidade solar, o edifício também captura a água da chuva e a reutiliza quatro vezes para consumo na escola, incluindo efluentes para a horta e filtragem umidificante por meio de plantas. A escola foi construída como parte de um projeto em que a cada ano se escolhe um país da América Latina para realizar um curso no qual arquitetos aprendem na prática as regras construtivas deste tipo de sustentabilidade. O curso é bem pago pelos quase 150 alunos que, junto com a comunidade local, trabalham na obra. Com o dinheiro dos alunos se oferece um bem permanente para a escola pública. As crianças são

CHRISTIAN DUNKER

convidadas a um currículo alternativo no qual as características da edificação e seu uso cotidiano são incorporadas pedagogicamente. Escutando a diretora, aprendi que a sustentabilidade é um conjunto de técnicas vazias e disciplinas opressivas se não vier acompanhada da experiência de comunidade. Sustentabilidade é um modo de fazer, um tipo de compartilhamento de saber e uma forma de circulação do dinheiro.

Esse conceito de sustentabilidade afronta a equação, hoje em curso no Brasil, na qual o interesse público pertence ao Estado, assim como o interesse privado obedece, necessariamente, à lógica da empresa. A experiência da escola Rural de Jaureguiberry mostra que existem maneiras de tratar do interesse comum sem que ele seja prerrogativa do Estado. Prova também que nem todo interesse privado possui a forma específica da empresa neoliberal e seu consequente princípio de individualização pela posse, uso e propriedade. O governo não é dono, sócio ou proprietário das escolas. As escolas são uma espécie de seguro de resiliência do estado contra os governos tirânicos. Por mais que estes queiram desconstruir o patrimônio histórico, os bens culturais e o processo civilizatório, isso vai requerer mais do que um mandado para ser feito. Ademais, isso não pode ser feito contra os princípios do interesse público. Portanto, as escolas, por mais privadas ou particulares que sejam, do ponto de vista de seu contrato social, são sempre públicas do ponto de vista do interesse que defendem e representam. Um professor, em sala de aula, usa a razão em espaço público, ele não pode menorizar nem a si, nem a seus alunos, mas o uso emancipatório da razão não deve ser confundido com conteúdos particulares, controversos ou diversos. O critério para uso público da razão é a universalidade, não proliferação indefinida dos pontos de vista particulares.

Modelos de experiências educacionais como *Reggio Emília* na Itália ou o sistema de ensino público da Finlândia encontraram funcionamentos institucionais capazes de tornar a escola uma parte da cidade e uma expressão de sua comunidade. Nós insistimos em um modelo institucionalista, baseado em muros, catracas e segurança. O casamento imperfeito entre a pior tecnologia educativa, que trata pessoas como números substituíveis segundo métricas, reunida com comunidades regressivas, formadas segregativamente por traços de raça, classe ou religião.

PARTE I - CAPÍTULO VI - CRIANÇAS PARA O MUNDO, ESCOLAS PARA...

O apogeu desta bestialidade é a proliferação, ora em curso em estados como Goiás, de escolas militarizadas onde a disciplina individualiza crianças como soldados e não como membros de um coletivo diverso e horizontal.

Maria Rita Kehl[20] observou que o sentido da expressão "público" é diferente quando se considera pobres e ricos no Brasil. Para os menos favorecidos, o interesse público constantemente invade o espaço privado, gerando déficit de proteção e segurança. Para os mais favorecidos, o público é lugar de passagem, fonte de morosidade ou desconfiança, quando não objeto de potencial apossamento e instrumentalização. Enquanto uns sofrem com a falta de privacidade, tendo suas vidas invadidas e desrespeitadas, outros experimentam os efeitos deletérios da escassez de "publicidade", com suas vidas em estrutura de condomínio em severo déficit de experiências de diversidade no espaço público.

Isso permite entender o motivo pelo qual é tão difícil ajudar escolas e universidades públicas. A USP, por exemplo, tem um grande patrimônio em heranças que não consegue traduzir em receita. A dificuldade para receber doações diretas é inexplicavelmente complexa e obtusa. As Fundações são suspeitas e não transparentes.

Em outros países, inclusive na África, quando alguém alcança sucesso, isso traz uma dívida simbólica com os meios e instituições que tornaram isso possível. Daí a prática das doações e a força das instituições filantrópicas. Por aqui, ao contrário, há uma espécie de ódio pelos processos. Como se os ricos não conseguissem contar, com orgulho, a história do dinheiro que têm. Como se o sucesso ocorresse "apesar" dos meios que o tornaram possível. Por isso, o ódio ao discurso do mérito não é tão incompreensível assim. Estamos em décimo segundo lugar entre os países exportadores de milionários, mas nos últimos lugares dos que praticam doações em interesse público.

A relação fetichista com a tecnologia, seja urbanística, seja educativa, é parte dessa paisagem. A tecnologia agindo "sem as pessoas" é o álibi perfeito para a ausência de dívida simbólica e para a explicação "mágica" do sucesso.

---

[20] KHEL, M.R. *Bovarismo Brasileiro*. Boitempo: São Paulo, 2018.

CHRISTIAN DUNKER

Mas o abismo entre escolas públicas e privadas e a desvinculação de ambas com relação à experiência comunitária da cidade depende ainda de outro motivo: o déficit programado de tecnologia jurídica. Hoje apenas 30% das cidades brasileiras[21] são cobertas por uma plena institucionalização dos processos construtivos. Ou seja, 70% delas realizam construções informais, sem arquitetos, alvarás, plantas ou registro na prefeitura. A cidade que mais cresce é a cidade informal, exposta a milícias que comandam desde a distribuição de água até a televisão a cabo, incluindo os dias em que tem aula e os dias onde elas não acontecem por causa de uma operação, como desenharam as crianças da comunidade da Maré, no Rio de Janeiro ou da Brasília Teimosa em Recife. A cidade formal, onde conseguimos alocar recursos do Estado e controlar os investimentos privados, é também a cidade onde é possível "legalmente" investir. Resultado, por mais que aumente a receita, temos um gargalo educativo e urbanístico onde o custo de institucionalização impede que os latentes recursos comunitários possam ser mobilizados. Na vida real, as leis de distribuição de recursos para a educação não são aplicadas (cortes de bolsas, congelamento do Fundeb) e as leis que regulam os processos construtivos e comunitários de gestão são aplicadas tão seletivamente que asfixiam iniciativas como as que encontrei na escola rural 94 do Uruguai, esta pequena aldeia necessária e suficiente para educar uma criança. Mas na escola modelo em questão uma bateria solar de alta complexidade estava emperrada há seis meses na alfândega aguardando liberação. Exemplo de como a vanguarda experimental não consegue superar o ambiente tóxico no qual foi produzida.

Enquanto o dinheiro das pessoas comuns não conseguir circular em benefício do interesse público, enquanto sonharmos com saberes e tecnologias em vez de pessoas e enquanto não conseguirmos construir escolas juntos, ainda bateremos palmas para governos que destroem políticas públicas como se fossem donos e proprietários exclusivos do bem simbólico que elas representam.

---

[21] Disponível em: https://cbic.org.br/estudo-comprova-impacto-da-informalidade-na-construcao-civil-e-norteia-acoes-da-cbic-para-reduzir-sua-incidencia/

PARTE I - CAPÍTULO VI - CRIANÇAS PARA O MUNDO, ESCOLAS PARA...

A arte de construir escolas é cada vez mais dependente da arquitetura e do urbanismo, mas ela exprime o destino intrínseco da escola de responder ao presente e pensar um lugar ainda não definido, seja ele nomeado pela utopia, seja pela distopia. Não seria difícil organizar a pequena história das cidades em sincronia com os diagnósticos do lugar da escola. Pensemos nas cidades e nas escolas montadas em torno dos perigos representados pelo objeto intrusivo, os estranhos utópicos que vemos em *Cidades Invisíveis*[22] ou nos filmes distópicos que vemos em *Metropolis* (Fritz Lang, 1927), *Alphaville* (Jean-Luc Godard, 1965) ou *A Origem* (Christopher Nolan, 2010). Elas compõem o modelo das escolas higienistas, formadas apenas por "gente como a gente", no qual a mistura é sentida como contaminação ou invasão. Vejamos como esse modelo de escola-cidade se contrapõe ao da escola como crítica da alienação. O termo alienação se refere tanto a nossa incapacidade de nos reconhecermos no produto e nos efeitos do que fazemos, quanto à incapacidade de reconhecer o estrangeiro que nos habita. Escolas alienadas não se reconhecem nos efeitos que produzem: sejam de agressivização, seja de competição, seja de violência entre funcionários e direção, seja de hiperindividualização. Esse ponto difere uma empresa "normal" que funciona pela receptividade de sua produção pelo mercado comprador e a escola, que funciona pela incorporação e reconhecimento dos efeitos do que produz sobre si mesma.

Vemos aqui os discursos que vêm na escola um experimento de viagem para o futuro como em *Viagem à Lua* (Georges Méliès, 1902) ou na série *Jornada nas Estrelas* (Gene Rodenberry, 1966) mas também na sua versão distópica de *Matrix* (Irmãos Wachowsky, 1999-2003). A ideia de organizar a aprendizagem como uma pesquisa ou ao modo de projetos já foi examinada em seu correlato neoliberal por Boltanski e Chiapello,[23] a cidade por projetos é também a cidade que conseguiria reunir meios e fins de modo coerente.

Esses dois projetos de cidade limitam-se uma vez que pensam a educação como um capítulo da autonomia e emancipação como auto-determinação.

---

[22] CALVINO, I. *Cidades Invisíveis*. São Paulo: Companhia das Letras, 2000.

[23] BOLTANSKI, L; CHIAPELLO, E. *A Nova Razão do Mundo*, 2013.

CHRISTIAN DUNKER

Poderíamos descrever uma terceira forma de pensar a escola para a cidade mencionando o que se poderia chamar de escola baseada na idealização da lei como reconstrução permanente de pactos. No fundo, nosso exercício especulativo tem por objetivo mostrar que a reflexão sobre que escola queremos nos leva a pensar que cidade queremos. Hanna Arendt[24] descreveu o ato educativo nos termos da introdução de uma novidade no mundo, mostrando como as reflexões sobre a educação são dependentes de uma certa consideração sobre a mundanidade, como signo da unidade da experiência humana. Talvez agora possamos circunstanciar a discussão arendtiana na reflexão cada vez mais interligada entre a escola e a cidade. Isso se torna mais agudo no caso brasileiro que distribuiu a experiência da educação fundamental, média e universitária conforme níveis de responsabilização do Estado, municipal, estadual e federal.

---

[24] ARENDT, Hannah. *Entre o Passado e o Futuro*. São Paulo: Perspectiva, 1968.

Capítulo VII

CUIDAR, EDUCAR E GOVERNAR

Quando Alcebíades[25] demanda a Sócrates — aquele que fora seu professor na juventude — como ele deve proceder para bem governar? Sócrates lhe responde de forma direta e contundente: *cuida da tua própria alma*. A tradição platônica e aristotélica interpretou essa recomendação em uma chave muito especificamente subordinada ao: *conhece-te a ti mesmo*. Ao contrário de muitas outras formas de entender e praticar a filosofia como uma certa forma de viver, o predomínio da tradição do pensamento nos fez acreditar que para cuidarmos de nós mesmos seria preciso antes conhecermos muito bem quem somos. Mas essa interpretação deixou rastros históricos. Quando a criança é muito pequena ela precisa ser cuidada, para então, a partir de certo momento, passar a ser educada. O cuidado pertence ao familiar, às relações viscerais e privadas, que nos fazem amar a quem nos protege do desamparo. A educação começa com a saída da família, a entrada no espaço e nas regras do universo público, que nos fazem respeitar a lei e a nos reconhecer como sujeitos separados do Outro. Mas esta separação não é feita de fronteiras, pois entre o cuidar e o educar existem litorais como o lúdico, o estético, nos quais criamos zonas de intimidade. São lugares de indeterminação, pois nelas se compartilham não-saberes e riscos.

---

[25] Ver: DUNKER, C.I.L. *Estrutura e Constituição da Clínica Psicanalítica*. São Paulo: Annablume, 2012.

Essa separação tem três figuras conceituais historicamente constituídas: a autonomia, a independência e a emancipação. Finalmente, quando concluímos nossa formação "básica", quando sabemos de onde viemos, quem somos e para onde vamos, estamos no ponto em que Alcebíades retorna a Sócrates e nos interessamos pelo exercício do poder. Em tese, essa demanda funciona em estrutura de inversão. Agora estamos prontos para exercer o poder que um dia foi exercido sobre nós: cuidar de nossos filhos, educar nossos alunos, governar nossos pares. Mas essa não é uma relação de superação em etapas, pois na verdade o bom governante é aquele que soube criar um regime de cuidado de si, e não de controle coerção ou violência. O cuidado de si é uma preparação ou propedêutica para as relações posteriores com o poder. Aquele que se oprime, se disciplina e se priva sob uma relação de forçamento violento sobre si mesmo, tenderá a reproduzir isso em sua forma de governar. Aquele que não sabe cuidar de si não deve cuidar dos outros e muito menos governá-los, pois aí está o germe subjetivo da tirania e da autocracia.

Uma relação intermediaria, mas não menos importante, se dá com a educação. Aquele que tem uma relação com o saber baseado na submissão e na obediência reverente jamais poderá fazer a prática do saber senão a serviço de um gozo semelhante. Jamais criará as condições para uma verdadeira paixão pela ignorância que verdadeiramente anima nossa progressão com o saber. Pois o saber nada será mais do que meio para dominação do outro, como foi uma vez, forma de disciplina de si.

Daí que a disposição do governo implica cuidar dos outros e deve ser precedida pelo *cuidado de si*, que implica inúmeras práticas, métodos e preceitos, mas que estão todas condicionadas a "encontrar o próprio tempo" no interior de processos que não governamos (como a doença), em lugares dos quais não somos os senhores (como o hospital) e diante de saberes que desconhecemos (como os que subsidiam e determinam os tratamentos).

Chronos, o deus grego do tempo, tem três cabeças: o homem, touro e leão. Elas representam as diferentes maneiras de conceber e de estar no tempo levantando a proposição de que o tempo necessariamente

PARTE I - CAPÍTULO VII - CUIDAR, EDUCAR E GOVERNAR

nos divide. Como dizia Hegel, "o relógio da história não marca a mesma hora em todos os quadrantes". Colocação necessária para introduzir a ideia de que estamos em "tempos" diferentes, que entre adultos e crianças esse descompasso temporal é maior ainda e que em situação de adoecimento (hospitalar), este descompasso se multiplica ainda mais. Por isso cada uma das cabeças de *Chronos* indica um tipo de temporalidade:

1. *Aeon*: tempo cíclico, circular e criativo, mas também o tempo do mito, das origens imemoriais, dos ancestrais.

2. *Kayrós*: o tempo do acontecimento, do encontro, da contingência.

3. *Epos*: o tempo da palavra, da história (*épica*), mas também da suspensão da palavra e do juízo (*epochê*) ou ainda o tempo da sucessão das eras (*épocas*).

4. A estas três formas gregas de tempo devemos acrescentar o tempo cristão que se representa com uma seta, que tem um início e que consequentemente terá um fim. Um gênesis que antecede o *apocalipse cristão*, tempo da descoberta ou da revelação que retrospectivamente cria o início por meio de uma narrativa. De certa forma, essa quarta forma de tempo já estava prenunciada pela serpente *Anankê* (Inevitabilidade, Necessidade) que envolve *Chronos*.

Quatro formas de tempo ilustram bem o percurso que a criança faz em sua experiência do tempo: primeiro a *alternância*, que determina o cuidado; depois o *encontro*, envolvendo a segmentação de durações, escansões ou intervalos, que ligamos com a educação formal; em seguida o tempo da palavra, com suas histórias *épicas* e repetições, integrado aos parênteses e elipses, que caracterizam o tempo político, com seus inícios e fins; culminando no tempo inesperado da *descoberta* da finitude.

Antes de tudo, estamos em uma espécie de retorno à *criança como pequeno adulto*, tal como descrita por Arriès[26] para o lugar da criança antes do século XVIII. A criança prisioneira do instante de ver. Submetida à pressa, ao entendimento imediato e, ao mesmo tempo, ao centro da cena, o ponto de convergência para o qual se vertem todos os olhares.

---

[26] ARIÉS, P. *História Social da Família e da Infância*. Rio de Janeiro, Guanabara, 1978.

CHRISTIAN DUNKER

Essa é uma criança que não pode crescer, pois já está "crescida" como "sua majestade o bebê", descrita por Freud como uma das imagens fundamentais do narcisismo humano. A promessa de amor infinito, que antecedeu nossa chegada, nos faz tiranicamente exigentes em relação a nossos súditos parentais. Pode ser a criança que se ama infinitamente e eternamente e que presa no tempo circular de sua própria confirmação jamais pode crescer. É a criança que o adulto projeta e com a qual ele se identifica, esquecendo-se que essa criança não é *"aquela criança que você foi um dia"*.

A criança à qual não se supõe um sujeito e se lhe oferece apenas um desejo anônimo. É aquela que está subordinada aos cuidados do Outro, adulto. Como fixa ao tempo do acontecimento futuro, ela não é nada em si, mas apenas um vir a ser, um tornar-se indefinidamente adiado pela submissão da sua experiência atual ao seu futuro vindouro. Em relação a ela não se pede anuência, não se negocia prazos, não se concede nada além de obedecer ao que o adulto quer e precisa. Tudo isso "em nome do seu próprio bem". A violência que recai sobre ela é o furto de sua palavra, a substituição do tempo no qual ela poderia se manifestar, ainda que como resistência e indocilidade.

Finalmente, ligada ao tempo épico, temos a *criança operativa* ou o que Ferenczi chamou de criança sábia. É aquela que deve produzir, performar, mesmo que seja por conformar-se à adequação esperada para o momento. Ela tem sempre as melhores respostas e deve estar sempre concluindo, brilhando aos olhos dos cuidadores para melhor confirmar sua excelência nessa prática do cuidado.

O tempo do cuidado não é o da duração nem o do governo, mas o da constituição do sujeito. Freud falava dele quando descrevia o tempo próprio no qual a criança desenvolve sua própria pesquisa sobre a sexualidade (de onde veem os bebês? Como eles vão parar na barriga da mãe? Qual o papel do pai nesse processo?) Com isso ele descrevia a criança como o protótipo de um pesquisador ou de um cientista. Por isso ele chama esse processo de "teorias" sexuais infantis, localizando aqui o início do processo encadeado de hipóteses, testagens e verificações que posteriormente organizarão um certo tipo de pensamento.

PARTE I - CAPÍTULO VII - CUIDAR, EDUCAR E GOVERNAR

No interior dessa pesquisa, a criança descobre que os adultos mentem, que eles escondem coisas e, no fim, que eles mesmos não sabem tudo. Instante de ver, tempo de compreender e momento de concluir foram descritos por Lacan[27] como três formas de subjetivação do tempo, privilegiando respectivamente sua imediaticidade, sua intersubjetividade ou seu escanção associado com a descoberta de uma certeza, em atraso. Uma certeza que é índice ontológico da angústia. Essas três figuras do tempo falam da apreensão de si a partir do outro, tomado respectivamente como objeto, como outro sujeito e como outro sujeito faltante.

Se o tempo do cuidado é o que melhor persegue e respeita o tempo lógico de cada criança, ao tentar respeitar sua lógica intrínseca o tempo institucional da educação coloca-se como impessoal e indiferente a esse processo. O tempo do governo, que em certa medida é a síntese disjuntiva dos dois anteriores, será formado pela relação entre um e outro. Por isso a cada impasse no tempo da educação é preciso reconstruir o tempo do cuidado, por meio de um giro na escuta. Por isso o cuidado não é um discurso em si, mas um ensaio e uma condição para todo discurso possível. Por isso também, diante dos paradoxos do governar e do educar devemos recuar nossa escuta para o tempo do cuidado.

---

[27] LACAN, J. *O tempo lógico e a asserção da certeza antecipada*: um novo sofisma. *In: Escritos*. Rio de Janeiro: Jorge Zahar, 2001.

Parte II
Educação para a escuta

Há um meta-diagnóstico social que afirma que está cada vez mais difícil escutar o outro. Assumir a perspectiva do outro, refletir, reposicionar-se e fazer convergir diferenças é raro. Isso se aplica tanto ao espaço público com suas novas e inesperadas conformações digitais, quanto ao espaço privado das relações amorosas ou amistosas, passando pelas relações laborais e institucionalizadas. Uma descrição resumida dessa situação costuma salientar que nossa vida está cada vez mais *acelerada, icônica* e *funcionalizada*.

A *aceleração* é um fenômeno da cultura da performance generalizada, derivada do universo da produção e da soberania do resultado. Vivemos hoje com um acervo de instrumentos e meios que excedem o limite de nossas faculdades mentais "em estado natural". Isso afeta brutalmente a situação de fala, que de certa forma se torna um pouco anacrônica. Não é um acaso que novas síndromes envolvendo mutismo seletivo, como o do personagem Rajesh Koothrappali da série The Big Bang Theory (Chuck Lorre & Bill Prady, 2007) e mutismo generalizado em crianças sejam cada vez mais frequentes. Nesse ponto não há exatamente uma novidade, mas o exagero e aprofundamento deste princípio que define a modernidade desde Baudelaire e Benjamin.

O caráter *icônico* refere-se ao fato de que cada vez mais lemos a mensagem que o outro nos envia em pacotes de informação, compostos por imagens e textos, que se apresentam como um "todo de uma vez". A resposta antecipada para uma determinada imagem coordena nossos códigos de comunicação e de produção de desejo, de tal forma que é preciso rapidamente acolher ou descartar, inibir ou estimular o progresso da comunicação com o outro. É o que alguns teóricos da linguagem chamam de cultura do "*connect*" e "*cut*", onde há igual facilidade de acesso e desligamento no contato com o outro. Isso gera um estado de falas interrompidas, demandas cruzadas, palavras sem destinatário, entonações indeterminadas. É preciso rapidamente ler a pessoa por seu estilo de aparência, por objetos de afirmação narcísica ou por seus pequenos gestos estilizados que nos oferecem, "de uma vez", a essência de sua mensagem. O semblante, ou seja, a gramática de imagens que define algo ou alguém exige que sejamos rapidamente "enquadrados" em categorias disponíveis para que a interação não enfrente as ambiguidades que a experiência da fala traz consigo.

O terceiro traço de nossa civilização desescutadora é que ela está muito ligada a certos esquemas de ação ou protocolos de funcionamento. É preciso saber, e de preferência de modo não ambíguo e rápido, o que o Outro quer de nós em determinada situação. É o que se poderia chamar de vida em formato de demanda. Onde há um encontro, é preciso decidir rápida e iconicamente o que os envolvidos querem e a negociação tende a ser curta, porque variáveis de contexto se impõe dramaticamente. A antecipação da demanda do outro é uma das atitudes centrais do "funcionário obediente e pró-ativo". Ele não espera seu chefe pedir, mas se adianta ao problema como a oferta de sua solução.

Com isso, somos compelidos ao que alguns psicanalistas chamam de "monólogos de gozo", ou seja, o sujeito está falando sozinho, sem se dar conta. Ele "pratica sua fantasia" de forma generalizada e a céu aberto, como se ele não se preocupasse muito em "ser entendido" ou em "se fazer compreender". Na medida em que o outro lhe aparece como alguém relativamente impessoal e indiferente, geralmente reunido em alguma categoria-tipo simplificada, ele pode "usá-lo" para repetir o que não consegue impedir-se de dizer. Como nos diálogos "surrados" entre casais nos quais um "espreme" o outro empurrando-o a "cuspir" aquela mesma desagradável e corrosiva mensagem devastadora, tantas vezes repetida na história dos dois.

Comparemos essas três características representadas pela demanda funcional, icônica e acelerada com a experiência da fala. Lembremos que o psicanalista Jacques Lacan resumia o tratamento psicanalítico simplesmente a essa passagem da *fala vazia* para a *fala plena*. Escutar toma

PARTE II - EDUCAÇÃO PARA A ESCUTA

tempo. Tempo e generosidade com o outro, para dilucidar os mal-entendidos. Mas dilucidação não é apenas a redução do "ruído na comunicação" e apuramento infinito das intenções ou do que "se quis dizer", em geral por forçamento de um código cada vez mais opressivo de sentidos fixos e normativos. No limite é o próprio reconhecimento das limitações, da precariedade e da provisoriedade do que chamamos "nos entender". Escutar é poder "não entender", é poder respeitar o "desentendido", é fazer funcionar, na prática, a paixão da ignorância.

Quando isso acontece, nossa ligação com o outro se modifica. Ele não será mais indiferente e nem apenas um meio para que nossa demanda funcional seja atendida. O outro passa a entrar em nosso circuito de simpatias e preferências, não só em nosso sistema de interesses, simplesmente porque sentimos que ele ou ela nos escuta ... de verdade. A demanda funcional mata esse aspecto da fala.

Capítulo I

SOFRIMENTO NA ESCOLA

No meio dessa complexidade parece que a atitude mais prudente seria a de reintroduzir certa humildade na condução das escolhas educativas, respeitando que a quantidade de variáveis introduzidas recentemente requer algum respeito pela solução que ainda está por vir.

Há um corte de classe importante aqui. Enquanto alunos de baixa renda dependem da escolarização para criar um novo mundo e sustentar sua capacidade de sonhar habitá-lo, as classes mais favorecidas, no Brasil, tornaram a escola a depositária de sonhos hiperpotentes, em um mundo já conquistado e povoado hobbesianamente pela guerra de todos contra todos.

Sim, são demandas conflitantes, mas o pior é que elas não são reconhecidas como tal. Uma coisa é olhar para a situação percebendo que se está a fazer demandas contraditórias, nas quais, cedo ou tarde algo será perdido, outra coisa é deixar-se iludir pela ideia de que você terá liberdade e justiça, sem trabalho ou sem apostas arriscadas.

As escolas ficam cada vez mais pressionadas pelo apelo de responder ao que os pais querem ouvir, ainda que ambos saibam que o coeficiente de ilusão e auto-engano, contido nesse contrato é elevado. Por exemplo, quando os pais de uma criança de 6 anos procuram uma escola na qual, se tudo der certo, ela permanecerá os próximos 12 anos, eles querem saber se essa escola preparará seu filho para o mercado de trabalho, com suas habilidades específicas e genéricas, dando espaço para seus talentos e para seu raciocínio orientado para o futuro. Ocorre que esse futuro é datado. O que sabemos sobre como será o mundo daqui a 12 anos? Basta ler as tolices que se falava sobre educação 12 anos atrás para ver como o problema é crítico e facilmente nos induz ao erro. Para ter uma maior compreensão, a ideia mágica da época passava por ter um *lap-top* para cada criança e torná-las fluentes em inglês. Muito longe, por exemplo, de escolas bilíngues de hoje.

No fundo queremos uma escola que consiga se reformular para o futuro conforme o futuro se redesenhe. Mas como garantir que isso vá ocorrer se o que temos no começo é apenas e tão somente uma fotografia do presente (ou no máximo um filme meio montado sobre o passado?). A escolha é de alta tensão mesmo porque ao contrário de outras escolhas que gostamos de fazer sempre pensando que é possível mudar de ideia no meio do caminho, no caso da educação as mudanças de rota até são possíveis, mas não muitas vezes. A ideia de escola vem sendo muito atacada justamente por isso. Ela resiste e se mostra anacrônica em relação a quase todos os outros aspectos de nossa atual forma de vida. Quantos casamentos duram 12 anos? Quantos empregos ou locais de moradia? Quantas profissões ou estilos de vida?

Quando se fala em estar em sintonia com o futuro não se percebe o imenso preço a pagar ao se buscar realmente isso. Quanto mais desejo de futuro, mais risco de embarcar em um mundo impossível que jamais se realizará, que era apenas uma projeção deformada do presente ou uma idealização forjada pelos fracassos do passado. Queremos um futuro otimista e fulgurante, muitas vezes tão somente para negociar com o presente insuportável.

Estamos divididos em relação ao futuro, e essa talvez seja a atitude mais honesta e leal com relação aos nossos filhos. Nesse caso podemos apostar em uma gramática de sacrifícios conhecida, com currículos mais ou menos básicos, sem grande respeito pelas aptidões singulares, mas com uma razoável chance de empregabilidade. Também aqui podemos

PARTE II - CAPÍTULO I - SOFRIMENTO NA ESCOLA

estar impondo sacrifícios desnecessários e pior, criando uma espécie de resistência, difícil de reverter depois, contra a vida em forma de vídeo game com alta pressão por resultados e boa performance constante.

Um teste clínico importante para medir a temperatura dessa questão é o seguinte: pergunte ao seu filho o que ele realmente acha da vida que vocês, pais, levam. Pergunte de forma a que lhe seja possível responder sincera e francamente, se é algo parecido com isso que ele quer para a vida dele. Considere que "isso" não é bem a vida real que vocês levam, mas a história ou a narrativa que ele constrói sobre isso. Garanto que virão surpresas que podem orientar o tratamento da equação risco-segurança.

O fato social mais emergente aqui é o suicídio de jovens. Os níveis de suicídio aumentam sem trégua, em quase todos os países do mundo, desde os anos 1980. O Brasil está no pelotão intermediário nessa matéria, ainda que com grandes variações entre estados. Mas é certo que se você tem entre 15 e 24 anos no Brasil hoje, você está no grupo de risco para suicídio, a segunda ou terceira causa de mortalidade para esta faixa etária. De fato, não queremos e não estamos acostumados a ler o sofrimento entre nossos jovens. Isso se deve a uma espécie de amnésia pela qual passamos ao longo da vida. Se olhamos para trás geralmente encontramos nossa adolescência como um momento de muita angústia e incerteza, cheio de decepções e descobertas, várias delas desagradáveis. Mas estranhamente quando olhamos em seguida para nossos filhos não conseguimos ver neles nada além de uma obrigação de satisfação e felicidade. Isso é ruim porque além de deixar o sofrimento despercebido, ele é negado por meio de imagens encobridoras, que muitas vezes caem de uma vez com a descoberta de um sintoma ou de uma adição em álcool ou drogas.

Uma pesquisa recente mostrou que cada geração, desde o pós--guerra, sente-se por volta de 4 a 6% mais solitária do que a anterior. É claro que a solidão é uma experiência subjetiva que depende de uma auto-interpretação. Podemos nos sentir solitários com muitos "amigos" em redes sociais ou com muita popularidade na escola. Mas é difícil não associar a solidão ao declínio de experiências de intimidade. A chegada da linguagem digital tornou possível uma nova relação entre privacidade e publicidade, cada qual produzindo uma versão mais ou menos bem-acabada de si mesmo. Ora, essa versão para consumo local ou geral exige dedicação constante e vigilância moral persistente. Esse trabalho favorece a privacidade sem intimidade. Isso ocorre porque a intimidade é muito arriscada, implica dividir incertezas e experiências que podem ser usadas dolorosamente contra você.

O sofrimento quando é mal tratado frequentemente transforma-se em sintomas. E o sofrimento é mal tratado quando recusamos a ele três condições: a palavra ou a escuta, o compartilhamento e o reconhecimento. Temos vários exemplos de processos que representam potencial incremento de sofrimento, por exemplo, quando esse sofrimento é refratário a uma narrativa, quando ele é vivido em silêncio e em vergonha ou raiva sem ser incluído em um discurso coletivo. Por outro lado, o sofrimento pode ser mal reconhecido quando ele é excessivamente institucionalizado, como às vezes pode ocorrer tanto em discursos codificados como os da psiquiatria ou da psicologia, mas também os da moral e de certas formas de religiosidade.

Argumentar que qualquer coisa é uma depressão, um transtorno de pânico ou um déficit de atenção ou de processamento auditivo, assim como dizer que se trata de baixa-auto-estima, ou de falta de vergonha na cara são todas formas frequentes de nomear algo apenas para não fazer nada a respeito. Muito da pergunta sobre o suicídio obedece a essa gramática: queremos saber quem são os culpados apenas para nos eximir e, assim continuar a fazer o que já fazíamos antes.

A pergunta da culpa é em geral ruim quando se quer abordar o sofrimento. Mas ao contrário da busca pela responsabilidade ou pela implicação, ela é fácil de ser respondida.

O incremento de formas de vida cada vez mais individualizadas e precocemente autonomizadas é um perigo para o tratamento do sofrimento, pois a racionalidade baseada no desempenho permanece cega, surda e muda ao compartilhamento, atribuindo todo sucesso ou insucesso apenas ao próprio indivíduo, estimulando certas formas de sofrimento como

PARTE II - CAPÍTULO I - SOFRIMENTO NA ESCOLA

tática para aumento de produtividade. Recentemente, em um debate promovido pela embaixada do Brasil em Tóquio, discuti o caso de uma escola japonesa que decidiu que o horário do lanche estava gerando muita turbulência para os alunos e que isso prejudicava as aulas subsequentes, por isso decidiu-se que dali em diante as crianças deveriam comer seus lanches em silêncio. Alguns meses depois, surgiu uma "misteriosa" epidemia de crianças com acesso de vômito no ambiente escolar. Um bom exemplo de como induzimos sofrimento em nome da produtividade, mas também de como deixamos de reconhecer ou valorizar experiências que tratam ou mitigam o sofrimento escolar (a conversa com os amigos) e como isso gera sintomas (o vomitar) que, agora dissociados de suas condições de produção, podem gerar novas respostas institucionais, sem que se perceba ou modifique nossa atenção ao sofrimento óbvio das pessoas.

A escuta é parte primária e essencial do cuidado com o sofrimento das pessoas. Que uma criança se angustie dramaticamente diante das hipóteses que constrói sobre a língua escrita, que um adolescente se corroa de angústia com seu sentimento de inadequação corporal, ou que um púbere se tranque na solidão infinita da falta de palavras para designar os estados informulados de seu espírito, nenhum método pedagógico pode proteger. Nem escola nem família estão em condições de oferecer métodos protetivos contra tais experiências. Por isso elas precisam acompanhar a travessia destes litorais de sofrimento, sem tomá-los como signos de sua própria impotência, nem negar a existência do que não se pode controlar. O sofrimento precisa ser escutado, caso contrário tende a transformar-se em sintoma ou a regredir para estados inomináveis de mal-estar. Seria preciso assinalar a mudança do estatuto social do sofrimento mental nos últimos quarenta anos. Durante esse tempo fomos convencidos de que toda forma de sofrimento é um sintoma em potencial, e que os sintomas são "exalações" cerebrais que não dependem de nossas formas de vida, nem de nossas relações sociais, nem do tipo de comunidade ou instituição no interior da qual vivemos, muito menos de nossa leitura ou interpretação destes mesmos sintomas. Isso levou a uma depreciação de nossos recursos "naturais" para enfrentar o sofrimento: laços com o outro, experiências de escuta, narrativas de sofrimento e compartilhamento do mal-estar.

CHRISTIAN DUNKER

O sofrimento, por ele mesmo, não muda as pessoas, não torna ninguém melhor nem pior. Tudo depende do que fazemos com o sofrimento e, portanto, a começar por como ele é produzido e interpretado. Durante muitos séculos a paixão de Cristo foi uma narrativa mestre para avaliarmos a dignidade ou indignidade de nossos sofrimentos. Cada cultura, cada época, cada família, tem uma maneira própria de lidar e de reconhecer qual sofrimento merece atenção e cuidado e qual deve ser "engolido" como parte da vida ou aceitação das tarefas incontornáveis da existência. A morte e a finitude são exemplos de um tema que nos faz sofrer e que é incontornável e inexorável, assim como a degradação de nosso corpo e as regras para suportamos conviver com os outros. A essa condição não eliminável chamamos de mal-estar, a sua expressão como conflito local denominamos de sofrimento e quando este adquire autonomia em seu modo de expressão, ao modo de uma coerção mental (por obrigação ou impossibilidade) chegamos ao nível dos sintomas. O mal-estar é um assunto filosófico. Os sintomas são da alçada de psicanalistas, psicólogos e psiquiatras. O sofrimento, por sua vez, nos toca a todos e por isso é responsabilidade e da alçada de todos nós.

Esse é um tema que toda adolescência que se preze vai enfrentar, por isso a questão do suicídio não é em si patológica, mas existencial. Nesse sentido, colocar-se a pergunta se queremos e em que termos queremos passar para a "próxima fase" é uma pergunta importante, como uma pergunta aberta e solúvel em seu próprio tempo. Outra coisa são ideações suicidas, planejamentos e tentativas, que representam, frequentemente, uma coerção da experiência em uma determinada direção, seja ela impulsiva ou evitativa.

Nessa espécie de hierarquia das gramáticas de sofrimento, poderemos ver que há certos modos masculinos ou femininos pelos quais esperamos que ele seja expresso, mas também segundo classe, raça ou etnia e até mesmo forma e dimensão corporal. Tais gramáticas são múltiplas e existe um certo conflito político para decidir qual se tornará prevalente a cada momento, inclusive com o afeto que deve lhe ser mais conveniente. Por exemplo, recentemente pudemos observar uma mutação do afeto do medo para a raiva, depois da vergonha para a culpa,

PARTE II - CAPÍTULO I - SOFRIMENTO NA ESCOLA

nas dinâmicas de reconhecimento de sofrimentos adolescentes. Isso ajuda a entender por que existe também uma espécie de deriva de sintomas, por exemplo, nos quais a anorexia parece estar sendo substituída pelo *cutting* (cortar-se ou escarificar-se para, por meio da dor, alterar a experiência de angústia e de deslocalização corporal).

Perdedores e ganhadores, neste contexto, apresentarão suas gramáticas de sofrimento. Aquele que trabalha demais se queixará da falta de tempo, da insônia e do excesso de pressão, ao passo que daquele que trabalha de menos espera-se uma queixa em torno da desvalorização de si, da falta de iniciativa ou das experiências de perda da capacidade de experimentar satisfação ou prazer com a vida. É por isso que um quadro clínico como a mania pode nos dar um perfil altamente *"winner"* ao passo que a depressão nos levará ao contrário. Podemos observar um fenômeno análogo se comparamos a situação do sofrimento no trabalho de vinte anos atrás, quando falava-se em ergonomia, doenças profissionais e redução do *stress* laboral, ou seja, quando se pensava que o sofrimento atrapalhava a produção, em comparação com a situação atual na qual empresas induzem propositalmente sofrimento, indicando cortes programados de pessoa, estimulando competição entre departamentos, criando jornadas desumanas ou precarizadas de dedicação apenas porque este sofrimento a mais, no cômputo geral, é uma maneira eficaz de gerenciar pessoas para obter melhores resultados.

Entre essas diversas políticas para o sofrimento existem algumas com as quais é difícil concordar, por exemplo, aquela que afirma que todo sofrimento é um sintoma e todo sintoma deve ser curado ou tratado, em geral por um especialista ou por um conjunto de procedimentos. Tratamentos exclusivamente medicamentosos, feitos de modo crônico, sem revisão diagnóstica, com baixa participação do paciente sem reservar espaço algum para a palavra, para a interpretação ou trabalho subjetivo que alguém tem em relação a si, parecem ser uma política muito simples e provavelmente equivocada. Algo análogo se poderia dizer de seu contrário, a saber que apenas boas conversas ou reforços morais ou educativos seriam suficientes para enfrentar todas as formas de sofrimento e qualquer tipo de sintoma.

Capítulo II

MEDICALIZAÇÃO, CRIMINALIZAÇÃO E *DOPING*

Nos anos 1990, uma nova geração de medicações anti-depressivas tornou-se rapidamente popular. As pílulas da felicidade anunciavam a morte de Freud e a aposentadoria compulsória da psicanálise. Trinta anos depois, o consumo de medicações psicoativas tornou-se parte de nossa infelicidade ordinária. A maior parte dessas substâncias não são receitadas por psiquiatras, mas cardiologistas, ginecologistas ou clínicos gerais, repostas por anos sem acompanhamentos. Cada consumidor aprendeu a manejar sua própria alquimia observando sintomas, aumentando ou diminuindo dosagens ao sabor dos dissabores da vida.

Há certos percursos típicos. Aos sete anos, o metilfenidato compensava aquele atraso de aprendizagem. Aos quinze, os moduladores de humor reduziam a irritação e os acessos de raiva. A depressão que acompanhou a entrada da faculdade somou três medicações nas costas, fora o benzodiazepínico no bolso para esquecer ataques de pânico. Com o trabalho e suas preocupações, veio o indutor de sono. Enquanto investigamos Bipolaridade ou Personalidade Bordeline, tentamos o lítio.

A mesma trajetória tem outra versão. Logo no início um empurrão "químico" para ser aceito na escola mais concorrida. A adolescência fica ótima depois do acolchoamento de conflitos e da vantagem competitiva com foco no desempenho. Vida sexual acima da média contando com a "azulzinha" preventiva. No trabalho e na universidade muita extroversão, proatividade e voracidade graças à combinação entre os estimulantes, para aumentar a "pegada" e o acolchoamento anti-depressivo, contra quedas narcísicas. Até que, inesperadamente, entrou em um túnel de sofrimento, falta de sentido e ideação suicida.

Adicionalmente cresce o uso "auto-medicativo" de drogas ilícitas. Pessoas tratando depressões com cocaína, ansiedade com maconha, inibição com anfetaminas, situações sociais de vulnerabilidade com regimes químicos de modulação da paisagem subjetiva. Ademais, sendo criminalizadas por isso.

Há uma diferença crucial, apesar de difícil discernimento prático, entre usar medicação para suprir o que não se consegue fazer e usar a mesma medicação como *doping* para acrescentar poderes que você não possui. Seja como caso incurável de "diabete" psíquica ou como caso crônico de sucesso "aditivado", é preciso considerar seriamente se estamos em um uso compensatório ou dopante de medicação psicoativa.

Nada contra super-heróis e seus superpoderes, mas modulações químicas continuadas criam uma versão de nós mesmos mais além dos recursos disponíveis e desejáveis. Evitar conflitos crônicos, reduzir machucados da alma, mitigar a dor criada pelas quinas da vida ou diminuir o peso do mundo são benefícios preciosos das medicações psicoativas, mas cedo ou tarde o real retorna ao lugar de onde ele foi suprimido. É melhor estar preparado para isso, com o tamanho justo do ego, com o volume preciso do seu mundo, senão é só doping e autoengano.

Boa parte do problema com a expressão "descriminalização das drogas", que se tornou uma demanda política expressiva, advém da ambiguidade do sentido e do discurso onde ela ocorre. A expressão entra em série com outras modalidades de "descriminalização", com a "descriminalização" do aborto ou do trabalho sexual, provocando a leitura imediata de que a suspensão de seu estatuto como crime é ao mesmo tempo uma incitação ao uso e um incentivo para sua produção. A falácia reside aqui no fato de que não se é a favor do aborto em si,

PARTE II - CAPÍTULO II - MEDICALIZAÇÃO, CRIMINALIZAÇÃO E...

uma experiência tantas vezes traumática, principalmente para as jovens que o praticam em condições precárias, muito menos uma aprovação tácita para que mais pessoas entrem no mercado do sexo, que é por si só uma experiência difícil e cheia de coerções para a maior parte dos que nela se engajam.

Suspender uma interdição não é incentivar uma prática. O que está em jogo aqui não é apenas um deslocamento do estatuto jurídico de um ato – o consumo de entorpecentes –, mas o sentido mesmo do que significa intervir sobre o uso dos corpos, modular suas experiências e como tais experiências se articulam com o mundo das trocas humanas. Descriminalizar uma prática não é apenas suspender uma restrição arbitrária, mas estabelecer uma política de gozo, ou seja, uma forma coletiva de lidar com as satisfações humanas e seus abusos potenciais.

Drogas podem incidir de modo muito diferente quando se considera o discurso que as localiza social e subjetivamente. Elas podem compensar estados penosos ou deficitários, como se lê nos discursos psiquiátricos. Elas podem criar novos estados de modulação da paisagem subjetiva, como se lê nos discursos sobre drogas lícitas como o álcool e tabaco. Elas podem estimular a produtividade laboral, como o café. Elas podem controlar funções corporais, como o sono e a ereção. Elas podem ainda induzir estados mentais excepcionais, como o êxtase místico, como o caso do peiote, a comunhão religiosa comunitária como o daime, ou ainda a exploração de estados expandidos da consciência, como se lerá na história médica e para-médica do ácido lisérgico. Há, portanto uma flutuação de empregos da noção de droga que remonta ao grego *"pharmakon"* ao mesmo tempo remédio e veneno.

No Brasil, o discurso no qual se discute a descriminalização das drogas costuma flutuar entre a dimensão jurídica e a médica de um lado, e entre a dimensão moral e política de outro. Entre eles, vez ou outra, se insurge a dimensão econômica. Isso estrutura uma espécie de conversa com argumentos mais ou menos conhecidos de lado a lado. Juridicamente proibir o consumo contraria o princípio de que apenas bens mais relevantes devem ser tutelados pelo Estado e que este não deveria intervir no uso privado e individual dos corpos. O crime deveria ser tipificado segundo a intervenção mínima, em acordo com a adequação social, principalmente quando não se tratar de ofensa a outrem ou a bens juridicamente reconhecíveis.

Ora, essa flutuação de determinantes que disputam entre si a inscrição discursiva do que significa *consumir drogas*, renova a ideia de *pharmakon*, não só como veneno ou remédio, mas também como palavra. A palavra é *pharmakon*, não só porque ela pode curar ou envenenar, mas porque ela se distribui entre os seres falantes como meio de expressão e caminho de tratamento para os conflitos. No fundo a narrativa corrente sobre as drogas é ao mesmo tempo problema e solução para a confiança corrente na ideia de indivíduo autônomo livre para efetuar contratos sociais. O "usuário" é alguém que perdeu o controle sobre si mesmo, que abriu mão de sua liberdade trocando-a por uma experiência de prazer e escravidão. O "usuário" não percebe e é incapaz de reconhecer que quem manda em sua vida é o álcool, a maconha, o crack, ou a coca e não ele mesmo. Ele se engana dizendo que pode "parar" a qualquer momento, mas nunca mostra que essa possibilidade é real. No segundo estágio ele se engana dizendo que é isso mesmo que ele quer e é isso mesmo que ele escolheu: uma vida cujo sentido e fim é a repetição daquela experiência de prazer. No terceiro estágio ele demite-se da condição de humanidade e dá razão a todo e qualquer um que o trate como uma vida dispensável, inútil e sem valor. É nessa situação que toda violência contra si torna automaticamente justificável.

Nessa matéria o consenso psicológico e sociológico indica que a violência nunca surge de imediato em primeira forma como violência ostensiva e marcada por atos que contrariam o respeito à vida ou à dignidade humana. A violência possui um arco que nasce na contrariedade dos desejos humanos, passa pelo antagonismo social e evolui conforme os sistemas de mediação, públicos e privados, institucionais e comunitários, para formas cada vez mais radicais de ofensa à lei geral do reconhecimento. Toda violência é uma demanda, ainda que equivocada ou alienada, de transformação da lei. Ou seja, ela não é expressão de nossa agressividade natural, nem pode ser eliminada por meio de práticas civilizatórias, ela é um efeito estrutural da insuficiência na formulação de nossas leis. Por isso a abordagem que procura isolar fatores ou causas,

PARTE II - CAPÍTULO II - MEDICALIZAÇÃO, CRIMINALIZAÇÃO E...

escandir dimensões sociais ou psíquicas, políticas ou jurídicas, para lidar com o consumo de drogas, incorre no mesmo erro que é o disciplinar a experiência encobrindo a sua natureza como fato social total. Basta lembrarmos as pesquisas de Henrique Carneiro[28] para ver que o consumo de drogas é imanente à experiência humana e que a forma como tratamos e regulamos tal experiência, ou seja, a forma como falamos e interpretamos os excessos ou as tolerâncias, os usos e abusos, ao final determinam o que se poderia chamar de políticas do gozo. Ou seja, definir o que é *uso* e o que é *abuso* não é apenas uma tarefa psicológica, com seus perfis de dependência e vulnerabilidade que definiriam a personalidade do adicto, mas um corte político relativo ao que podemos suportar e o que não queremos admitir sobre nós mesmos.

O atraso da abordagem clínica do assunto é atestado pelo fato de que entre todas as classes diagnósticas descritas pelo *Manual Estatístico de Transtornos Mentais* (DSM-V)[29] o tipo mais numeroso seja justamente os *"Transtornos Relacionados a Substâncias e Adição"* (*Substance-Related and Adictive Disordes*) que reúne nada menos do que nove categorias: álcool, cafeína, cannabis, alucinógenos (penciclidina), inalantes, opióides, sedativos ou ansiolíticos, estimulantes (anfetamina, cocaína) e tabaco. Além destas há o *Transtorno de Jogo* (F63.0) e a foucaultiana classe dos *"Outros (ou Desconhecidos) Transtornos Relacionado a Substância"* (F19.10). Os onze tipos admitem ainda, no mínimo três especificadores: leve, moderado e severo. Tomemos os critérios usados para definir o transtorno de uma substância legal, o álcool, em comparação com outra substância de consumo ilegal, a maconha (cannabis). Para definir um *Transtorno de Adição de Álcool* (F10.20) temos onze critérios:

(1) consumo em grandes quantidades ou longos períodos;

(2) desejo mal sucedido de parar;

(3) grande tempo dedicado a obter álcool ou consumi-lo;

(4) crises de vontade de consumo (*craving*);

---

[28] CARNEIRO, H. *Drogas: a história do proibicionismo*. São Paulo: Autonomia Literária, 2020.

[29] APA. *Diagnostic and Statisical Manual of Mental Disorders*. Washington: APA, 2013.

(5) fracasso em cumprir obrigações no trabalho, escola ou casa;

(6) persistência no consumo mesmo diante de problemas sociais e interpessoais;

(7) redução de atividades recreativas e ocupacionais;

(8) persistência no consumo mesmo com problemas físicos;

(9) persistência no consumo mesmo na ciência de problemas psíquicos e físicos;

(10) tolerância (aumento progressivo da dose para obter o mesmo efeito);

(11) síndrome de abstinência.

Sobressai-se nessa lista a quantidade de critérios ligados à perda da capacidade de funcionamento social e laboral, em última instância, a perda da capacidade de controle sobre si. Há uma longa estratificação de discursos em torno da dependência do alcoolismo (como afinidade ao álcool), do alcoólatra (termo que remete à religiosidade), dipsomania (ressaltando a oralidade impulsiva), compulsão alcoólica (enfatizando a coerção mental para o uso), dependência de entorpecentes (que sugere o alívio e a redução do conflito) até a adição (que remete às noções de apego ou afeição). Lembremos que em latim *addictus é* alguém *"adjudicado ao seu credor, como devedor insolvável, por extensão, submisso, escravizado"*. Ou seja, uma avaliação de sobrevoo mostra como a noção liga-se a uma perturbação definida entre o polo da produção (trabalho, escola, casa) e o polo do consumo (excessivo, incontrolado), mas cujo padrão é a dívida que não se consegue pagar, a dívida que nos torna escravos e dependentes. Tudo se passa como se o dependente de drogas estivesse exagerando um princípio geral e bem aceito de dependência e de regramento da vida pelo consumo, só que neste caso o princípio é elevado à condição de hipérbole e por isso deve ser punido. Punido duplamente, porque ele revela a verdade insuportável que comanda o sistema e porque ela transgride a norma da busca pelo prazer ao desconhecer as mediações que lhes seriam necessárias. Que fique claro, o dependente químico segue a mesma regra geral do capitalismo, da felicidade como consumo, mas ele segue exageradamente essa regra; ele a segue sem vergonha ou

PARTE II - CAPÍTULO II - MEDICALIZAÇÃO, CRIMINALIZAÇÃO E...

limite, ele a segue com um amor exagerado à lei que preside nosso laço social e é exatamente por isso que ele se torna um sintoma de nosso laço social hegemônico.

Comparemos essa gramática diagnóstica com a forma como o consumo da maconha é caracterizado. Encontramos novamente os mesmos 11 critérios, com a diferença de que a tolerância para a maconha é maior e os efeitos de crises de abstinência são menores. Por que então uma droga tem seu uso liberado, ainda que com restrições de uso, comércios e propaganda e a outra tem seu comércio proibido e seu uso controlado (para uso medicinal ou pesquisa em situações específicas)?

Observemos que o que se criminaliza não é o consumo, mas o comércio. Nesse caso seria importante observar que a falta de uma legislação específica torna indiscernível o pequeno consumidor do traficante, o pequeno traficante do grande produtor, assim como o grande produtor local do traficante internacional. Fronteira que obviamente vem sendo usada em escala de massa para aprisionar a população pobre, majoritariamente negra, que se vê diante da indústria policial da chantagem e da extorsão.

É importante notar a manipulação de favorecimentos a partir do poder discricionário que a cada parte do processo incide contra a população indefesa diante da autoridade policial. O que temos, ao final, é uma espécie de dispositivo de poder ligado à circulação de obrigações na zona cinzenta de intersecção entre o Estado e o mercado. O tráfico é um sistema que ilustra a existência de algo que é um poder público, mas não estatal, e uma força privada, mas não empresarial.

O assim chamado "tráfico" oferece um conjunto de gramáticas de reconhecimento ascensional para populações excluídas, formadas principalmente por jovens negros que moram nas periferias das grandes cidades brasileiras. O exercício da violência, a posse de ícones de respeitabilidade, o poder restaurado da palavra, a dinâmica de concorrência com grupos rivais, tudo isso mimetiza a vida e a carreira e seus respectivos sonhos aspiracionais, com os quais se representam as narrativas de transformação orientadas pela inserção no mercado profissional. A reputação prisional, a força de organização popular expressa nos bailes *funks* ou nas escolas de samba, as declarações de represália e os julgamentos internos e externos, mimetizam o funcionamento do Estado, ali onde ele se evadiu. Por isso podemos dizer que a imago do consumidor de drogas é a imagem invertida de si mesma que nossa sociedade não consegue admitir e na qual ela não consegue se reconhecer.

A descriminalização do uso da *cannabis* deve ser considerada de forma diferencial em relação, por exemplo, ao consumo do *crack*. Não porque possuam efeitos de dependência mais fortes ou mais devastadores do ponto de vista da comorbidade com outros transtornos mentais, mas porque exprimem políticas de gozo diversas. O *crack* cria comunidades de uso que são indiscerníveis em relação à pobreza segregada, tanto pelos sistemas de saúde quanto pelos sistemas de amparo social. A violência que é associada indiscriminadamente com o uso de drogas precisa ser ponderada com relação a violência contra populações carentes, desamparadas ou vulneráveis. O uso do *crack* no contexto da vida brutalizada dos coletores de cana do interior do estado de São Paulo, ou dos que consomem *crack* para suportar a "vida de rua" das grandes metrópoles, precisa ser contextualizado em relação ao que se pode chamar de tratamento espontâneo do sofrimento pela população pauperizada. Assim como se alerta para os riscos da automedicação seria preciso pensar que uma parte substancial do uso de drogas envolve uma espécie de tratamento espontâneo ou tratamento selvagem para o sofrimento mental. O deprimido sente uma breve experiência de suspensão do peso da vida quando ingere algumas gramas de álcool. A anestesia, excitação, intensificação ou modificação da consciência criada pelas drogas psicotrópicas é um alívio artificial para o sofrimento causado pelos sintomas mentais. Assim como os sintomas mentais, segundo a psicanálise, são alívios e substitutos mentais simbólicos, para contradições e conflitos reais.

Freud[30] falava da psicanálise selvagem (*Wildpsichoanalyse*) como uma prática terapêutica que aplicava princípios psicanalíticos ao modo de fórmulas morais e recomendações de conduta, sem o devido preparo

---

[30] FREUD, S. (1910). *Sobre Psicanálise Selvagem. In:* Obras Incompletas de Sigmund Freud. Belo Horizonte: Autêntica.

PARTE II - CAPÍTULO II - MEDICALIZAÇÃO, CRIMINALIZAÇÃO E...

ou formação específica. Não é um acaso que boa parte da estratégia hoje em andamento para o enfrentamento das dependências químicas esteja sendo desenvolvida no contexto de comunidades terapêuticas organizadas por associações religiosas. As comunidades terapêuticas são um grande "negócio", pois se oferecem como campos de contenção para dependentes baseados na reformulação discursiva dos *habitus* do dependente trocados por uma adesão ao engajamento em práticas confessionais. Esse deslocamento discursivo não deveria passar despercebido, principalmente se observamos a "eficácia" notável deste tipo de dispositivo.

O espantoso não é que existam práticas de tratamento de dependentes que envolvam rituais de humilhação, rotinas diárias de orações e banhos de purificação, típicos dos tratamentos medievais para a loucura. O surpreendente é que tais práticas apresentem graus de recuperação comparáveis aos melhores dispositivos hospitalares e aos métodos de recuperação mais bem pensados pela ciência psicológica ou psiquiátrica de nossa época. O truque não é tão difícil de entender. Deslocar e reimplantar alguém em um novo universo discursivo sempre servirá como um pretexto para conversão entre modos de vida. Este procedimento é curiosamente similar, se olharmos de perto, aos principais recursos discursivos mobilizados pelo Estado em sua relação com as drogas: "guerra" contra as drogas, "combate" às drogas, "erradicação" das drogas, enfim, todo o discurso que se consagra a fixar a ideia de que o objeto droga é suficiente para entender a experiência de dependência, possui uma extração histórica religiosa. Como se uma vez que este objeto, em sua substância nociva própria, fosse tornado indisponível, a nossa sociedade se tornaria automaticamente melhor. Como se o tratamento ao consumo de drogas envolvesse, necessariamente, uma experiência de purificação, como a expressão *"estou limpo"* (parei de consumir drogas) sugere.

Em Lacan e Baitalle, encontramos a tese de que a forma como lidamos com nossos dejetos é a mesma forma como se organiza hegemonicamente nosso laço social. A droga, neste contexto, é um ícone perfeito para o *pharmakon* do desejo, do que está a mais em nosso universo de trocas sociais e libidinais. Uma política de gozo que imagina que o corpo social ideal é o corpo social "limpo" carrega consigo uma teoria de que a origem do sofrimento advém de um objeto intrusivo, que uma vez removido restaura a harmonia social que teria existido antes.

CHRISTIAN DUNKER

Ora, essa é apenas uma das narrativas de sofrimento disponíveis para enfrentar o problema do gozo. Poderia igualmente se dizer que o "problema das drogas" é relativo ao tipo de pacto social que queremos. Poderia também se argumentar que o "problema das drogas" é sempre remissível se diluído em unidades simbólicas de pertencimento, como a família, a escola e o trabalho, ou a comunidade em relação às quais a noção de dependência é uma tentativa de restituição e sutura.

Poderia ainda se dizer que o "problema das drogas" é uma derivação ocasional do problema mais genérico da alienação social, de tal maneira que o conceito de droga se expande para toda e qualquer prática que nos impede de reconhecer conflitos e nos evade da situação social concreta e real. Talvez uma dificuldade em enfrentar o "problema das drogas" esteja em nomear o problema desta maneira, ou seja, como se ele fosse "um único *problema*". Seria mais razoável supor que essa concentração sobrenatural do "problema" neste significante concentracionário carrega em si uma potência transformativa excessiva. Ora, essa condensação de sentidos para o "problema da droga" nos faz entender por que ela se tornou uma razão metonímica para entender a progressão da violência no Brasil contemporâneo.

"*A violência advém da droga, assim com a droga leva à violência*": este sintagma ideológico deveria ser lido em associação com a conotação adquirida pelo significado de "consumo" nesse contexto. A droga nos leva a um estado alterado de consumo. Ela possui poderes especiais de nos privar da autonomia e independência. Nesse discurso o objeto é em si "perigoso" e dotado de propriedades mágicas. Se ele não existisse, não existiria o perigo de perdermos nossa própria propriedade fundamental, natural e espontânea, que é a livre escolha. Mas e se o "problema das drogas" não fosse justamente a suspeita de que esta prática social, jurídica, psíquica e moral levanta sobre a existência dessa autonomia superfaturada?

Se assim fosse, teríamos que entender que a violência já existe como efeito secundário tanto do funcionamento mental em forma de Estado como em forma de mercado, ou seja, o consumo de drogas e o "problema das drogas" deveria ser traduzido pelo problema mais difícil, talvez insolúvel quando posto nesses termos, de como lidar com a pobreza e a desigualdade social no Brasil.

PARTE II - CAPÍTULO II - MEDICALIZAÇÃO, CRIMINALIZAÇÃO E...

Para entender esse deslocamento discursivo, podemos tomar como exemplo a atual situação da saúde mental na cidade de Nova York. Como se sabe, a saúde mental em quase todo o mundo demanda altos custos, pequenos retornos e expectativas de piora no quadro geral em futuro próximo. As taxas de suicídio crescem em ritmo alarmante desde os anos 1980, a depressão torna-se a segunda maior causa de afastamento no trabalho, o diagnóstico de autismo em crianças aumenta em centenas de vezes nos últimos vinte anos.

Mas em Nova York a situação encontrou uma estabilidade surpreendente. Tudo deriva de um conceito ascendente em saúde mental, chamado "projeto terapêutico" singular. O conceito é bom em essência, pois sugere que cada caso deve estabelecer para si um programa e um percurso de intervenções clínicas e terapêuticas que possuem a estrutura de uma negociação. Ou seja, o paciente se compromete com determinadas metas, que são negociadas "livremente" com a pessoa que lhe serve de "referência" e assim consecutivamente, até que os objetivos terapêuticos se efetivem. Boas novas. O paciente sai da posição passiva, que se pressupõe a partir da palavra mesma "paciente", e migra para um lugar ativo como protagonista de seu próprio tratamento. Ele pode então se responsabilizar por suas promessas e seus compromissos de tal forma a tonar-se sujeito de seu próprio contrato terapêutico. Ele assume assim tarefas e movimentos negociados que rumam para a superação da situação clínica na qual ele se encontra. Ocorre que se alguém se mostra refratário ou não aderente ao "projeto terapêutico singular" ele está recusando direta, ativa e autonomamente sua vinculação com aquele serviço de saúde mental e a pena para tal violação, notadamente, quando isso acontece de forma recorrente e continuada, é a exclusão do serviço.

A noção de "projeto terapêutico singular" subentende o conceito de contrato e de indivíduo livre para efetuar contratos e efetuar relações de direitos e deveres. Ora, tudo se passa como se não se incorporasse a tal conceito de transtorno mental justamente a perda da capacidade de efetivar e manter contratos sociais desse tipo. A solução encontrada pelo sistema de saúde nova-iorquino parece perfeita à luz da racionalidade baseada na gestão. Não há mais filas de espera nem pacientes não atendidos, não há mais problemas com falta de recursos e com

CHRISTIAN DUNKER

fornecimento de remédios. Tudo funciona perfeitamente bem. Ao mesmo tempo a população de moradores de rua (*homeless*) aumentou vertiginosamente. Contudo, isso não é mais um problema de saúde mental, mas de assistência social. Dessa forma demonstra-se como uma gestão eficiente consegue resolver o "problema das drogas" transferindo o discurso que se responsabiliza por ele, e não de fato enfrentando suas razões e suas causas.

Quando se fala em descriminalização do uso de drogas, para o qual o caso da maconha é sempre o caso primeiro e modelo, sempre se estará às voltas com o fantasma da solução "gestionária", ou seja, da solução que em vez de transferir recursos hoje aplicados ao "combate às drogas" para o tratamento e prevenção ao seu uso abusivo, atenha-se apenas à demissão do interesse e da responsabilidade do Estado, com sua consequente transferência, para a *mão invisível do mercado*, sucessora da *mão invisível da previdência divina*. O mercado disponível nesse caso é o "mercado das almas" representado pelas comunidades terapêuticas, interessadas em ganhar reabilitados para seu projeto de expansão comunitária.

O argumento de que a institucionalização da produção, distribuição e consumo de drogas como a *cannabis* estimularia seu uso, mantém a premissa de infantilização e de minorização do consumidor. É preciso proibir o consumo de drogas como a maconha porque nossa população é ainda muito infantil para decidir se pode ou não agir com a ciência dos riscos que isso representa em termos de negligência, imprudência e imperícia. Há, portanto, uma pressuposição de que as pessoas comuns não têm o saber correto sobre as drogas, por isso dessa posição privilegiada, a qual os adultos têm em relação às crianças, devemos proibir seu uso.

É certo que a indústria do álcool ou do tabaco está sob grande pressão social e política, com uma tendência mundial de decréscimo de consumo, com exceção dos países mais pobres. Mesmo em países pequenos como Uruguai e Holanda, na qual o uso é permitido e bem controlado, o consumo na população em geral não aumentou espantosamente. De toda forma a tendência de descriminalização é global e a questão mais justa a colocar diz respeito à velocidade e os termos nos

PARTE II - CAPÍTULO II - MEDICALIZAÇÃO, CRIMINALIZAÇÃO E...

quais o processo se dará no caso brasileiro. Como será se dará a redestinação do vultoso montante de dinheiro que hoje circula informalmente, associado com a corrupção e com também as trocas sociais que vão da produção ao consumo da droga, será empregado para tratar os efeitos deletérios de seu consumo abusivo?

Assim como há o problema internacional da *lavagem de dinheiro*, que tem sido objeto de contraentes cada vez maiores, deveríamos colocar o problema da *lavagem de poder* ligado ao tráfico. Com isso não nos referimos apenas ao subsídio que o tráfico de drogas mantém direta ou indiretamente para a promoção de bancadas políticas municipais, estaduais e federais, mas ao discurso de demissão do Estado em relação ao poder paralelo que mantém populações inteiras administradas pelo dispositivo da droga. Como detectar e impedir que o processo de descriminalização não seja operado pelos próprios interessados de tal maneira que o novo negócio legalizado da droga seja apenas o espelho e a continuação do antigo e detestável negócio ilegal das drogas?

Muito se fala sobre a corrupção, normalmente tomada como conceito moral em conexão com padrões de criação e educação. Isso nubla o fato de que o controle da corrupção passa também pela institucionalização dos pontos de ambiguação discursiva e procedimental que conecta contradições sociais com práticas ostensivas de dominação. A ambiguidade das leis que regulam o uso e o comércio de substâncias entorpecentes não representa uma dificuldade em acompanhar o progresso tecnológico de novas substâncias – como por exemplo, a dependência de vídeo games, de pornografia digital ou de consumo de imagens –, mas gera uma ambiguidade seletiva que associa a posse de drogas com a classe social, e a classe social com a condição racial, para então produzir a imagem do perigo social representado pela equação: *consumidor de drogas = violência potencial.*

Muito do temor das classes médias com o consumo de drogas liga-se com o discurso de que elas são o caminho para o descenso social, para a perda de prestígio e para a dissolução dos signos que justificam os privilégios de classe. Daí a eficácia dominante do argumento da progressão: as drogas mais leves, como a maconha e a cola, são a "porta de

CHRISTIAN DUNKER

entrada" para as drogas mais pesadas, como a cocaína e o *crack*. Tudo se passa como se as drogas ilegais fossem uma categoria a parte, independe das drogas legais como o álcool e o tabaco. Como se o consumo de drogas fosse o campo, a prova e a referência para o limite entre o legal e o ilegal, entre a inclusão e a exclusão, entre o aceitável e o inaceitável.

Levanta-se aqui o caso de que descriminalização implicaria apenas a institucionalização do poder hoje conferido às facções criminosas, que operam desde a proteção condominial interna aos presídios, organizando o grosso do tráfico e, consequentemente, do consumo. Secundariamente isso traria problemas em termos de saúde pública, decorrentes da expansão do uso.

Neste ponto o debate migra para os efeitos biológicos do uso continuado de certas substâncias. Os efeitos patológicos e de dependência do uso da maconha ou do *crack*, da cocaína ou do daime, são usualmente contrapostos ao uso continuado do tabaco ou do álcool, com vantagem para o primeiro grupo. Esse argumento é problemático porque se mantém na gramática do autorizado-proibido e do saudável-doentio, confirmando a soberania do objeto e não do sujeito na determinação da fronteira entre uso e abuso. Por outro lado, é característico da relação de abuso a impercepção de que se está em excesso ou abuso. Em outras palavras, o abuso é sempre uma relação determinada pelos outros que não o próprio sujeito. Até onde alguém pode dispor de seu corpo e dos gozos que lhes são imanentes a ponto de abusar dele é uma matéria de amplo interesse para a psicanálise. Mas sabe-se que a violação dos limites com relação a si corresponde a uma violação dos limites em relação ao outro e que isso é um fator de grande precipitação da violência intersubjetiva.

Descriminalizar o uso de drogas é uma política em relação ao gozo. Tal política não deveria ser pensada em termos polares e dicotômicos, do tipo *sim* ou *não*, mas em termos longitudinais, do tipo, *quando* e *como*. No Brasil, os que retardam este processo estão, via de regra, defendendo a infantilização de nossa população, mas sem atentar para o imenso prejuízo segregatório que a indústria da repressão tem representado para o Estado. Por outro lado, os que apressam o processo estão demasiadamente presos ao discurso do mercado que vê nele uma

PARTE II - CAPÍTULO II - MEDICALIZAÇÃO, CRIMINALIZAÇÃO E...

regulação precisa e mais eficiente para os déficits de controle e para o excesso de consumo, o que nem sempre é verdade. A noção de "dependência", onipresente nos discursos sobre o "problema das drogas", deveria ser radicalizada, pois a noção encampa e generaliza aquelas formas de vida que dependem do Estado para granjear sua própria subsistência. São os imigrantes, improdutivos, excessivos, pobres ou não integrados ao sistema produtivo, e aos quais resta a nomeação como apenas "consumidores" ou "usuários". Implícita aqui é a ideia de que eles estão a se aproveitar dos que trabalham, dos que pagam impostos, dos que são cidadãos em todo sentido e extensão do termo. Os que estão sob o domínio da droga são como zumbis, cuja vida perdeu valor e cuja morte não terá consequência, pois, afinal, foi uma livre escolha e uma soberana determinação. Toda violência que lhes for dirigida nada mais será do que justa, porque tão certo como um inimigo interno eles devem ser eliminados para que o bom funcionamento sistema possa prosperar.

Portanto, descriminalizar o consumo de drogas não é em absoluto incitar seu uso, mas transferir um problema de polícia e de repressão para a dimensão da saúde pública, como tal demandante de recursos e investimentos que hoje lhe são privados. A transferência do "problema das drogas" para a dimensão de um problema moral, educativo, da esfera privada das famílias é apenas outra forma de invisibilização de que toda política de gozo é uma política sobre gozo do outro, ou seja, do reconhecimento de que não existem fronteiras naturais ou convencionais para delimitar quando se passa do uso para o abuso, do uso recreativo para a adição.

A medicalização, especialmente a medicalização da infância, é um problema de largas proporções muito grave no Brasil, e que exprime de certa maneira a tendência a uma certa terceirização da educação, particularmente nas classes médias. O excesso de diagnósticos indiscutidos, as narrativas que reduzem sintomas psicológicos a perturbações neurológicas exprimem apenas uma tentativa de monopólio sobre como o sofrimento deve ser reconhecido. Isso mostrou-se inviável terapeuticamente, indesejável eticamente e pouco produtivo para os objetivos educacionais. Ocorre que essa é uma estratégia muito barata, que ganha endosso em uma série de estratégias de tratamento do sofrimento pela adição de substâncias ou pela introdução ou retirada de certas experiências, como se o sofrimento fosse apenas um estado subjetivo de desconforto. Este não é absolutamente o caso. A dor não é o sofrimento, porque o segundo depende de como o reconhecemos, o primeiro não. Quando olhamos para o sofrimento como apenas uma sensorialização desagradável é sinal de que nossa narrativa para o entender está muito empobrecida.

No caso do Brasil, um dos motivos para a atual crise de saúde mental ou de sofrimento generalizado em escolas e universidades é a vida em forma de condomínio que ergueu muros barrando a experiência produtiva da diversidade, criou síndicos corroendo a construção de experiências de reconhecimento, intimidade e autoridade, bem como projetou uma economia de afetos baseada no medo, ódio e inveja.

Capítulo III

DESIGUALDADE RACIAL E SOCIOECONÔMICA NA EDUCAÇÃO

Gostaria de colocar três pontos para contribuir com o debate sobre a desigualdade racial, social e econômica na educação, considerando o escopo que hoje nos reúne que é o da "educação de alta performance" e como ela pode dar lugar e colaborar para tratamento da desigualdade. Chamo de educação de alta performance aquela que se pauta pelo regramento de métricas, de termos de comparação e de seletividade comparada, tendo em vista um ideal socialmente aceito de concorrência e competição. Ocorre que essa forma de escolaridade formal recorre a simplificações muito grandes quanto à definição das regras do jogo pelo qual o estudante aprende a ser um "*player*". Tal simplificação sistematicamente equaliza os alunos segundo um termo comum de comparação, seja ela sob forma de provas, de desempenho calculável diante de tarefas comuns ou ainda de acesso a exames seletivos para faculdades.

Ocorre que neste tipo de projeto educativo quando compramos a aposta de uma educação qualificada desta maneira, ganhamos uma espécie de brinde adicional, algo que, por assim dizer, vem "no pacote". E este adicional indesejável é o forte impulso para a adequação, subserviência e docilidade. Se as regras do jogo são essas para todos, em todos os mundos possíveis, nada mais podemos fazer além de aceitá-las.

Ora, esse complexo de servidão traz muitos problemas. Ele aumenta a intolerância para com os desviantes. Ele agressiviza a relação com a diferença. Toda diferença terá que ser posta na chave da hierarquia. É a gramática que divide o mundo entre *winners* e *loosers*. E mesmo quem não simpatiza com ela em primeira instância, e, assediado pela civilização do risco por medo de ficar de fora, toma providências para ficar do outro lado. Cria-se assim um mundo de incluídos e excluídos, que levará a adolescências apáticas ou raivosas onde virtualmente ninguém está verdadeira e propriamente incluído. Esse estado de coisas acarreta no sujeito duas formas de patologias do social: a solidão e o esvaziamento de si.

O problema desse tipo de partilha é que ela introduz regras muito simples, muito triviais, para nossas práticas de reconhecimento. E aqui tento introduzir a ideia de prática, não só de problema.

A inclusão não é uma equalização, não é uma suspensão das distinções, como que apagar diferenças por decreto. A verdadeira inclusão é a radicalização de nossas gramáticas de reconhecimento, até o ponto em que essas incluam e praticamente construam a diferença radical, a diferença absoluta que alguns chamam de singularidade.

Com reconhecimento me refiro ao ato real pelo qual ele se dá, em palavras, atos e disposições; nas identidades imaginárias que se criam o que sempre que está em jogo é um ato de reconhecimento.

O que desejamos para nossos filhos não é só que eles se ajustem, que eles se conformem ou se adequem. Nossos filhos deveriam ser capazes de pensar outro mundo, outro futuro diferente do futuro que temos agora em nosso presente. Convenhamos, o futuro que conseguimos imaginar hoje é muito pobre, ele é o futuro que vai se tornar passado daqui a pouco. O verdadeiro futuro depende da capacidade de imaginar algo que não seja apenas a reprodução das regras da escola, do mercado, da cidade, do direito e assim por diante.

Mas de onde isso virá? De gênios capazes de já terem nascido em outro mundo? Ou dos revoltosos que hoje simplesmente recusam regras de forma voluntária ou involuntária, como que a pressentir, corretamente, que há algo errado com elas.

PARTE II - CAPÍTULO III - DESIGUALDADE RACIAL E SOCIOECONÔMICA...

Desigualdade não é distinção e distinção não é diferença. Todos nós somos distintos no sentido que possuímos atributos diferentes, mas a desigualdade começa quando não consigo mais reconhecer o outro segundo as regras que produziram a não igualdade entre nós; quando não consigo reconhecer verdadeiramente o processo pelo qual um negro se torna negro neste país; quando não consigo reconhecer o percurso que torna alguém *este pobre*, *neste país*, *neste momento* específico de nossa história. Não é só o fato que sofrerei de certa entropia cognitiva, que torna meus juízos mais toscos, mas também jamais conseguirei pensar outro país, outra história, outro futuro.

A ligação entre negritude, pobreza e ameaça social tem sido uma tônica em nossa forma de vida. É conhecido o estudo de um de nossos alunos do Instituto de Psicologia da USP que se vestiu de gari e passou a viver como um durante meses. Ele passou por uma experiência na qual subitamente tornou-se invisível socialmente. Ninguém mais o via, ninguém mais o cumprimentava, nem mesmo nos recintos e lugares onde ele frequentava antes. Ninguém mais o reconhecia para além de uma *coisa-que-limpa*.

Menciono essa experiência porque ela me parece poder inspirar uma prática concreta de reconhecimento. Quero crer que seria desejável que todas as escolas dispusessem de uma política para a diferença, com seus dispositivos, iniciativas e encaminhamentos. Nada mais tolo do que imaginar que este é um assunto que se enfrentará com leis coercitivas que imporão o reconhecimento da diferença pela força. Sabemos que isso gera uma mistura de ressentimento e tolerância, que é melhor que o preconceito aberto, mas ainda pouco para o que queremos.

Acompanho há anos um projeto subsidiado por famílias de São Paulo que oferece bolsas de estudos para alunos de escola públicas, selecionados para estudar em colégios como Bandeirantes ou Santo Américo. Bolsa integral e apoio logístico não são suficientes para enfrentar o enorme choque cultural que se produz nessa situação. Muitas vezes a situação é dramática do lado da criança que se vê repudiada pelos outros irmãos que não tiveram a mesma "chance" ou porque introduzem hábitos e valores que são sentidos como exógenos. Imagino que a inclusão

95

nesse projeto não seja difícil e ele é uma forma simples e rápida de aumentar a diversidade cultural de uma escola.

Olhando para escolas voltadas para a alta performance ainda hoje verificamos baixíssima quantidade de negros. E isso será difícil de mudar pela associação, ainda muito forte, entre negritude e desvantagens sociais que reproduzem as condições adversas que as criaram. Mas se olharmos bem para uma escola veremos que também nos tornamos cegos para um contingente não desprezível de pessoas que trabalham para que a escola funcione, lutam para que as coisas se organizem em direção aos objetivos pedagógicos eleitos para os eleitos: são os funcionários.

Se repararmos bem eles compõem uma massa nebulosa e silenciosa que esperamos ver bem apartada do núcleo escolar formado por professores e alunos. Os funcionários são reconhecidos como formas de vida tendencialmente invisíveis que talvez mimetizem os empregados domésticos que alguns tem em casa. Mas isso não precisa ser assim. Uma verdadeira escola aprendente não pode manter a prática, hoje corrente, de segregar seus próprios funcionários. Os melhores exemplos de experiências inovadoras em matérias escolares, como os que se pratica na região de Reggio Emília na Itália, tem a ver com o reconhecimento de que a escola é uma instituição especial, uma instituição que pode aspirar a pensar-se como uma comunidade. Em uma comunidade a diferença funcional não é necessariamente espelho de uma hierarquia, a distinção não é desigualdade. E se uma escola não tem negros, nem pobres, nem mesmo entre seus funcionários, ela deveria começar a pensar se ela pertence mesmo a este país.

Capítulo IV

SOFRIMENTO DIGITAL

Tendo a achar que a vida digital tem algo a ver com o novo sofrimento escolar. Não só porque as pessoas passam muito tempo no virtual, mas porque elas aprendem novos modos de estar com o outro, para o bem e para o mal. Antes, quando alguém tinha uma crença bizarra ou fora de esquadro, sentia-se acuada e desenvolvia formas de se conter; agora ela encontra "parceiros" para tudo na internet, inclusive para o pior. E em grupo a gente fica valente. Em grupo na internet, então, parece que o Maracanã está nos aplaudindo, quando na verdade são quatro ou cinco simpatizantes.

A liberação de censura depende essencialmente disso. Pensemos nas piadas ofensivas contra um gênero ou um povo, quando é que elas acontecem? Para Freud isso acontece quando temos certo tipo de "paróquia" que no fundo já pensa tudo aquilo individualmente, mas que quando se junta é levado a suspender a censura. E dali a pouco vão se juntar apenas para isso: suspender a censura. É neste ponto que os objetos ou substâncias que podem ajudar nisso começam a substituir as palavras que faziam a mediação de aceitação e ultrapassagem da censura. De certa maneira essa virou nossa forma oficial de diversão: suspender a censura. Quanto mais disso, melhor. Até o ponto em que em vez de falar e escutar, o ato de cruzar a censura resumir o encontro. E aí entra a ideia de que em grupo quem fala mais "alto" (no sentido de mais escrachado e chulo) e mais "baixo" (no sentido de desleal e intimidador), leva. Isso cria uma população de pessoas que só pode falar para emitir certezas e que, consequentemente, leva à guerra aberta de opiniões.

Ora, como a gramática que liga as pessoas é a da esquizo-paranóia (dividir para perseguir e perseguir para dividir), a solução prevista é o choque de massas vocais, na qual as partes não estão dispostas à escuta, mas sim à dominação pelo eco. Essa moral de torcida uniformizada é duplamente surda: para os de dentro eu não preciso escutar porque sei o que eles vão dizer, e para os de fora, escutar é desnecessário porque afinal eu já sei quem eles são.

É importante lembrar que o narcisismo em si não é uma patologia. Sem o narcisismo seria impossível compartilhar socialmente nossos desejos e ideais. O narcisismo permite, por exemplo, que eu me reflita no outro, que eu me coloque no lugar dele, que eu o inveje por que ele tem algo que eu não tenho, que eu cobice ser o que ele é. O problema começa quando temos uma patologia do narcisismo, que justamente me impede de exercer uma atitude reflexiva com o outro, porque ao assumir o ponto de vista do outro eu sinto que minha própria identidade está ameaçada. Ocorre que para funcionar e ser eficaz o narcisismo precisa da palavra dita e escutada. Precisa da palavra pessoal e insubstituível do outro, a partir da qual podemos nos reconhecer em uma instância terceira que nos compreende e define: a lei, a linguagem, a razão, ou os meios necessários para a experiência de compartilhamento e de pertencimento.

Há muitas maneiras de ler as transformações sociais, nas quais se enfatize os grandes monumentos biográficos, culturais ou jurídicos, as mutações no processo produtivo ou as mudanças em termos de diversidade de valores ou reconhecimento de hábitos. Uma abordagem crítica deve compreender tanto estruturas simbólicas, quanto a ação social ou ainda a funcionalidade institucional. Na perspectiva do Laboratório de Teoria Social, Filosofia e Psicanálise da USP entendemos que a leitura crítica de processos transformativos se beneficia do conceito de forma de vida, entendido como solução para conflitos postos em termos de linguagem, trabalho e desejo.[31]

---

[31] DUNKER, C.I.L. *Mal-Estar, Sofrimento e Sintoma*. São Paulo: Boitempo, 2015.

PARTE II - CAPÍTULO IV - SOFRIMENTO DIGITAL

Uma forma de vida não se define apenas pela sua permanência e reprodução como sistema de auto-regulação e relação com o mundo, mas pela maneira como ela lida com os padrões de diversidade que ela mesma produz.[32]

Descrever uma forma de vida é reconstituir sua gramática de reconhecimento, a forma específica de produção e reprodução de valor, assim como as modalidades de circulação de desejos. Por isso uma forma de vida não tem uma identidade em seu centro, que a definiria como expansão ou realização de sua essência, mas ela deve ser examinada a partir de suas transições ou passagens, de como lida com as variedades que ela mesma produziu. Por isso a melhor imagem para representar uma forma de vida não é um círculo com um ponto no meio, mas uma elipse com dois focos que se alternam, como nas órbitas dos planetas. O centro de uma forma de vida será mais provavelmente vazio. Daí que nosso método compreenda a análise dessa experiência de vazio, como modalidades de mal-estar, envolve o exame da sucessão histórica das patologias do social, entendidas como formas de sofrimento entranhadas aos sintomas.

Para a psicanálise os sintomas não são apenas acréscimos indesejáveis que devem ser retirados para aumentar a funcionalidade e eficácia de uma forma de vida. Nos sintomas está contida uma espécie de resistência social, uma palavra que não pode ser dita nem escutada por outras vias, um fragmento de verdade que o sistema que envolve aquela forma de vida, e que muitas vezes ela própria não pode reconhecer. Descrever mudanças em modalidades de sofrimento, com seus afetos dominantes e como suas narrativas de referência, torna-se assim um método para fazer uma leitura social crítica.

Costuma-se descrever os nativos digitais, nascidos após 1995, como uma geração orientada para o compartilhamento, com aversão relativa pelas gramáticas institucionais construídas para o mundo do trabalho, do desejo e da linguagem. Observemos que essas foram as três ondas que redefiniram sucessivamente a forma de vida digital. No início tratava-se

---

[32] SAFATLE, V. *Circuitos do Afeto*. Belo Horizonte: Autêntica, 2016.

CHRISTIAN DUNKER

de uma nova forma de linguagem, de importância estratégica para a pesquisa científica e para a comunicação militar. É o tempo dos grandes projetos de digitalização do patrimônio cultural, depositados em bibliotecas e museus. Depois vieram as gramáticas desejantes, trazendo consigo novas configurações de erotismo, de agrupamento e de compartilhamento de experiências em rede. É o momento da emergência das redes sociais e dos dispositivos de compartilhamento de imagens e narrativas pessoais. Em seguida chegamos ao tempo no qual a economia produtiva e o consumo passam a realmente se integrar a esta forma de vida, tornando massivo o trabalho à distância ou intermitente por meio de aplicativos laborais.

O impacto dessa experiência global no Brasil deve ser ponderado contra dois outros processos decisivos. A digitalização se fez acompanhar da efetivação de programas de governo de Fernando Henrique Cardoso (1995 – 2003), Luís Inácio Lula da Silva (2003 – 2011) e Dilma Rousseff (2011 – 2016) que ampliaram muito a mobilidade social, a disponibilidade de acesso a bens simbólicos, ainda que com baixa redução da desigualdade social. O Brasil tornou-se permeável, cultural e economicamente, a um novo tipo de relação com o mundo e consigo mesmo. A cultura do auto-empreendedor, expressão da progressão neoliberal, cresceu paradoxalmente ao lado do incremento de políticas estatais de inclusão, de combate à fome e de seguridade social. A chamada orientação para o consumo das famílias, ainda que vulnerável do ponto de vista da sua continuidade, produziu um novo e inédito acesso a modalidades de consumo, de bens materiais e simbólicos, para muitos novos habitantes de novas posições sociais. A ralé deixa a miséria e torna-se pobre, os pobres tornam-se classe trabalhadora e os ricos tornam-se muito mais ricos, resultando em pequena redução da desigualdade e confirmação do patrimonialismo.[33]

O segundo processo contemporâneo da emergência da forma de vida digital é de natureza institucional. Até os anos 2000 o Brasil havia desenvolvido uma forma de vida baseada na invisibilização de populações

---

[33] SOUZA, J. *Os Batalhadores Brasileiros*. Belo Horizonte: UFMG, 2010.

PARTE II - CAPÍTULO IV - SOFRIMENTO DIGITAL

crescentemente sentidas como perigosas e no confinamento em espaços de moradia seletiva ou de circulação restrita. Muros, simbólicos e de concreto, guarneciam a diversidade fortalecendo padrões de classe, raça e gênero ligados a modalidades de consumo conspícuo, ligados a uma personalidade sensível,[34] regulados por um novo tipo de administração de normas e regulamentos, cuja figura de autoridade é o gestor ou síndico. O condomínio residencial, mas também o *Shopping Center*, assim como as favelas e as prisões, definiram uma forma de vida onde a identidade, por um lado, e o medo social da diferença, por outro, criavam uma nova maneira de lidar com a aparência. Para as classes baixas emergentes o consumo de produtos de beleza, a frequência a cursos de línguas ou o acesso a academias de ginástica, se fez acompanhar, durante os anos 2000-2015, do ingresso acessível ao ensino universitário, ainda que de qualidade discutível. No conjunto isso produziu uma grande decepção com a educação como forma de redução da desigualdade social e transformação do regime de não equidade na distribuição dos bens simbólicos, no Brasil.

Estes três processos: a *acessibilidade digital*, que reconecta discursivamente famílias antes separadas pela distância física, que cria uma geração com novos padrões relacionais e aspiracionais, o *empreendedorismo* combinado com promessa de ascensão social individual reforçado pela teologia da prosperidade e a *vida em forma de condomínio*, combinados ente si acabam por estabelecer uma mutação em nossas formas hegemônicas de sofrimento. O epicentro desta mudança pode ser atribuído a uma experiência problemática da nova identidade adquirida, ou da antiga identidade ameaçada. Por isso podemos dizer que o diagnóstico transversal para essa mudança acusa um sentimento comum de que certa experiência foi perdida, que ingressamos em um novo mundo que sentimos como inautêntico, postiço e decepcionante em relação ao mundo que nos foi prometido.

Isso pode ser atribuído à perda da unidade de nossa experiência social e subjetiva. O estado de segregação bem definido traz sofrimento,

---

[34] BOURDIEU, P. *A Distinção*. São Paulo. Edusp, 2006.

CHRISTIAN DUNKER

mas ele vem acompanhado de narrativas de consolação que confirmam a impossibilidade de transformação. O mal-estar pode ser grande e aflitivo, mas não demanda mudança uma vez que as identidades estão muito bem confirmadas em seus lugares. Esses lugares duplicam e confirmam-se no universo institucional que acaba encarregando-se de reproduzi-los. Dessa maneira muros e condomínios definiam um Brasil marcado pela figura do cartório, da ação entre amigos, dos favorecimentos ou da instrumentalização e seletividade na aplicação da lei ou na definição de políticas públicas.

Observe-se que esse diagnóstico aflige primariamente agrupamentos minoritários que assistem a emergência de novas formas de religiosidade, como a teologia da prosperidade, tanto quanto grupos de expressões artísticas, como o funk e o *hip-hop*, e também os de identificações de gênero, como os coletivos feministas e os coletivos ligados à raça e etnia. O sofrimento de gênero, o sofrimento de raça, o sofrimento com o corpo, torna-se visível redefinindo assim novas gramáticas para a identidade.

Também entre os mais ricos a função distintiva do consumo parece alcançar um certo paroxismo. Identidades definidas pelo consumo alimentar, pela mobilidade, pela qualificação exclusiva do consumo, tornam-se mais e mais importantes. A linguagem digital facultou ainda um fenômeno novo: a junção de micro-minorias, antes silenciadas pela ocupação institucional do espaço público. Ela dá voz e expressão e a ideias extremas, tanto em sentido progressista quanto conservador. A isso acrescente-se o fato de que para uma enorme parcela de novos habitantes da democracia digital, a prática de opinar e discutir com pessoas que tem posições diferentes é abissalmente nova. A ilusão de empoderamento digital elicia a expansão do narcisismo na razão inversa a redução do volume do mundo. Ela cria a expectativa de que as mudanças reais não acompanham esta nova "velocidade" do mundo. Instituições em geral e a escola em particular, tornam-se símbolos daqueles que não entenderam a nova lei. Nesse novo espaço ter uma opinião é candidatar-se a uma experiência de reconhecimento, ter uma opinião confirmada, legitimada ou apoiada é acumular capital cultural e capital social. Ter sua expressão moral, estética ou política não reconhecida é,

PARTE II - CAPÍTULO IV - SOFRIMENTO DIGITAL

inversamente, deparar-se com o temor de um retorno à invisibilidade, mas isso não define por si mesmo em qual significante queremos ser reconhecidos. Observemos aqui que o significante não é uma palavra, mas uma relação, uma topologia ou uma combinatória que articula sentido e a significação. Isso explica por que as disputas em torno de certos termos adquirem sentido político, pois certos significantes acabam remetendo a um discurso e é nesse discurso que se pode dirimir mais compreensivelmente a gramática de reconhecimento que se quer advogar.

Uma decepção que confirma e redobra a decepção de base com a realização de que a nova posição de base só aumenta o tamanho do mundo sem reduzir o volume ocupado pelo eu. Essa deflação imaginária, às vezes tornada ainda mais dolorosa pelos contra-exemplos de celebrização e sucesso digital, é uma fonte permanente e explosiva para o sofrimento de identidade. Esse processo que se faz acompanhar pela mutação de nossos afetos políticos hegemônicos, do medo e da inveja para o ódio e o ressentimento.

Mas não devemos reduzir a deflação-inflação imaginária a um fenômeno narcísico que passará com a estagnação do público ou com o cansaço criado por padrões miméticos de falso reconhecimento. Há uma mutação simbólica importante que se infiltra neste ponto. Ela altera nosso sentimento e nossa interpretação do que significa possuir algo e consequentemente trocar algo. Nesse possessivismo condominial a posse é ostentação e a legitimidade é a força de lei que individualiza o portador de atributos. Sua essência dependerá dos padrões de transmissão, por exemplo, a herança, a proteção ou o empréstimo condicional. Esse modo de sentir algo como seu, ainda que esse algo seja sua imagem, suas palavras e seus gestos, é modificado profundamente por uma experiência que repudia crescentemente a acumulação como patrimônio. Compartilhar, usar ou fruir são modos de apossamento que não trazem consigo o sofrimento associado com o patrimonialismo condominial. Ou seja, quando construo uma forma de vida ao modo de um monumento, com traços fixos e alto grau de apossamento, eu me fixo ao mesmo tempo a esse padrão de apresentação e consequentemente à forma como sou visto pelos outros. Logo, me fixo ao tipo de outro e à gramática de reconhecimento que assumimos como lei para nossas trocas desejantes.

Esta fixação é sentida crescentemente como problemática. Portanto, na medida que a identidade pode ser facilmente alterada por meio de procedimentos de manipulação *cirúrgica* (pensemos aqui em intervenções bariátricas, próteses, implantes, mas também tatuagens e redesignações de gênero), *química* (pensemos aqui nas manipulações farmacológicas, legais e ilegais, de nosso ambiente psíquico) e *digital* (pensemos aqui nos perfis falsos, pseudônimos, avatares múltiplos), não conseguir realizar essa manipulação torna-se um problema de grandes proporções. Encontrar algum tipo de resistência ou de objeção ao princípio de que não se deve ter uma posição fixa e determinada torna-se assim fonte de sofrimento. Por outro lado, a mutação constante e sem horizonte de conclusão entre as mais diversas modalidades de apresentação de si é também fonte de sofrimento. A máscara social do papel que devemos representar torna-se uma máscara de ferro que se infiltra em nossa face impedindo a revelação da carne que a subjaz.

Uma forma de descrever esse paradoxo na transformação de nossas formas de sofrer é dizer que passamos de uma situação onde atribuímos e narrávamos nosso sofrimento segundo a hipótese de que ele é causado pelo excesso de experiências improdutivas de determinação. Ou seja, sofremos porque nossa identidade está demasiadamente regulada por experiências de determinação, ligadas à nossa origem familiar, à nossa formação cultural, aos nossos horizontes de satisfação e de identidade de gênero. Pode-se dizer que isso cria uma grande metáfora da fluidez ou da vida em estado líquido,[35] vale dizer, sem forma determinada.

Essa é a maneira tipicamente liberal de retratar o sofrimento. Ele é um obstáculo, um problema para nossa produtividade no trabalho. Aquele que adoece deve ser cuidado para retornar mais cedo possível para sua posição laboral. Aquele que possui desvantagens debilitantes ou vulnerabilidades sociais deve ser apoiado de tal forma a encontrar sua posição de equidade e competitividade. As desvantagens históricas devem ser compensadas por políticas compensatórias. Nesse sentido o sofrimento é uma parte negativa de nossa identidade, que deve ser encarado como parte do

---

[35] BAUMAN, Z. *Modernidade e Ambivalência*. Rio de Janeiro: Jorge Zahar, 2015.

PARTE II - CAPÍTULO IV - SOFRIMENTO DIGITAL

obstáculo a ser superado para nos tonarmos o que somos. Sofremos com o excesso de normas, de regras, de restrições que impedem a realização de nosso potencial desejante, expressivo e laboral. Tais regulações foram introduzidas para assegurar um ambiente de equidade e justiça, no entanto, passam a ser percebidas como um excesso, como uma limitação ao livre-mercado, à livre expressão de si e ao livre exercício do desejo.

A retórica do excesso torna-se assim um consenso diagnóstico. Trabalhamos demais, poluímos demais, consumimos demais, esperamos demais de nossos ideais, aceleramos nossas expectativas de desempenho a níveis inumanos. É nessa paisagem que a depressão se torna uma epidemia mundial. A segunda maior causa de afastamento do trabalho em menos de dez anos, a fonte e origem da epidemia de suicídios no trabalho e entre jovens. A depressão é o sintoma que denuncia uma espécie de resistência a uma forma de vida baseada na intensificação da produção.[36]

No entanto a experiência que envolve esse excesso de produção é sentida ela mesma como improdutiva. Uma vida baseada em métricas e resultados tende a menosprezar os processos e os caminhos pelas quais ela se realiza. Os meios que tornam uma vida feliz são os obstáculos que ela enfrenta e resolve, os conflitos que ela incorpora, as histórias que ela torna possíveis de serem contadas. A contradição, nesse caso, é que uma vida baseada no excesso de produção e de resultados aparece, retrospectivamente, para seus atores e agentes, como desinteressante. Se o último capítulo é tudo o que vale, temos apenas uma história mais curta para contar e ela mesma torna-se reciclável e efêmera. Isso torna epidêmico o tédio, a apatia e o sentimento de irrelevância. Se tudo o que importa são os resultados, nossa gramática de reconhecimento acentua o fato de que somos substituíveis. Somos trocáveis por outrem que desempenhará, necessariamente, nosso papel de maneira mais eficaz e mais produtiva em termos de acumulação de valor. No entanto, para aquele que se sente reciclado por gerações mais jovens que desempenham melhor e mais rápido o seu papel o sentimento de que sofremos com o excesso de experiências improdutivas de determinação será tônico.

---

[36] KEHL, M. R. *O Tempo e o Cão*. São Paulo Boitempo, 2015.

CHRISTIAN DUNKER

Identidades que devem acostumar-se à flexibilidade desejante, discursiva e laboral, tendem a sofrer com o sentimento de esvaziamento de si. Aderidas a uma gramática que valoriza, sobretudo, a distinção e a singularidade, elas tendem a não perceber o vazio relacional e o decréscimo de relações orgânicas coletivas com um problema. No entanto, quando se desviam da rota de aceleração narcísica resta-lhes a experiência de solidão e o déficit de intimidade.[37]

A disciplina, o método de vida, a ordem escolhida para alcançar o sucesso, tornam-se agora uma camisa de força que leva o cavaleiro a reconhecer-se como uma armadura vazia. Construindo um laço de fidelidade com a empresa na qual trabalha ele se sentirá traído quando ela o despender por contingências alheias ao seu desempenho individual. Do ponto de vista do consumo, este sujeito se orientará menos para a aquisição de objetos, que são distintivos de sua posição social ou de sua fidelidade institucional, e mais para a acumulação do que pode ser um antídoto ao seu sentimento de falta de propósito e de errância. Por isso as narrativas de marketing orientam-se para a valorização do consumo como experiência, como entrada em um mundo de acesso restrito, como produção de uma diferença relevante e autêntica do que para a mera consumação de uma diferença social marcada pela classe.

Contudo, ainda assim, a gramática de produção e de reconhecimento dessa forma de subjetividade, característica das gerações nascidas antes de 1995, está orientada pela experiência simbólica da determinação. A força de vontade, a orientação para a realização dos desejos e a retórica do triunfo, baseiam-se no enigma sobre a quantidade e a qualidade da determinação necessária para realizar objetivos, sonhos e desejos. Daí que a terapêutica fundamental esteja ligada à recuperação de determinação simbólica de nossos ideais, a restauração de nossa ligação com uma história que confere relevância e pertinência ao nosso desejo.

A transição fundamental em curso na geração Z, representada pelos nativos digitais, está ligada a um certo esgotamento desta maneira

---

[37] DUNKER, C.I.L. *Reinvenção da Intimidade*. São Paulo: Ubu, 2017.

PARTE II - CAPÍTULO IV - SOFRIMENTO DIGITAL

hegemônica de interpretar o sofrimento e de produzir experiências de felicidade. O investimento determinado e contínuo em uma carreira, uma profissão, um ciclo de estudos, não está mais seguramente garantido por uma posição final e segurança ou de realização. A ideia básica de que a determinação é a chave da realização em si, é posta em questão uma vez que existem outras contingências que ultrapassam o esforço individual e que parecem cada vez mais claras aos participantes do jogo social.

Atividades inteiras como a fotografia, a publicidade, assim como o operariado qualificado, como um torneiro mecânico ou um fresador, desaparecem. Carreiras muito bem planejadas são interrompidas por uma modificação no planejamento global de uma empresa, implicando, por exemplo, no transporte de uma planta de produção para uma região remota da Ásia ou a mera desativação do negócio face à financeirização da produção. Na medida em que as empresas não conseguem manter seu compromisso de fidelidade e segurança, baseada na contrapartida da excelência, os empregados começam a responder com uma atitude predatória. Os altos salários começam a ser ponderados contra melhores condições de trabalho. O ambiente de lazer e a flexibilidade tornam-se atrativos tão ou mais importantes à medida em que a remuneração deixa de ser um diferenciador claro e distinto. O sistema de bônus por produtividade, com suas obscuridades e contingências, começa a nublar a perspectiva que equilibra sacrifícios com vantagens. As vagas para empregos mais qualificados começam a depender cada vez mais de indicações, *networking* e de afinidades subjetivas, tornando a equação do sacrifício em relação ao valor do amanhã ainda mais incerta.[38] Diz-se que isso faz a função do superego – instância psíquica descrita por Freud como interiorização de regras e relações de autoridade –, deixa de ser proibitiva e passa a ser prescritiva. Isso equivale a uma mudança de nossos ideais de realização da vertente da proibição, com relação ao prazer excessivo, para a prescrição do prazer adequado e intensificado.

No Brasil o impacto desta indeterminação generalizada parece ter sido traduzido em termos de uma insatisfação com o cenário de mobilidade

---

[38] FONSECA, G. *O Valor do Amanhã*. Rio de Janeiro: Rocco, 2015.

CHRISTIAN DUNKER

social e de corrupção institucional. Começa a ficar transparente que uma parte dessa indeterminação e insegurança sistêmica decorre da relação problemática entre público e privado, entre Estado e mercado.

Em meio a uma crise do sistema de determinações simbólicas a identidade assume uma função compensatória. Tudo se passa como se na impossibilidade de prever ou de coordenar as modificações contingentes de minhas formas de linguagem, desejo e trabalho, devo cultivar, como valor fundamental, uma identidade fluída. Estar preparado para reiniciar a carreira ou para recomeçar casamentos duas ou três vezes ao longo da vida, torna-se uma perspectiva realista em meio a um cenário de aparições e desaparições de atividades profissionais e nichos de realização profissional provisórios.

Também as relações desejantes devem acontecer no interior de uma espécie de bolha temporal na qual compromissos muito longos tornam-se problemáticos. A narrativa amorosa encurta-se deixando de expressar-se sob a forma de um longo romance como muitas viradas e obstáculos e passa a se apresentar como uma sequência de pequenos contos desconexos e não necessariamente ordenados. Grandes narrativas de sofrimento que ligam nossa infância com o complexo sistema de transmissão simbólico familiar, como as que se expressam pelo conceito de neurose, são substituídas por sintomas específicos e relativamente desconexos entre si: depressão, pânico, anorexia, déficit de atenção, *cutting*, bipolaridade, adições. O fato de que tais transtornos aconteçam simultaneamente em uma mesma pessoa não é remetido à hipótese de que eles tenham uma causa comum, ou uma razão conexa entre si.

Encurtamento de narrativas no amor, no trabalho e no discurso já foi considerado um dos traços distintivos da cultura pós-moderna. Assim também a congruência entre estilos e formas plásticas deixa de ser submetida a uma sequência definida podendo ocorrer em co-presença.

Identidades fluidas são compatíveis com uma exigência mais geral de indeterminação. Contudo, a indeterminação pode assumir várias faces: a do futuro aberto e não delimitado, livre portanto, mas também do

PARTE II - CAPÍTULO IV - SOFRIMENTO DIGITAL

futuro incerto, perigoso e imprevisível. Torna-se uma questão crucial para um mundo que suspende a relação entre meios e fins e entre sujeitos e alteridades constitutivas, saber quais são as indeterminações produtivas, que criam novas formas de vida singulares e auto-realizadoras, e quais são as modalidades de indeterminação que são improdutivas, que geram apenas errância e incerteza sem acumular experiência ou valor para o conjunto de uma forma de vida. Muitas experiências de indeterminação são oferecidas em formatos mais variados: mais de 70 tipos de gêneros, inclusive o "não gênero", experiências psicodélica são revividas dos anos 1960, tipos regressivos como *hipsters*[39], *indies*[40], *agro boys*[41], veganos[42], *alternas*[43], *playbas*[44], *geeks*[45], *fitness*, *hiki komories*[46], *lekes zikas*[47], *otakos*[48], *junkies*[49], jovens *nem nems*,[50] convivem com pais helicópteros, *haters* e gêneros trans, binários e não binários.

---

[39] Pessoas que cultivam uma atitude de contracultura, incluindo gostos musicais exclusivos, misturando signos de pertinências culturais distintas ao modo de um caldeirão (*melting-pot*), possivelmente jovens brancos de classe média que procuravam imitar o estilo dos músicos de jazz nos anos pós-guerra.

[40] Diminutivo de "*Independent*", pessoas que se apresentam como realizadores não institucionalizados e cultivam a originalidade e autenticidade.

[41] Jovens que praticam uma forma de vida baseada em baixo consumo, autossubsistência e ligação com a natureza.

[42] Pessoas que não consomem alimentos de origem animal, por motivos estéticos, políticos ou morais.

[43] *Alternativos*; pessoas que praticam modos de vestir-se e alimentar-se que contrariam os consensos supostos e recomendados.

[44] *Playboys*, pessoas que se dedicam a estilos de consumo qualificado, ostentação de signos de luxo e de pertinência de classe.

[45] Aficionados por séries e *videogames* capazes de integrar em suas vidas crenças e práticas dos personagens que admiram, ao modo de *cosplays* (imitadores que se vestem como personagens).

[46] Jovens japoneses que praticam uma forma de vida recolhida, sem muito contato com estrangeiros e alheios aos ideais dominantes.

[47] Jovens que cultivam o estilo funk na periferia das grandes metrópoles brasileiras.

[48] Jovens que se têm afinidade com estilos orientais de vida e de consumo.

[49] Consumidores de drogas.

[50] Jovens que não trabalham nem estudam ou tem qualquer delineamento autodeclarado para suas vidas.

Os *pós-ironicos* e os *pré-sinceros* são exemplos mais radicais de como é possível manter uma identidade baseada na recusa de uma posição identitária. Isso é diferente da atitude contestatória, como a geração X, que se colocava contrária a uma ordem instituída. Para o tipo de contestação, tradicionalmente associada com a juventude, desde o romantismo do século XIX até os jovens libertários franceses de 1968, supõe--se um movimento reativo contra a ordem instituída, mas que procura direta ou indiretamente criar uma nova ordem. Para a geração digital trata-se de uma indeterminação que não é mudança de determinações simbólicas, mas a suposição de que sua opinião e sua atitude são muito valiosas, portanto, a indeterminação, o adiamento de uma tomada de posição torna-se um valor em si mesmo. Daí a importância da auto-definição e da auto-declaração como critérios de reconhecimento mais do que o desejo de ser reconhecido pelos critérios e pelos termos do outro.

Em meio a uma grande profusão de formas de vida definidas pela indeterminação, torna-se crucial reconhecer dentre elas, qual realmente constitui uma experiência produtiva de indeterminação e quais são apenas negações assistemáticas das tradicionais determinações simbólicas de formas de vida tradicionais.

O sofrimento por déficit de experiências produtivas de indeterminação pode aparecer em modalidades indiscerníveis de estranhamento com o próprio corpo, com as expectativas sociais ou com seus papéis codificados. Papéis sociais fluidos, identidades flexíveis, promessas de renovação indefinida de carreiras, de modalidade de amor ou de desejo tornam-se assim prisioneiras de uma vida em permanente adiamento e indefinição. A expectativa de que o início de um percurso de engajamento, profissional, desejante ou discursivo, torna-se assim não apenas uma preparação, mas uma forma de vida permanente.

O prolongamento da adolescência, o retorno a práticas juvenis (*adultescentes*), assim como a terceira idade produtiva são formas de vida marcadas pelo adiamento de compromissos e apostas de médio prazo. Elas criam uma forma de vida que não é mais a recusa reativa de determinações simbólicas pré-constituídas, mas assunção ativa da indeterminação como meio de vida.

PARTE II - CAPÍTULO IV - SOFRIMENTO DIGITAL

A ideia de que em outra paisagem, em outra cultura ou subcultura, uma nova vida é possível, é uma das narrativas mais comuns do sofrimento por déficit de experiências produtivas de indeterminação. Começar de novo, começar em uma nova língua, em uma nova cultura, é a promessa de que é possível despir-se das atribuições e descaminhos que inviabilizaram certa forma de vida. Tornar-se outro, como o bovarismo inspirado pela esposa que sonhava com um novo amor, generalizou-se como uma espécie de normalopatia.

A crise dessa forma de sofrimento frequentemente é vivida como aparição inesperada de uma determinação simbólica ou real. Uma mulher que adia sua decisão sobre tornar-se ou não mãe pode ser surpreendida pela chegada de uma idade limite na qual a sua decisão e a renovação do estado de alternativas possíveis torna-se irrealizável. Esse momento é vivido com intensa e disruptiva angústia, não apenas como uma dificuldade conflitiva, mas como o fracasso de uma determinada forma de vida.

Saber onde estão tais experiências produtivas de indeterminação, como produzi-las, artificial ou naturalmente, constituem os enigmas contemporâneos sobre a contingência de nossas identidades, o ponto no qual nossos corpos resistem à plasticidade indefinida de formas, o momento no qual nosso desejo resiste a se renovar, o momento no qual a indeterminação revela-se como liberdade positiva e real.

Capítulo V

A ESCUTA COMO RESPOSTA TRANSVERSAL AO SOFRIMENTO ESCOLAR

A escuta, como vimos, envolve um reposicionamento do sujeito no tempo. Isso nos aproxima de sintomas como a ansiedade, na qual o futuro se estreita e se objetiva; a depressão, na qual o passado surge como uma sombra devoradora; e o pânico, no qual estamos presos no instante presente, devorados pela loucura, pela morte e pela desaparição.

A ansiedade é uma forma de angústia que Freud chamava de "expectante", ou seja, uma angústia prisioneira do tempo futuro e desgarrada do passado. Ansiedade é expectativa mal posta, desejo mal encaminhado. Nós temos duas maneiras de fugir de nossa miséria, que é também o nosso desejo. A primeira é buscar refúgio em um mundo de fantasia, um lugar idílico no qual os conflitos estão suspensos e a harmonia reina ao lado da suspensão das demandas. Contudo, Freud descreveu outro tipo de fuga, que não é a fuga *da realidade*, mas a fuga *para a realidade*. O que nós chamamos de ansioso, o ansioso crônico, é no fundo alguém que está constantemente fugindo de si para a realidade. Alguém que vai vivendo seus conflitos e impasses através da realidade, conferindo a ela um poder "curativo" e de "salvação" que nunca será realmente cumprido. Este realismo espontâneo do ansioso o coloca em uma relação típica com a palavra. É a relação baseada na antecipação de saber. Ele sempre sabe o que o outro pode dizer, porque ele sempre já sabe o que pode acontecer e o que se dá na realidade, logo ela é sempre reforçadora de seus próprios complexos ansiosos. Nunca faltará um fragmento de realidade realmente perigoso para a mãe que está preocupada com seu bebê. Jamais teremos uma surpresa da realidade para aquele que se obseda em fazer contas e planejamentos preventivos. Não haverá espaço algum para que a jovem apaixonada deixe algum espaço vazio no desejo de seu amante, de tal forma que ele a surpreenda, e logo se apaixone, ele também.

Essa fuga para a realidade acompanha-se frequentemente de um fenômeno que concorre para a epidemia de surdez seletiva. Seletiva porque aquilo que confirma a expectativa do ansioso, aquilo que ele já está ouvindo desde sempre, isso ele não deixará de ouvir na primeira oportunidade que a realidade lhe oferecer. Essa seletividade depende de um fenômeno anterior que é o seguinte: pessoas falam sozinhas. E falam sem parar. É que Lacan chamou de "discurso interior", que funciona como uma espécie de narrador em paralelo de nossas vivências. Este outro, muito mais próximo, é muito mais chato do que nosso vizinho, ou do que o militante possuído pela verdade. Este outro é a fonte de nosso maior amor e de nosso maior ódio, nossa sombra mais íntima que não nos deixa em paz.

Nós dizemos que os loucos falam sozinhos, mas é nisso que somos todos loucos, porque todos falamos sozinhos – nem que seja em pensamento, em murmúrios ou em auto recriminações. Falar com o outro de verdade, de tal maneira que ele se faça representante e fiel destinatário do Outro (com "O" maiúsculo) é muito importante, porque faz silenciar esse "discurso interior".

É também o que pretendem inúmeras práticas de meditação, algumas baseadas em longos períodos de silêncio. Como o "discurso interior" não acaba, nós sequer percebemos muito bem como essa voz atormenta e empobrece nossa vida. É só quando suspendemos um pouco a identificação que fazemos entre este outro do "discurso interior" e este outro "real", depositário inadvertido de nossas projeções e ideais inconclusos, que podemos encontrar a fala plena.

PARTE II - CAPÍTULO V - A ESCUTA COMO RESPOSTA TRANSVERSAL...

A relação é direta na medida que depressão e ansiedade são sintomas ligados à fratura ou fragilidade de nossas experiências de reconhecimento. Aquele que não se escuta, logo não escuta os outros, sai em imediata desvantagem no quesito: fazer reconhecer seu desejo (ansiedade) ou desejar ser reconhecido (depressão). A escuta, como experiência transformativa, envolve reconstruir e encontrar seu próprio tempo. Esse tempo está perdido e pressionado na ansiedade, atrasado e lentificado na depressão.

A escuta é um trajeto de deflação egóica, seja pelo seu aspecto lúdico, seja por sua dimensão de valorização da alteridade (empatia). Tanto o brincar quanto o outro estão prejudicados. Na ansiedade não há tempo para brincar, na depressão não há vontade para tanto. Na depressão o Outro cai como um juiz interminável e infinito sobre o sujeito: sentença sem evidências, culpa sem processo. Na ansiedade o Outro desaparece e todo enigma é consumido pelo saber. A perda da empatia é nítida nos dois quadros e sua gradual recuperação é um sinal clínico de que o paciente está melhorando. Aliás, é por isso que tanto depressivos, quanto ansiosos (assim como as pessoas organicamente adoentadas) são tão frequentemente sentidas como pessoas chatas e irritantes.

Capítulo VI

O TEMPO DA ESCUTA

Há uma relação muito íntima entre falar com o outro e certo tipo de experiência com o tempo. Quando estamos em um "bate-papo" dizemos que estamos "jogando conversa fora" justamente porque nossa experiência do tempo muda. Não queremos chegar ao final das coisas, nem concluir teses, apenas estar junto com o outro, descobrindo e criando coisas juntos.

Falar traz um tempo diferente do escrever. Temos que esperar o outro terminar uma frase. No interior da frase uma palavra tem que vir depois da outra até o fim. Temos que esperar. Há uma negociação para identificar o instante de troca de turno (momento no qual passamos a palavra para o outro). É preciso escolher a "hora certa" para contar uma piada, fazer um adendo ou uma interpolação. Quando estamos falando com o outro precisamos medir a perda ou ganho de atenção do interlocutor, avaliando se estamos indo muito rápido ou demasiadamente lento em nossas ideias. A experiência da fala comum exige ainda examinar, durante a própria conversa, a compatibilidade e pertinência do conteúdo, verificar a congruência deste com sua forma expressiva, reunir a fala com a dimensão não verbal ou corporal da conversa e assim por diante. Comparando com o temo icônico do "tudo de uma vez" não conseguimos "falar tudo de uma vez", temos que ir palavra a palavra.

Quando temos um texto, um e-mail ou um torpedo, ou mesmo uma carta, podemos decidir por onde começar, seja pelo fim, pelo meio ou pelo começo. Podemos escolher se queremos basear nossa resposta apenas percebendo o remetente, o título ou o assunto. Pequenas dicas podem decidir todo o futuro do "contato" permitindo ver o conjunto e decidir sua "interessância" (como os "*tags*" automáticos usados pelos *anti-spam*). E-mails longos são lidos só em seus termos decisivos, e quando a gente quer, onde a gente quiser e se a gente quiser.

Na fala, ao contrário, estamos "amarrados" na situação, presos em um jogo de "risco" no qual as coisas devem ser decididas em "tempo real". A aceleração da experiência ataca esse aspecto da palavra criando um tempo "irreal" em meio a uma degradação da experiência de fala apenas a uma peça de comunicação.

Passemos ao caráter icônico de nossa desescuta, lembrando que o ícone é uma imagem para ser vista ou percebida imediatamente. Um filme de Bergman, por exemplo, tornou-se impossível para nossa época, assim como certas obras sinfônicas de Stockhausen. Isso ocorre porque nesse tipo de experiência estética o silêncio, o vazio e a indeterminação de sentido são cruciais. O intervalo faz parte da matéria prima da mensagem.

Muito se falou sobre o mito de narciso em psicanálise, no qual o sujeito apaixona-se por sua própria imagem. E de fato nos anos 1970 descreveu-se um tipo de comunicação narcísica ou imaginária caracterizada pela manipulação do interlocutor segundo certas regras: responda uma intimidade com outra intimidade, elogie dando espaço para que o outro retribua, mostre-se mais a si mesmo do que o conteúdo do que você está falando, entenda que a atitude expressa pelo que você diz é o que vai decidir a conversa, aliás o diálogo terá uma estrutura muito simples: quem fará quem invejar quem. Os sintomas deste tipo de posição subjetiva também foram bem descritos: sentimento de esvaziamento, solidão e inautenticidade. Ocorre, e isso é bem menos mencionado, que no mito de Ovídio, Narciso tem uma amante, chamada Eco. A ninfa Eco declara seu amor a Narciso que não pode escutar, pois tudo o que ele pode escutar é o eco de suas próprias palavras. Podemos dizer que a conversação narcísica dos anos 1980 evoluiu para a conversação ecolalia dos anos 2000.

PARTE II - CAPÍTULO VI - O TEMPO DA ESCUTA

Curiosamente a solução para esse estado de coisas é uma volta aos antigos anos 1960 quando Lacan definiu a importância da palavra plena em nossas vidas, como caminho para reconhecermos nosso desejo e fazermos este desejo ser reconhecido pelos outros (o que não é o mesmo que termos nosso eu reconhecido, como Narcisos). É justamente por ter se tornado uma raridade que a palavra bem-posta, em seu tempo de palavra falada e empenhada, com sinceridade e intimidade, conforme o caso da boa conversa, tornou-se também um bem precioso e cobiçado.

A experiência da escuta tem uma função educativa indireta que é a modulação de nossos afetos, emoções e sentimentos. É pela escuta, pela temporalidade que ela exige, pela gramática intersubjetiva que ela impõe e pelo efeito de empatia que ela causa, que podemos dizer que ela atua como uma espécie de fitoterápico para as patologias do humor. Lembremos que os principais transtornos mentais, em elevação, principalmente nas grandes metrópoles, são ligados à alterações de humor: a depressão, a ansiedade e o pânico. Se acrescentarmos o fato de que muitas adições, como a de tabaco e álcool, também têm um efeito indireto de modulação de humor, vemos que a escuta é um antídoto potencial para isso.

As alterações generalizadas do humor prendem-se a emergência de dois afetos fundamentais: o ódio e a vergonha. Logo, há a dificuldade de fazer a partilha social desses dois afetos na forma de sentimentos transformativos. Lembremos: não há nenhum problema em sentir ódio. Aliás, diante de certas paisagens de mundo a falta dele é que é patológica. No entanto a questão aqui é: o que o sujeito faz com o ódio que ele sente? Volta-o contra si mesmo, acrescido de culpa por ter sentido uma coisa tão imprópria? Lança-o sobre o outro em uma irrupção de lava fervente? Escreve um texto ou faz uma declaração indignada? Articula um movimento social para transformar as causas indignantes que geraram este ódio?

O ódio é conhecido como um afeto muito importante na economia de nossa separação com relação ao outro. Ele é uma das oposições possíveis do amor, ao lado da alternância entre amar e ser amado, e amar e indiferença. O que está em jogo no ódio é o conteúdo invertido do

CHRISTIAN DUNKER

amor. Nessa nova onda de ódio generalizado, ódio informe, ódio sem causa, é que o ódio perdeu sua eficácia separadora. São pessoas xingando operadoras de telefonia, atendentes de *telemarketing*, vociferando contra carros que andam devagar, chutando computadores ou vendedoras morosas ou caixas de banco indefesos. São ataques a pessoas por sua cor, credo ou orientação política, que no fundo produzem falsas separações, porque estão baseados em falsas ligações. Ou seja, é um ódio que em vez de marcar um afastamento e garantir que queremos mesmo "nos livrar" daquela pessoa, funciona como um apelo: *"pelo amor de Deus, alguém note que eu estou aqui, sofrendo no deserto!"*. É um ódio baseado nessa legenda de que ninguém nos escuta, ninguém está interessado em nossas razões, ninguém "quer saber". E assim como sentimos que o outro nada quer saber de nós, nos pomos a "nada saber do outro", mas o fazemos "ostensivamente", ou seja, de modo "pirotécnico", meio exagerado, para todo mundo ver e perceber nosso ataque de cólera.

Naquele filme *Um Dia de Fúria* (Joel Schiumacher, 1983), no qual Michael Douglas, preso em um congestionamento, sai distribuindo pancadaria e destruindo tudo o que vê pela frente. Mas ele faz tudo isso tomado por uma espécie de fria indiferença. O que temos hoje é quase o contrário disso, somos matadores pirotécnicos de zumbis, que estes sim, são percebidos como indiferentes, autômatos e sem alma. Esse é o tipo de ódio que se dissemina por projeção, ou seja, no sistema de surdez ao outro e de eco ao próprio sentimento de raiva contra a própria irrelevância. Chegamos a uma cultura da impossibilidade de escutar o outro por uma longa estrada que começou com nosso horror à solidão, passou pelo cansaço com nossa própria capacidade de contar e inventar histórias, chegando à criação de formas artificiais de "companhia", com a vida digital e finalmente com a "contratualização" da vida cotidiana.

O sentimento social que alterna o desamparo e solidão com o medo pela guerra de todos contra todos, cria um tipo de laço que não é mais baseado no risco da palavra, mas na garantia de proteção por identificação. Para criar algum sentimento de pertencimento é preciso participar de um grupo codificado, e para isso é preciso responder de forma homogênea. Porém os grupos horizontais, definidos pela partilha de um traço comum, rapidamente foram substituídos por grupos de

PARTE II - CAPÍTULO VI - O TEMPO DA ESCUTA

guerra, muito mais fáceis de constituir, baseados no ódio contra um inimigo comum.

Um fato importante na nova cultura da indiferença e do ódio é que nossas respostas não são exatamente concentradas no que o outro diz, mas no ambiente, no contexto, no que se ajusta bem à paisagem. É o que Lacan chamava de imaginário, essa inclinação a fechar o sentido cedo demais, a compreender o outro rápido demais, a nos alienarmos em sua imagem e assim nos fecharmos para sua palavra.

Recentemente em um debate com candidatos à eleição me perguntaram o que seria uma polícia progressista. Eu disse: bastaria que nossos policiais entendessem que é parte da função deles ouvir e falar. Não é preciso um curso de Psicologia para isso, basta que se entenda que sem a palavra a violência é sempre exponencial. Não é a punição, o medo ou o desamparo que tratam a violência: é a palavra.

Estima-se que a maior parte dos assassinatos ocorridos em São Paulo não decorrem de assaltos ou crimes, mas de pequenos incidentes familiares, de rixa entre vizinhos, da violência doméstica continuada e tolerada. Antes da tragédia em geral temos muitos avisos: ameaças, gritos e pedidos. Mas quem vai escutar isso? Quando se trata de escutar o outro ninguém sabe quem é o responsável. A polícia prende, o delegado conduz o inquérito, o escrivão anota, mas quem é que vai escutar as pessoas envolvidas? Em geral isso acontece quando já é tarde demais.

Há exemplos muito menos espetaculares e muito mais corrosivos do declínio da escuta e da fala. São os casais casados há muito tempo, que podemos reconhecer nos restaurantes porque eles não trocam uma palavra entre si ao longo de todo jantar. São os adolescentes que só conseguem falar do que bebem ou consomem. São os amantes que não encontram palavras nem mesmo para designar o abismo de falta de intimidade no qual vivem. São os médicos que não escutam mais seus pacientes, oprimidos que estão por receitas, exames e fichas que tem que preencher. São os professores que temem perder sua autoridade empenhando sua palavra além do roteiro para o qual são pagos. São as mulheres que vivem romances épicos, dos quais seus amantes jamais terão

121

CHRISTIAN DUNKER

a mais pálida ideia. São os homens que temem colocar uma palavra, como *"eu te amo"* ou *"case-se comigo"* no temor de que isso os comprometerá para sempre diante do tribunal imaginário da relação de compromisso. São os vizinhos que jamais se metem na briga de marido e mulher, mesmo testemunhando sua devastação. De um lado, são os que sofrem cansados e em um silêncio que é imposto pelo temor de invadir a vida alheia, e do outro os que desejam ardentemente serem invadidos por algo que os tire da miséria ordinária das neuroses nas quais vivem, mas que quando encontram essa palavra estrangeira, só sabem excluí-la como sinal de inadequação.

Capítulo VII
TRABALHO POLÍTICO DA ESCUTA

Escutar demanda trabalho e dedicação. É uma forma de cultivo, quase uma arte. Mas uma arte que não deixa obras visíveis e monumentos, mas tão somente efeitos e palavras. Escutar é como polir as palavras e o escutador é um polidor de palavras, como antigamente existiam os polidores de lentes. Ao final o que se obtém é o ver mais nítido e ver melhor, e quanto mais esquecido e transparente o resultado, melhor o efeito obtido.

É difícil escutar porque essa arte demanda que renunciemos ao exercício do poder sobre os outros, mas também da glória das obras bem--feitas e reluzentes. O terceiro motivo que torna escutar tão difícil é que a escuta começa pela escuta de si. Afinal este é o grande legado que uma psicanálise deixa para alguém: a capacidade de escutar-se, no melhor e o pior, na justa medida e em seus exageros, nos seus fantasmas e no cerne de seu ser. Logo, aprender a escutar é como apender a perder, como disse Elizabeth Bishop, ou seja, uma arte que não é difícil de dominar, mas é uma arte para viajantes corajosos.

Escutar demanda trabalho de assumir uma posição de desconhecimento, de ignorância. Por isso Lacan dizia que o psicanalista deve se engajar na paixão da ignorância ou na douta ignorância. Porque essa posição da ignorância é a que a transforma em curiosidade, esse nome do desejo que tão facilmente fazemos extinguir em nossas crianças. Mas a paixão da ignorância, necessária para escutar, não é a soberba ignorância, ou seja, a ignorância orgulhosa de si, afogada entre Freddy Kruger e Dunning-Kruger. Freddy era um personagem de filmes de terror, dos anos 1990, que matava pessoas entrando no sonho delas. Dunning era um psicólogo que provou como as pessoas que tem menos conhecimento de uma matéria "acham" que sabem mais sobre ela do que aqueles que "realmente" tem conhecimento do assunto. Ou seja, conhecer de verdade implica humildade e não arrogância, por outro lado desconhecer de fato implica matar os sonhos alheios em vez de escutá-los. Por isso a paixão da ignorância, essa condição ética da escuta, não é nem desconhecimento, essa paixão do ego, que nos atormenta de forma paranoica nos fazendo ver o mundo em imagem e semelhança de nós mesmos, ainda que imagem e semelhança invertida, nem ignorância mal tratada que precisa se vestir de sabedoria para se defender de sua pequenez.

Escutar demanda trabalho, assumir nossa ignorância e tornar produtivas nossas dúvidas. A dúvida é o sinal psicológico da ética moderna. Não é por outro motivo que Hamlet hesita longamente antes de vingar o assassino de seu pai, que Fausto recua diante do pacto que faz com o Diabo Mefistófeles ou que Robinson Cruzoé cultiva sobre a existência de outros estrangeiros em sua ilha. Só Dom Quixote não tem dúvida, esse paradigma da loucura moderna.

Mas a hesitação toma tempo, mostra vulnerabilidade, adia a ação, cria um parêntesis na rotina das pré-decisões. Na dúvida se infiltra o pior: as más influências, o desamparo e a possibilidade de ser manipulado pelos outros. Escutar é colocar-se e criar-se dúvidas compartilhadas, escutar é postergar juízos demandando mais fatos e evidências ou mais solidariedade e convicção. A escuta envolve um trabalho de tradução e reconhecimento da diferença entre o que se deseja e o que se precisa e o que se demanda. Mas ela também realiza a transformação da partilha social dos afetos em forma de sentimentos. Afeto, vem de *afectio*, ou seja, capacidade de receber, de ser afetado ou de perceber passivamente o que o outro nos diz ou nos oferece. Há pessoas que se protegem das afecções do mundo, desenvolvendo esquemas de indiferença, redução ou de anestesia. Mas quando isso não domina completamente o sujeito o afeto

PARTE II - CAPÍTULO VII - O TRABALHO POLÍTICO DA ESCUTA

desencadeia uma reação. Esta reação passa por um motor, ou seja, por uma qualificação do que nos afetou como emoção.

Segundo Darwin, são as emoções, e não os afetos, que nos caracterizam enquanto espécie. As emoções são esquemas de resposta mais ou menos definidos por certos pares: tristeza e alegria, medo e raiva, surpresa e nojo. Contudo, os afetos, tornados emoções dependem do reconhecimento do Outro, para adquirirem um sentido social compartilhado. Por exemplo, o medo experimentado em solidão culposa, confirmado por um sentimento depressivo ou melancólico é diferente do medo ao qual se atribui uma solidariedade transformativa, dependente, por exemplo, do sentimento social de injustiça. Os sentimentos são a partilha social dos afetos, no sentido da partilha do sensível, mas também das políticas de sofrimento, em sua expressão narrativa e discursiva. Sentimentos de tempo ou de familiaridade, de estranheza ou de devastação são exemplos de como nossa experiência de mundo é convocada a partir do circuito que vai de nossa capacidade de recepção afetiva, passa pela modulação expressiva das emoções, e seus atos específicos ou inespecíficos chegando à produção do comum, como moldura e enquadramento de nossos sentimentos.

A paixão da ignorância incide aqui como tempo de indeterminação do que estamos sentindo, como reconhecimento de que nem sempre realmente nos damos conta do nome para nossos afetos, nem da autonomia que temos para dar destinos diferentes a nossas emoções, ou das escolhas que nos cabem quanto à partilha social dos afetos em sentimentos. Não podemos mudar o que sentimos, mas podemos mudar o que fazemos com o que sentimos.

Mas esta mediação nomeativa ou narrativa dos afetos em emoções e das emoções em sentimentos depende da palavra. Por isso, de todas as formas de divertimento, de convívio e de uso do tempo, inclusive o entretenimento, a campeã indiscutível é a conversa. Quando não há mais conversa no bar, sabemos que o alcoolismo venceu. Quando consumimos em silêncio ocupacional, seja drogas, roupas, imagens ou palavras, sabemos que a escuta perdeu.

Quanto à empatia é preciso fazer uma nota técnica. Muitos já falaram que empatia não era um conceito psicanalítico. Strachey, tradutor para o inglês de onde veio a nossa edição brasileira da Imago, tentou eliminar o termo *"Einfühlung"* (empatia) em alemão, que Freud usa extensamente, apenas para tentar dar maior cientificidade à psicanálise. Desleixo intelectual e vergonha de quem não é capaz de dar um Google para ver que Titchner inventou a noção psicológica de *empathy* a partir do alemão *Einfühlung*. Não precisamos mais disso. A arrogância lacaniana precisa acabar e um pouco de pesquisa, ouvido e leitura rigorosa do texto ajudam muito. Aquele que não se dá ao trabalho de ouvir, nunca conseguirá escutar.

A escuta é uma práxis, ou seja, não é uma técnica orientada para fins, nem uma contemplação teórica de objetos do mundo. Os saberes práxicos são os que não dissociam meios e fins, nem o agente nem o paciente da ação. Neste grupo há dois saberes clássicos: a política e a ética. Nos dois casos estamos às voltas com a maneira como sustentamos nosso desejo em situações atravessadas pelo poder, seja de exercê-lo seja de ser seu objeto. Um mundo sem escuta seria um mundo no qual o poder se exerceria sem resistência. A escuta faz resistência ao mero funcionamento das coisas, e à mera facilitação das trocas, no interior das quais, muitas vezes vamos nos transformando em pessoas-coisas. Renunciar ao poder e encontrar o ponto de vulnerabilidade de um laço social, é o ponto de partida da escuta. Não é por outro motivo que Lacan dizia que o psicanalista paga com sua palavra, com seu corpo e com o juízo mais íntimo de seu ser. Nestes três casos estamos diante da possibilidade de exercício do poder, mas escolhemos renunciar a tal exercício, convertendo, às vezes, esta função negativa ou autolimitante do poder em autoridade ou amor, também conhecida em psicanálise como transferência.

A escuta começa pela escuta de si, e de como a diversidade de outros evoca e ressoa diferenças que ainda estavam informuladas em nós mesmos. Escutar não é indiferente ao ouvir: escutamos o significante, mas ouvimos as vozes. Se não conseguimos ampliar a polifonia de vozes que nos habitam e que convergem no Outro, as vozes tendem a encontrar um uníssono que Freud chamou de *supereu*. Instância que observa, julga e pune o eu... e o outro que a ele se assemelha ou desassemelha.

PARTE II - CAPÍTULO VII - O TRABALHO POLÍTICO DA ESCUTA

O desejo de obter a pura diferença, a singularidade ética de cada um, é proporcional, portanto, ao quanto de pluralidade de vozes pode ser suportado por um ser-falante. O mais simples é reduzir o tamanho do mundo e manter as vozes unificadas para serem mais bem combatidas – vale dizer, sufocadas. É assim que se formou essa usina de sofrimentos nos quais se tornaram a escola e o mundo corporativo, assim como a ambiência política custodiada pela linguagem digital. Nesse contexto nos vemos divididos entre aderir ao vozeiro e conseguir falar mais alto que os demais, ou reduzirmo-nos a nossa insignificância silenciosa. Grupos semelhantes são grupos tendencialmente pobres em estrutura e reativos em funcionamento.

Comece a conversar com um policial para ver se ele deixa. Faça o exercício de levar a sério a diretiva que um burocrata te apresenta. Leve a sério anúncios, motes e missões de talento e demais máximas institucionais. Não precisamos de mais leis, mas de uma outra relação menos cínica com as que estão aí, pincipalmente as que possuem efeito cotidiano. Se começarmos a obstruir os pequenos vícios de exercício do pequeno poder no cotidiano uma revolução de escuta se tornará possível. Tire as pessoas de seus papéis, não as trate como personagens de um tipo social. Façamos com que elas escutem o que estão dizendo e como estão dizendo, que uma camada grossa de barbárie de deseducação será questionada. Isso vale amplamente para as redes sociais e para a linguagem digital. O choque das pessoas diante de sua própria despersonalização pode ser grande, mas ele é necessário. Para se manter e se perpetuar o poder precisa do silêncio dos descontentes, precisa da moral de que o trabalho e dinheiro tudo resolvem e tudo saneiam. O poder não suporta o riso, por isso palhaços e psicanalistas: *uni-vos*!

Ocorre que a escuta é uma experiência simultaneamente política e ética. Ela envolve uma certa indeterminação da lei, simétrica entre os participantes e sua generalização. O neurótico é alguém que inventou uma espécie de lei particular que ele adora e consagra como uma religião para uso pessoal. Por isso, na neurose a palavra do outro é tão esperada (porque suspenderá a lei draconiana que o sujeito impõe a si mesmo) e ao mesmo tempo tão odiada e defletida (porque ameaça seu próprio culto egológico de sua identidade).

O discurso da tolerância e do respeito das diferenças chegou a uma espécie de esgotamento, o que foi antecipado e antevisto por muitos teóricos sociais e psicanalistas. A tolerância só funciona quando há espaço para todos. No fundo ela faz a diferença ser possível porque está lá do outro lado, no condomínio do vizinho. Quando as diferenças sociais diminuem ou quando as crises territoriais se tornam mais frequentes, a diferença deixa de ser um valor e passa a ser imediatamente um problema a ser hierarquizado e dominado.

Quem dá aula em universidade sabe que há uma coisa temida por todos chamada reunião de departamento (do qual há similares no mundo corporativo e certamente o caso mais agudo é a reunião de condomínio). Em uma reunião de departamento estão todos, em tese, como iguais, discutindo temas que em geral são extremamente banais: horários de aulas, funcionamentos administrativos ou quem vai fazer a prova dessa vez. O sentimento de irrelevância é rompido quando, pela menor das banalidades, alguém discorda de outrem. No mais das vezes isso acontece porque sentimos que para participar de algo devemos dar um "palpite". Os que trabalham em agências de propaganda, ou participam de reunião de pauta, no caso de jornalistas, sabem bem que inferno é esse. Alguém tem que opinar, meramente porque assim pode justificar sua existência. Não é só para encontrar algum reconhecimento no "produto final", mas para testar sua força opinativa, para medir o tamanho do seu território, ou seja, a força pura da "sua palavra". Mas assim a "sua palavra" não expressa um juízo autêntico sobre o que você pensa ou acha realmente importante para o processo. Ela externaliza que você é "alguém". E este alguém pode limitar, atravancar ou engordurar o processo até se tornar tóxico para todo mundo. Alguém que para ser respeitado deve ser temido. É assim que doutos professores com muitas coisas interessantes para fazer na vida, em prol dos alunos e do bem comum, gastam o melhor de sua palavra em uma espécie de jogo de *War*, para ver quem domina o mundo (composto pela vastidão dos corredores universitários). Aquela insonsa irrelevância foi, ao final, substituída pelo sentimento grandioso de que derrotar verbalmente o outro (sem escutá-lo, é claro), nos levará ao poder e glória universal. Isso tudo recheado por intrigas, inimigos ocultos e ressentimentos revestidos de

PARTE II - CAPÍTULO VII - O TRABALHO POLÍTICO DA ESCUTA

verdadeiros "princípios" inarredáveis, preceitos éticos (que o outro nunca tem em igual medida) e toda sorte de moralidades de ocasião.

Hanna Arendt, nos anos 1960, falava na *banalidade do mal*, nós aqui nos anos 2000, deveríamos falar na *banalidade do bem*, como uma das estratégias de ensurdecimento.

Capítulo VIII
A ESCUTA ENTRE GERAÇÕES

Muito se discute o aumento do sofrimento em contexto escolar. Seja pela via da solidão e do suicídio, dos sintomas de angústia e depressão, dos atos de violência e errância, mas também de apatia e abandono. Um tanto desse retrato pode ser atribuído ao anacronismo, que desconhece as condições históricas de opressão da infância. No entanto, outra parte se deve ao fato de que esperamos muito mais da escola do que jamais aconteceu. A escola passou a integrar o repertório e a extensão das práticas de felicidade, em contraste com a vida no mundo do trabalho.

De fato, a invenção da infância como uma fase protegida e diferenciada que exige cuidados especiais e atenção específica, se torna mais clara somente a partir do século XVIII. Isso teve como precedente a nítida separação, firmada a partir do século XVI, entre a vida privada e a vida pública, a casa e a rua, como dois modos de existência que não se sobrepõem perfeitamente.

Isso exigiu transformações no que chamamos de família, com lugares específicos para crianças, como quartos separados e respeito a sua intimidade, que se consolidaram em meados de 1815. É importante perceber que data dessa época também a invenção da adolescência como uma fase intensa e decisiva da vida porvir. Uma espécie de crise necessária para o crescimento e um primeiro confronto com as adversidades

CHRISTIAN DUNKER

da vida, ao modo da tempestade e trovão, como diziam os românticos alemães. E essa fase era exatamente o confronto entre a saída da família e a entrada no mundo do trabalho e do amor. Formou-se assim a regra de que educar e cuidar de filhos é ajustar as contas e refazer o processo pelo qual fomos educados (para entrar na sociedade civil) e fomos cuidados (para sair da família e crescer).

É curioso que a geração X (nascidos entre 1970-1980), que viveu a criação de seus filhos sob o grande programa emergente de uma nova forma de vida, orientada para a liberdade e para a construção da autonomia, tenha reinventado a adolescência como momento de consagração da vida. Ao passo que a geração Y (nascidos entre 1980 e 1990) incrementou tais expectativas de modo a incluir a infância. Graças à elevação da disponibilidade tecnológica e à prosperidade econômica, seria possível criar filhos e educá-los para um novo ideal de realização de vida baseado na felicidade compulsória. Tudo se passa então como se os desejos fermentados em 1968 e objetivados pelos *"aduletescentes"* dos anos 1990, pudesse ser, finalmente, postos em prática, de forma soberana e incondicional, na maneira de criar filhos em famílias cada vez mais tentaculares (formadas por diversos casamentos e filhos criados conjunta e compartilhadamente).

Esse é o peso que recaiu na geração Z (nascidos entre 1990 e 2000) e que, no meio do caminho, viu formar contra si a inesperada experiência do retrocesso econômico. Junto com o declínio das narrativas clássicas de transformação do mundo, tanto de natureza religiosa quanto política, isso parece ter resultado em um sentimento de inadequação e de fracasso. Em um recorte de classes, podemos dizer que os mais pobres sofrem com uma dificuldade de construir sonhos tangíveis, enquanto os que têm mais recursos sofrem com o pesadelo de ter sonhos demais para realizarem sobre suas costas. O abismo entre os chamados nativos digitais, nascidos depois de 1995 e os chamados "adaptados", que vieram antes disso ainda não foi suficientemente estudado como fator de impacto nos modos de subjetivação e educação.

O que chamamos de proteção, emerge como valor crucial no interior desse processo. Nossa moralidade desgarrou-se das narrativas tradicionais substituindo-as pelo que alguns chamam de sociedade de

PARTE II - CAPÍTULO VIII - A ESCUTA ENTRE GERAÇÕES

risco. O risco biológico, ecológico, jurídico ou cognitivo passa a ser um grande organizador de nossas estratégias desejantes. Com isso surgem ideais demasiadamente defensivos, pois o conceito de risco presume a defesa do que se tem. Junto com a mentalidade securitária vem o desejo de imunização contra a perda. Temos então duas atitudes básicas que formam uma gramática mais genérica segundo a qual ser protegido equivale a ser amado e proteger torna-se sinônimo de amar. Em outras palavras, porque não sabemos muito bem, positivamente, o que fazer e que tipo de vida propor para nossos filhos, recuamos para a evitação daquilo que não queremos. E o que não queremos é expor nossas crianças ao risco desnecessário, o risco que limita suas escolhas futuras, o risco que gera experiências adversas ou traumáticas. O outro lado dessa equação diz respeito à complexidade de construção de limites. Um limite, simbolicamente incorporado e realmente útil para sustentar nosso desejo, é necessariamente formado por experiências de determinação (*"isso não pode"*, *"isso deve"*, *"isso é o que esperamos de você"*), mas também por experiências de transgressão e ultrapassagem de limites (*"isto é uma exceção"*, *"agora não, mas depois talvez"*, *"foi além da conta, por isso é preciso voltar atrás"*). Ou seja, essa experiência dupla de atravessar fronteiras e de voltar a reconstituí-las é essencial. Quando o axioma moral da proteção se fixa em limites ao modo de regras de manual ou em indeterminação que soa como falsa liberdade.

Um exemplo disso é a tradução direta do sistema de metas e bônus que encontramos no mundo laboral para o universo da educação e do cuidado. O resultado é que jovens na geração Z e os *millenials* se veem asfixiadas com a dificuldade de transgredir (como nos ensinou a geração X) e também com a dificuldade de planejar a vida (como nos ensinou a geração Y). Os pais, por outro lado, ficam divididos entre controlar administrativamente a educação de seus filhos (como prometido na geração Y) ou então deixá-los desamparados em uma expectativa irreal de crescimento e autonomia, de independência e sucesso (como desejado pela geração X).

A geração dos nativos digitais parece estar cada vez mais dividida entre os que se tornam mais sensíveis para a escuta da desigualdade e os que parecem dominados pelo afeto da indiferença. Por isso são ao mesmo tempo muito mais argumentativas, críticas no bom sentido de mais interessadas em razões do que as gerações anteriores e muito mais silenciosas, apáticas e desinteressadas do próprio desejo. Elas não estão mais inteligentes que antes, apenas aprendemos dar valor à curiosidade que as caracterizava desde sempre. Afinal é para elas que nos esforçamos por justificar que o mundo e o futuro valem a pena. É por elas que escondemos nossa disposição agressiva a chegar logos nos "finalmentes".

As crianças, me refiro às com menos de dez anos de idade, são ainda uma das poucas posições nas quais seguimos uma espécie de autoridade espontânea e representativa. Ou seja, antes de se transformarem, com a nossa ajuda, em adolescentes que tudo sabem (porque atribuímos a eles o saber sobre a verdade de nossas próprias fantasias), as crianças precisam falar. E nunca houve uma geração antes que escutou tanto as crianças quanto a nossa. Crianças pequenas sabem brincar, e a fala produtiva possui em grande média a estrutura de uma brincadeira. Não porque seja inconsequente, aliás, a criança nunca é inconsequente em seu brincar. Para ela aquilo é o que há de mais sério. Um equivalente disso, entre adultos se poderia encontrar em certo tipo de literatura menor. Não aquela que está comprometida em exibir o ego arguto do autor, mas aquela que está comprometida com o mistério poético da palavra, e do silêncio. Vejo um tanto desta atitude em alguns professores, aqueles que ainda não temem dizer seu nome. Boa parte dos que se engajam nesta tarefa em nossos dias têm um compromisso com a palavra que é de outra natureza. Não penso que essa atitude ética, que Lacan chamava de "ética do bem dizer", seja coisa de profissionais ou de pessoas cultas. Há gente que teme essa disposição continuada a encontrar o que dizer, e de dizê-lo melhor e de se transformar procurando a melhor forma de fazê-lo. É o que se pode esperar da psicanálise, mas também do que alguns autores da filosofia chamam de ética da amizade.

No fundo, para recuperar o valor da palavra e da escuta, devemos antes de tudo nos escutar. No fundo o que um psicanalista faz é atuar como Sancho Pança para seu paciente, que como Dom Quixote, diz a verdade, mas não onde ele pensa que ela está. E nós, como Sancho, apenas apontamos: escuta bem o que você disse. Estamos tão fanáticos pelo desejo de nos fazer escutar pelo outro que esquecemos que a escuta

PARTE II - CAPÍTULO VIII - A ESCUTA ENTRE GERAÇÕES

primeira é a escuta de si. Nela percebemos que sempre estamos a dizer mais ou menos do que queríamos dizer. Nela percebemos que o "querer dizer" não "entra em campo" (no sentido do ditado futebolístico que reza que o "se" não joga), e que a confusão de línguas com o outro começa pela impossibilidade de sermos transparentes a nós mesmos. É por isso que quando vamos falar aquilo que estava tão claro, muitas vezes nos surpreendemos porque sai tão completamente outra coisa.

É por isso que é tão difícil nos separar ou transformar isso que a psicanálise chama de discurso, ou seja, uma certa disposição a nos colocar em uma fala que já foi tão falada que se torna previsível e constituída. Hoje temos muito discurso e pouca palavra. E a tentação de renunciar à palavra própria para ingressar em um discurso é tamanha, que desaprendemos a reconhecer quando alguém está dizendo algo que não pode ser reduzido a uma "fala-tipo-vazia".

Nas relações primárias, entre pais e filhos, entre escola e alunos e entre amigos e amantes, a escuta é decisiva, pois nestas relações forma-se a nossa disposição para a escuta, nosso estilo de escuta, bem como o despertar ou não o gosto por tal atividade.

Depois que fixamos uma maneira básica de escutar e ser escutado, o valor das experiências transformativas decisivas vai declinando. Essa tendência acompanha a evolução mais ou menos crônica da teimosia e do fechamento na vida das pessoas, assumindo proporções dramáticas com o envelhecimento. Contudo, os déficits de escuta são sentidos de maneira mais aguda quando nos vemos diante de situações que seriam de aparente simplicidade para serem tratadas ou resolvidas, mas que a precariedade da escuta as torna insolúveis. Quanto mais enraizada em figuras específicas de poder, quanto mais identificados com seus papéis, mais difícil a experiência da escuta.Livros como, *"Pode o Subalterno Falar"*, de Spivak[51], *Memórias da Plantação*, de Grada Kilomba[52] e *Lugar de Fala*,

---

[51] SPIVAK, Gayatri Chakravorty. *Pode o Subalterno Falar*. Belo Horizonte: UFMG, 2010.

[52] KILOMBA, Gada. *Memórias da Plantação: episódios de racismo cotidiano*. São Paulo: Cobogó, 2019.

de Djamila Ribeiro[53] mostram como relações tóxicas de poder começam e se perpetuam pela negação da fala ao subalterno. Tentamos[54] mostrar que isso convoca também um trabalho de escuta e da importância de um *lugar de escuta* como operador de luta contra o racismo, iniquidade de gênero e opressão de classe ou etnia.

No trabalho, há desescutadores profissionais que acabaram com inúmeras carreiras alheias. Entre casais é certamente o segundo motivo mais frequente para ocasionar separações. Em matéria religiosa e moral a desescuta tende a aumentar na maneira inversa da qual fixamos nosso interlocutor em um lugar do qual ele não sairá, porque isso acaba abalando princípios de nossos valores e questionando nosso próprio narcisismo.

Se você quer confiança dê confiança, se você quer intimidade ofereça intimidade. A maior parte dos pais e professores, especialmente de adolescentes querem saber mais sobre seus filhos sem oferecer nada de si. Para escutar é preciso entrar no mundo do outro como um antropólogo entra em outra cultura: leia, aprenda, prepare-se, depois dispa-se de seu etnocentrismo (adultocentrismo), encontre informantes, descubra se os etnólogos que o antecederam nesta rota não foram comidos por canibais. O segundo desafio é que para os pais, escutar vai se tornando gradualmente sinônimo de obedecer. E no começo a maior parte do trabalho vai se concentrando nisso, mas se não os escutamos quando pequenos, valorizando a sua palavra, a sua opinião e o seu ponto de vista, não é depois que eles aprenderão a escutar.

A capacidade de escuta é proporcional ao cultivo de uma língua estrangeira, a língua do outro, que mesmo que fale português tem seu idioleto único que é o daquela pessoa. Por isso toda tentativa de inclusão, inclusive em categorias como adolescente, jovem ou criança, já é um problema se achamos que vamos entender alguma coisa do outro a partir disso.

---

[53] RIBEIRO, Djamila. *Lugar de Fala*. São Paulo: Pólen, 2019.

[54] DUNKER, C.I.L.; THEBAS, C. *O Palhaço e o Psicanalista:* escutando pessoas e transformando vidas. São Paulo: Planeta, 2019.

PARTE II - CAPÍTULO VIII - A ESCUTA ENTRE GERAÇÕES

O terceiro ponto é que os pais não ensinam seus filhos a escutar, depois reclamam que eles não os escutam. Escutar é sinônimo de conversa longa, complexa, difícil e perigosa. Tudo de que fugimos e queremos que eles nos deixem em paz enquanto são pequenos, depois eles não brincam conosco de nossa principal brincadeira que é a de escutarmo-nos uns aos outros.

Parte III
Do conhecimento ao reconhecimento

Capítulo I

A ESCOLA COMO ESCOLHA ÉTICA

Como psicanalista, como professor em frequente contato com dirigentes de escola e de universidade, e como pai de Mathias e Nathalia, acompanho já há algum tempo o drama, cada vez mais agudo, daqueles que querem escolher uma escola para seus filhos. Nossa cultura da proliferação de escolhas chegou a uma área na qual a lógica de decisão era mais ou menos clara.

Até bem pouco tempo a prerrogativa de escolher em qual escola nossos filhos vão estudar era uma questão apenas para as classes mais favorecidas. Assim como o dilema de qual profissão seguir era uma questão apenas para aqueles que encaravam a vida como uma sucessão e escolhas, a escolha da escola foi se avolumando como um problema na medida em que a educação foi sendo incorporada pela lógica do consumo e do desempenho. Claro que pais excepcionais e filhos excepcionais sempre lutaram por melhores condições de aprendizagem como meio para a transformação de suas formas de vida. Contudo, a possibilidade de escolher, portanto, de apostar e de investir diferencialmente em percursos formativos, como problema generalizado é relativamente recente. Assim como é recente a participação continuada e permanente dos pais na educação escolar de seus filhos. Considerando-se que na maior parte dos países este problema se resolve por exigências geográficas ou por coerções políticas, que, por exemplo, condicionam a matrícula dos filhos na escola do bairro no qual se mora, ou na escola pública disponível, o caso brasileiro, no qual há uma expressiva quantidade de alunos das classes médias que frequentam escolas particulares (20% aproximadamente[55]) para, em seguida beneficiar-se de universidades públicas gratuitas, é uma anomalia. A implementação do sistema de cotas vem mudando esta realidade, mas também por causa disso se torna cada vez mais importante o problema da escolha da escola. Digo isso porque quando se passa da lógica da escolha por tradição para a escolha racional com respeito a fins o peso proporcional da relação entre o que se paga e o que se recebe aumenta. *Rankings*, escalas de aceitação e opções de ingresso em universidades no exterior tornam-se assim opções em um mercado cada vez mais aberto a oportunidades. Pais lutam para não restringir o leque de opções de seus filhos, ainda que não saibam exatamente do que se trata no desejo de seus rebentos. Na medida em que a escolha profissional se torna cada vez mais um problema de investimento coletivo o peso sobre o que fazer aumenta massivamente sobre os jovens adolescentes.

A divisão entre escolher uma escola que torne seu filho um potencial concorrente para o mercado, ou que torne o seu filho uma pessoa mais interessante para a vida, torna-se um divisor de águas. Se nas segundas vigora a soberana noção de justiça, nas primerias é a ideia de liberdade que se impõe com toda força. Ênfase no passado ou ênfase no futuro, na tradição ou na traição, a noção de autoridade podia ser bem equacionada entre esses dois polos. Certo é que em ambas as situações a escola representa um princípio de ordem, pelo qual aprendemos a nos individualizar e a nos entender como um entre outros. Das carteiras ao material escolar, passando pelos banheiros e pelas áreas comuns, a escola é uma experiência de desapossamento da pessoalidade.

Mas, em menos de 20 anos, dois outros valores emergiram massivamente no interior da lógica da autoridade. O primeiro deles é a noção de cuidado, contemporânea do que alguns autores chamam de sociedade de risco. O segundo é a ideia de que uma escola deve responder

---

[55] Disponível em: https://ultimosegundo.ig.com.br/educacao/2019-01-31/censo-escolar-de-2018.html

PARTE III - CAPÍTULO I - A ESCOLA COMO ESCOLHA ÉTICA

às exigências do mundo da produção e do consumo, facultando meios pelos quais a criança poderá fazer escolhas com maior grau de liberdade no futuro, o que dependerá de seu desempenho comparativo. É o que alguns autores chamam de cultura do desempenho (no polo da produção), ou de sociedade do espetáculo (no polo do consumo).

Há cada vez mais escolas que se especializam em condições especiais, como a pequena infância. As propostas humanistas ou as escolas que se orientam por valores como a segurança, a redução de riscos, salientando o valor intrínseco das relações e das pessoas. Ou seja, por trás da cultura do cuidado existe uma nova maneira de atribuir valor à vida. A vida como potência indeterminada, ainda não capturada pelas formas de necessidade que caracterizam o mundo da produção e do consumo. Talvez as escolas baseadas no cuidado sejam um prolongamento das escolas orientadas para a tradição, só que agora é o passado de uma vida, a infância que surge aqui como modelo, e não o passado de um povo, de uma nação ou de um sistema de crenças. A "vida" precisa ser, de certa forma protegida deste ciclo de miséria e desempenho. A "vida" tem que nos oferecer algo mais do que um emprego e um bom salário. Mas ninguém sabe dizer exatamente o que seria isso. Tudo se passa como se olhássemos no espelho de nossos valores, mas eles refletem uma imagem na qual não nos reconhecemos mais.

Capítulo II

RESULTADO OU PROCESSO

Devemos preferir a excelência ou a eficácia? Esta é uma antiga divisão que vem da filosofia da ética.

Em geral os que enfatizam o produto e os resultados tendem a colocar em segundo plano o processo e os meios, vice e versa. Em geral acabamos justificando nossa escolha por um dos polos e em seguida externamos nossa preocupação em não perder o outro. Há um equívoco frequente, que é ignorar a própria complexidade do processo de escolha. Por exemplo, quando falamos em "resultados" imediatamente imaginamos um conjunto de métricas palpáveis: vestibular, Enem, rankings etc. Quando falamos em "formação mais abrangente", a própria definição do que está em pauta se torna menos tangível: valores, tradição, expectativas sociais. Portanto, muitas das escolhas por escolas orientadas para "resultados" são no fundo simplificações do processo de escolha. Por outro lado, escolas voltadas para desempenho cultivam valores importantes como disciplina, liberdade de escolha profissional futura, senso de igualdade gerado pela referência a parâmetros comuns e assim por diante.

Com isso quero dizer que uma boa escolha não deve se orientar por valores fixos que as escolas representariam, umas em relação às outras, mas por como as escolas gerem sistemas de valores, em suas culturas

145

CHRISTIAN DUNKER

reais. Saber algo sobre o "modo de vida" que vigora naquela comunidade dá um tanto mais de trabalho do que examinar métricas de resultados obtidos no passado. Isso implica entender como ela lida com seus conflitos e seus impasses, como ela interpreta diferenças e que lugar ela concede à função do saber no interior da escola.

Hoje se observa um movimento de aproximação entre o funcionamento das escolas e o funcionamento das empresas. Não só porque muitas escolas se assumem cada vez mais como empresas, mas também porque muitas famílias se entendem como consumidoras ou "usuárias" das escolas. Inversamente, as empresas se orientam cada vez mais para o conhecimento e para a aprendizagem permanente. Essa indistinção não é muito boa porque na empresa o saber tem um fim muito definido e igual para todos. Na escola, ao contrário, ele deve propiciar meios para fins muito diferentes, consoante às escolhas de cada aluno. É isso que se chama formação abrangente, ou seja, aquela que não condiciona a finalidade ou serventia do saber, tendo em vista apenas o mundo que podemos dirimir hoje, mas que aposta em saberes universais que podem nos ser úteis em mundos dos quais não temos uma ideia precisa de como serão.

A situação de escolha da escola costuma ser muito interessante porque põe à prova, para todos os envolvidos, valores tácitos e explícitos, valores que declaramos e valores que praticamos; valores que vem sempre aos pares (ambos dignos de importância e relevância). Muitas vezes as escolhas dos pais têm em vista os erros ou acertos que eles entendem que foram cometidos em sua própria trajetória escolar. Neste sentido, o processo de escolha é uma reconstrução e uma reparação das escolhas que nos afetaram. Isso deve ser levado em conta, mas não demasiadamente. Neste ínterim, a escola mudou, a sociedade mudou; ao final, nossos filhos não são meras reedições atualizadas de nós mesmos. O que será bom para eles é um tanto diferente do que achamos que teria sido bom para nós mesmos. Este distanciamento é fundamental.

Podemos dizer que uma escolha não está sendo muito bem encaminhada quando nos esquecemos disso. Por exemplo, podemos ter extrema convicção de que queremos uma escola de alto desempenho,

146

PARTE III - CAPÍTULO II - RESULTADO OU PROCESSO

bilíngue e internacionalizada, mas isso pode nos cegar para o fato de que tais valores, sentidos como "obviamente bons", têm um preço em termos de outros valores dos quais estamos abrindo mão, por exemplo, solidariedade, heterogeneidade cultural, ou uma relação não instrumental com o saber. O melhor processo de escolha é aquele que leva em conta tais contradições e conflitos em séries de valores.

Outro erro muito comum é tomar decisões imaginando que o futuro será apenas uma projeção do presente. Há habilidades, principalmente as de cunho mais técnico, que hoje são preciosas, mas em cinco ou dez anos serão obsoletas ou extremamente circunscritas. Imaginar que o vestibular e que o mercado serão os mesmos daqui a 20 anos é uma temeridade.

Escolhas bem feitas não se orientam apenas para os valores que privilegiamos, mas também para os que estamos dispostos a renunciar. Daí que o processo de escolha leve em conta a forma como a escola lida com "sistemas de valores", como ela exprime uma cultura ou uma forma de vida, do que as declarações nominais e redutivas do tipo *excelência* ou *performance*.

Há uma segunda maneira de articular valores que associamos com escolas que buscam se associar com valores ligados ao desempenho e a alta performance em métricas comparativas. Neste caso será o futuro, em suas mais variadas expressões e modelos, mais inclusivos ou exclusivos, que formará o centro de determinação dos valores; a opção pela "não privação de oportunidades futuras" e pela criação de competências que por sua vez serão "valorizadas no futuro". É um erro argumentar que tais escolas se distanciam dos "verdadeiros valores" desincumbindo-se, por exemplo, da formação moral de seus alunos em detrimento de bons resultados cognitivos. Valores são instrumentos simbólicos que não podemos deixar de produzir, transmitir e praticar, mesmo que queiramos. Escolas voltadas para o desempenho no fundo cultivam valores como *liberdade* (de escolher qualquer profissão no futuro), *justiça* (pela comparação de todos em relação aos mesmos termos e condições), além da importância do esforço e do sacrifício, com perspectivas fundamentais para uma dada forma de vida. Mesmo os sistemas mais autocráticos ou conservadores,

147

CHRISTIAN DUNKER

em termos ético-políticos, reservarão um lugar para noções fundamentais como justiça, liberdade e solidariedade.

Porém, se a escolha de uma escola se tratasse apenas de optar por aquela com a qual eu me identifico, o problema seria relativamente banal. Não é assim, no entanto, pois desejamos para nossos filhos algo mais do que nós meramente somos. Queremos que eles avancem além de onde nós chegamos. Queremos que eles adquiram e pratiquem valores melhores que nós mesmos. Cuidar não é apenas conservar. Ademais, quando escolhemos hoje, identificados aos valores de desempenho atuais, estamos apostando em uma janela de futuro que ocorrerá daqui a 20 anos ou mais. Ora, nada mais efêmero do que as técnicas e meios de produção, bem como seus valores associados. Ou seja, a identificação tornou-se uma péssima regra para a escolha e isso explica por que temos cada vez mais crises familiares não apenas ligadas a este momento, mas a todo percurso educativo. Tudo se passa como no filme Matrix, dos irmãos Wachowski, no qual o protagonista tem que escolher entre um mundo que ele sabe ser essencialmente composto de ilusões e outro que ele desconhece. Como saber se os valores que eu quero, e que nem mesmo sei exatamente quais são, estão contemplados nesta prática e neste discurso que tenho diante de mim?

O problema da formação de valores não deve ser associado apenas à uma hierarquia de virtudes, ou a pares de opostos por meio dos quais operamos decisões, mas a certas escolhas que fazemos. Um exemplo é quando escolhemos uma escola para nossos filhos, pelas quais, indiretamente, aderimos a um determinado sistema de troca que implica comparação entre valores presentes, interpretação de escolhas passadas e regulação de possibilidades futuras. E o pior, isso é feito sem que saibamos exatamente o que estamos escolhendo quando escolhemos. Em regra geral, as escolas defenderão os valores tradicionais e futuros, cuidado e desempenho, justiça e liberdade, conservação e renovação, disciplina e autonomia.

Mas dizer isso é pouco.

Capítulo III

O APÓLOGO DA FLAUTA INDIANA

Três meninas desejavam ardentemente uma flauta. Elas tinham mais ou menos a mesma idade e, por mais que quiséssemos distribuir uma flauta para cada uma das meninas, só havia uma flauta disponível naquele momento. Nossa decisão requer saber algo sobre as meninas, o que se torna fácil quando nos lembramos de que só uma delas sabe tocar flauta. Ou seja, ela é a única que poderá se beneficiar do instrumento, produzindo com sua música um bem cultural que pode ser dividido com as duas outras meninas. Dar a flauta para qualquer outra seria um desperdício, uma forma de individualizar este bem simbólico escasso e uma maneira de negar a flauta como tal e reduzi-la a um objeto indiferenciado a ser partilhado de modo indiferente ao seu *valor* para aquela comunidade de três meninas. Distribuir bens simbólicos, neste caso a experiência da música, é uma maneira fundamental de articular valores.

Essa é uma maneira de fazer justiça.

Mas outro poderia argumentar que, na verdade, a segunda menina merece ter a flauta, afinal foi ela quem a construiu. Os valores devem referir-se a quem os produz, e aquele que trabalha deve ter direito ao resultado de seu trabalho. Se não for assim, a flauta ainda concorreria para a alienação das duas outras meninas, que jamais aprenderão nem se esforçarão para construir flautas. Apropriar-se do que fazemos é uma regra fundamental em termos de articulação de valores.

CHRISTIAN DUNKER

Neste ponto alguém poderia levantar a seguinte objeção: a segunda menina pode aprender a tocar, assim como a primeira pode aprender a construir flautas. Mas isso só pode ocorrer no futuro, e o nosso problema de justiça refere-se ao presente. No presente o que devemos *valorizar* é que a terceira menina não tem nenhum outro brinquedo. Dar a flauta para ela é incluí-la tanto no sistema simbólico do trabalho, quanto no sistema simbólico do brincar estético, portanto, justiça seja feita, é ela quem deve receber a flauta.

Este apólogo, discutido pelo economista Amartya Sen,[56] se presta a mostrar como a própria ideia de lei, como regra imparcial para tomada de decisões segundo argumentação racional, parece ter chegado a certo esgotamento. Em síntese, poderíamos dizer que a ideia legada pelo filósofo Immanuel Kant de que há uma única forma de razão tendo a liberdade como seu valor fundamental, e que este valor orienta nossas escolhas morais segundo máximas ou regras de ação que podem ser universais e imparcialmente justas, precisa ser revista.

O caso das três flautistas mostra que há várias formas de justiça, todas elas "justas" e que nossa confiança nos fundamentos normativos de nossas regras de ação precisa levar isso em conta. Lembremos que valores são apenas instrumentos para regras de ação, independente do que vem primeiro, convicções interiorizadas ou práticas do tipo "ajoelha e reza".

Valores se tornaram um conceito importante no contexto moderno de emergência de uma teoria da escolha ou do juízo (*Urteil* = corte primitivo) ou da decisão (de-cisão). Por isso valores sempre são pensados aos pares, em oposições como *insistência* ou *teimosia* (oposição cromática), *coragem* (definida pelo enfrentamento do medo) ou *tolice* (definida pela ausência de medo), *obediência* (como interiorização de valores) ou *subserviência* (como resistência aos valores), *segurança* (como cuidado de si) ou *risco* (como superação de si). Toda teoria dos valores tende a pensar pares de opostos, nos quais o que se ganha em um, se perde no outro polo da balança.

---

[56] SEAN, A. *A Ideia de Justiça*. São Paulo: Companhia das Letras, 2009.

PARTE III - CAPÍTULO III - O APÓLOGO DA FLAUTA INDIANA

A teoria moderna dos valores (axiologia) descende dos antigos tratados das paixões, nos quais se discutia se o *Bem* consistiria em optar sempre por um dos polos da série, na equidistância entre elas (a virtude está no meio) ou na transição de um polo ao outro.

Kant conseguiu sair desse sistema de oposições criticando as moralidades baseadas em exemplos ou em hierarquias de valores, mostrando como a verdadeira discussão moral implica em emancipação pelo exercício da razão. Notemos ainda que a tradição kantiana estabeleceu e, até bem pouco tempo, dominou amplamente nosso modelo de reflexão e de transmissão de valores, bem como nosso modelo de entendimento do que vem a ser aprender e conhecer. Autores como Piaget, Kohlberg e Habermas estão fortemente filiados a essa tradição kantiana. Para ela o modelo do que vem a ser um sujeito está ligado à conquista da autonomia da razão, o que ocorreria de modo paralelo ao processo de individualização. Mesmo um autor como Vigostky e toda a tradição sócio--construtivista, que introduziu críticas e suplementos importantes ao modelo de Piaget, valendo-se da ideia de contexto e de conhecimento como processo dialético, ainda giram em torno de premissas kantianas.

"As três tocadoras de flauta" não pode ser reduzido a um impasse por meio do qual cada um dos três argumentos é racional em si, mas não pode ser comparado com os outros dois de tal forma que nos restaria apenas uma escolha... irracional. Esse é um dos problemas da tradição kantiana que tende a tratar tudo o que é subjetivo como irracional, ou apenas como particular, cultural-específico e regional. Isso nos levará a uma política na qual as diferenças serão objeto ou de uma lógica da força (para construir maiorias) ou da lógica jurídica (pela qual as diferenças minoritárias são protegidas). Sobre esse modelo narrativo a educação foi erigida como uma espécie de processo colonizador ou civilizatório, pelo qual os adultos abrem, por vezes à força, a porta pela qual a criança poderá tornar-se um verdadeiro sujeito adulto.

Ora, é por isso que a vida escolar, como tantas outras circunstâncias, ruma para uma judicialização. Podemos imaginar que as duas meninas sem flauta poderiam entrar imediatamente na justiça demandando que suas razões sejam acolhidas. Teríamos que chegar ao Supremo que

CHRISTIAN DUNKER

no fundo diria: *quero isto* ou *quero aquilo*, fixando pela vontade um entendimento normativo da matéria. Mas isso só adia o problema lógico representado por: o que eu quero naquilo ou naquele que eu quero? Para a psicanálise este é o problema central da alienação do desejo em demandas. Ocorre que o reconhecimento institucional de demandas, formalizado em leis e dispositivos jurídicos ou regramentos morais, por mais inclusivos que sejam, forçam que o reconhecimento opere em torno de traços que compõe grupos e coletivos. Isso tem o efeito inconveniente de perturbar o desejo singular que estava alienado em cada uma dessas demandas coletivas, criando uma espécie de cansaço com a política e uma desconfiança crescente com a representação.

Ora, essa lógica está produzindo doses crescentes do ressentimento como patologia social. Está criando relações predatórias e precárias entre alunos e professores, entre professores e donos de escolas, entre pais e escolas e assim por diante. Ela produz horror a relações de compromisso, tornando quase tudo ou *demasiadamente sólido* (como a lei) ou *demasiadamente líquido* (como as relações amorosas) – retomando aqui a expressão popular de Zigmunt Bauman.

Capítulo IV

O DESEJO COMO VALOR

Para um psicanalista é difícil não ver na escolha de uma escola um ato de transferência, no sentido conceitual deste termo, qual seja a transferência como passagem de discurso da família para a escola (a transferência como crédito e confiança), ou seja signo de amor e cuidado ou finalmente a transferência como suposição de saber atribuída a um sujeito (seja este sujeito a escola, seja este sujeito a criança). Mas isso não explica muita coisa, pois não nos diz nada sobre os determinantes dessa transferência. Ora, passar da família para a escola, como mudança de discurso, é passar do espaço no qual somos insubstituíveis para o espaço no qual um aluno pode ser substituído por outro.

A escola nos ensina, como lei da disciplina, que nosso lugar no mundo não é essencial, mas posicional, ou seja, depende dos lugares que construímos com relação aos outros e que estes são reversíveis e reformuláveis, ao contrário de nossa relação com pais, mães ou irmãos, que são irreversíveis e não reformuláveis.

A escola nos ensina também que no interior destas trocas sobrevive algo que não é mera funcionalidade e resultado, mas certo grupo de valores que surgem das práticas construídas na escola, por exemplo, respeito, estima e solidariedade.

A tragédia grega chamada Antígona[57] é o texto mais antigo no qual encontramos escrita a palavra autonomia. Os dois irmãos de Antígona lutam nas cercanias de Tebas e ambos morrem. Creonte, o rei de Tebas, ordena que Etéocles, por sua lealdade, seja enterrado com todas as honras e que Polinice, por ter desobedecido o pacto estabelecido, deve ter seu corpo deixado insepulto para ser comido pelos abutres. Antígona decide então desobedecer a Creonte e prepara o enterro do irmão. O tirano decide que se Antígona levar adiante seu plano será enterrada junto com o irmão. Antígona não recua e, como efeito de sua persistência, a tragédia cai sobre a família de Creonte: seu filho (noivo de Antígona) se mata quando perde a amada, a esposa de Creonte toma o mesmo destino quando perde o filho. Sua autoridade política fica abalada. Mas afinal, sob quais valores Antígona sustenta sua decisão? A fidelidade ao laço familiar opondo-se, neste caso, às instituições políticas e a lei da cidade representada por Creonte? Ou então, em sentido inverso, é um ato que pretende mudar as leis da cidade uma vez que elas são percebidas como ilegítimas? Estaria nossa jovem movida pela justiça familiar ou pela liberdade política?

Muitas situações escolares nos levam a dilemas semelhantes. Há alunos cuja obediência procedimental são mostra de pouca autonomia, há outros cujo desafio às leis é produtivo e emancipador. Há ainda aqueles que se evadem da situação esperando meramente o fim dos acontecimentos, como se fossem espectadores de sua própria experiência escolar. Ou seja, são os valores que estão envolvidos na atitude de cada um que decidem a posição do sujeito em seu processo. Isso não significa que saibamos como estes valores emergem.

Aqui há uma concepção idealista de que formamos certos sentimentos na intimidade, que são nossas crenças, e que elas comandam, como uma mão invisível, nossa gramática de relações intersubjetivas com o outro. Mas podemos contrapor essa concepção ao entendimento que Blaise Pascal, um filósofo do século XVII, tinha da crença. Ele dizia *"Ajoelha e reza. A crença virá por si mesma"*. Ou seja, é a prática que cria

---

[57] SÓFOCLES (492 ac.) *Antígona*. Rio de Janeiro: Jorge Zahar, 2013

PARTE III - CAPÍTULO IV - O DESEJO COMO VALOR

a crença, e não a crença, no sentido de sentimentos interiorizados de gosto e escolha, que cria a prática. No fundo, a prática é a própria crença. Por isso, enquanto montarmos árvores de Natal, dermos presentes, nos encontrarmos para jantar juntos no dia 24 de dezembro, todos acreditamos em Papai Noel, seja você católico, ateu ou muçulmano.

Mas, se na escolha de uma escola está posto uma transferência como relação de troca, passagem ou dom, o que se apresenta como elemento insubstituível – como este elemento inegociável, ou não trocável de crença – é justamente o desejo. As escolas que enfatizam o desejo como valor nos colocam diante de um novo grupo de problemas.

Portanto, o que explica a sobrevivência de valores não prático-funcionais, no interior do dispositivo disciplinar e de cuidado que é a escola, o que nos permite entender como no interior de sistemas simbólicos de trocas e equivalências persistem valores que se transformam, é a própria existência do desejo como valor. O desejo como gramática que faz uma transvaloração de todos os valores, como dizia Nietzsche.

Voltamos ao problema de que, quando escolhemos uma das flautistas em detrimento de outras, não queremos nos contentar apenas com um ato de justiça parcial ou de injustiça, queremos que isso seja um ato de desejo. Este é o ponto em que paramos de seguir regras e passamos a criar regras. E isso é extremamente importante para o processo de conquista de autonomia. Mas para isso precisamos sair do crivo kantiano pelo qual a intromissão do desejo nos leva ao campo subjetivo e deste ao irracional e deste ao arbitrário, como mero uso do poder.

Observemos primeiramente que o desejo é capaz de articular as diferentes séries de valor que apresentamos anteriormente: cuidar e educar, justiça e liberdade, autoridade e autonomia. O desejo é algo que se transfere e se forma, por isso Lacan dizia que "o *desejo do homem é o desejo do Outro*"; o que nós queremos é que o outro "queira". Por trás de nossos esforços educativos está o desejo que a criança deseje aprender, pegue gosto na coisa, se ligue ao processo de aprendizagem "pelo seu próprio desejo" e não apenas porque os pais e educadores "querem". Ou seja, não desejamos objetos ou estados (de prazer ou satisfação), mas desejamos reconhecimento para nosso desejo

CHRISTIAN DUNKER

O desejo humano é o desejo de reter, possuir ou tomar para si o desejo do Outro. Os objetos de prestígio, força ou poder são tão somente símbolos do desejo de possuir o desejo do Outro e encarcerá-lo em uma condição material, mais ou menos perene. Neste sentido o desejo é um processo que exige, de cada um, certa dose de sacrifício. Em outras palavras, todo desejo tem um preço ou uma dívida simbólica que o acompanha. Escute com atenção as pessoas que você acha seriamente comprometidas com seus próprios desejos. Em geral elas vão declarar que seu engajamento no que fazem representa uma satisfação intrínseca, como se a própria atividade a qual se dedicam fosse prazerosa em si mesmo. Isso não é falso, mas atenção! Isso não quer dizer que sustentar seu desejo seja uma tarefa agradável, divertida ou bacana, ou que este seja o critério para descobrir o que ser "quer". O desejo é uma espécie de trabalho, não uma espécie de gozo. O desejo se faz acompanhar do amor e do carinho e do cuidado pelo que se faz, mas em essência ele não é o mesmo que o amor. Por isso muitos adolescentes detestam ouvir de seus pais afirmações como: faça o que você quer e o que te deixará feliz, pois tais declarações ignoram a enorme dificuldade que é descobrir o que se quer, e a imensa confusão que pode surgir entre o que se quer e o que nos torna felizes, ou o que nós gostamos.

Em segundo lugar o desejo é algo que tem uma história ou uma tradição, por isso fala-se na "*A história dos desejos desejados*". O mais comum é que esqueçamos dessa história. Gostamos de achar que somos os mestres, inventores e soberanos de nossos próprios desejos e não que eles nos foram sub-repticiamente implantados por nossos pais, mestres ou pela indústria cultural. Ora, temos aqui uma patologia do desejo que é quando não conseguimos reconhecer mais de onde ele vem, e, portanto, para onde ele vai, e, portanto, do que ele é feito. Ele se tornou o que a tradição de Hegel e Marx chamava de desejo alienado. Note que um dos principais receios de nossos pais é que nossas crianças se tornem consumistas, e até mesmo consumistas monovalentes de substâncias ilegais. Ora, esse temor é justificado como um temor de que nossos filhos, de certa forma, "percam a capacidade de desejar" e tornem-se apenas "escravos" de objetos nos quais não conseguem mais reconhecer uma história de desejos.

156

PARTE III - CAPÍTULO IV - O DESEJO COMO VALOR

Finalmente o desejo é algo que ocorre em trocas, mas sua lógica não é apenas a da submissão e obediência à lei, pois ele carrega a ideia de que também a lei pode mudar com o tempo. Por isso, Freud falava do desejo como um arco temporal que parte do presente, vai ao passado e se projeta ao futuro. Por isso, ele liga e transfere o cuidado com o passado e a autonomia em perspectiva para o futuro com um presente indeterminado. Desta forma o desejo só pode ser uma zona permanente de conflito entre lei e desejo, de oposição entre amor e desejo e de tensão entre cuidar e educar. E aqui vemos como nossos esforços para fazer com que as crianças interiorizem valores, seja por meio de discursos, seja por meio de práticas, é no fundo um esforço para que a criança reconheça formas cada vez mais generalizadas da lei. Ou seja, que ela reconheça o valor do desejo do Outro, da lei que ele estabelece, que não a vontade individual de cada um e no limite do mais forte ou do mais numeroso. Queremos que a criança se torne um sujeito ao "sair de si" e reconhecer valores outros, porque tais valores representam o desejo dos outros.

Ou seja, alguém se torna autônomo não quando obedece passivamente até adquirir os meios para "fazer o que quer", mas quando obedece "ativamente", reconhecendo-se na lei que quer praticar. No fundo a lei maior, maior que a da justiça ou da liberdade, mas que as encampa, é a lei do desejo que une e conserva os dois valores anteriores ao reconhecer o conflito entre eles.

Capítulo V

DO CONHECIMENTO AO RECONHECIMENTO

Prestando atenção ao que disse anteriormente, uma palavra salta aos olhos quando falamos sobre o desejo. Esta palavra é *reconhecimento*.

Primeiro, temos o trabalho de separação para passar do *desejo de reconhecimento* ao *reconhecimento do desejo*. Em Hegel, de onde Lacan retira a importância dessa noção, reconhecimento compreende e unifica três acepções um tanto diferentes: a interiorização rememorativa (*Erinnerung*), admissão ou responsabilização (*Anerkennen*) e a identificação ou tomada de consciência (*Selbstbewusstsein*). Portanto, a experiência de reconhecimento depende da memória para *reconhecer* o desejo que parecia perdido e estranho em uma história na qual o sujeito não se *reconhecia*.[58] Nesse sentido, o reconhecimento é um trabalho de desalienação simbólica do imaginário.

Em segundo lugar, reconhecimento depende do campo simbólico no qual alguém reconhece a instância de reconhecimento pela qual escolhe ser reconhecido. Neste caso reconhecimento é uma noção chave para entender a gênese e transformação das leis jurídicas abstratas,[59]

---

[58] HEGEL, G.F. (1807). *Fenomenologia do Espírito*. Petrópolis:Vozes, 1983.

[59] MARX, Karl (1848). *Crítica da Filosofia do Direito de Hegel – Introdução*, 2ª ed. São Paulo: Boitempo, 2010.

das regras morais e dos pactos éticos a partir de atos, que Hegel chamava de "atos do espírito" e que Lacan associará com a dimensão do real. Finalmente, o conflito entre os desejos para fazer *reconhecer* uma forma de vida e um ato de desejo, por meio do qual o reconhecimento estabelece posições do sujeito por meio de identificações ou reflexões,[60] inclusive identificações simbólicas ou imaginárias entre desejo e demanda. Vê-se assim que não existe uma oposição entre conhecimento e reconhecimento, mas um reposicionamento do conhecimento, como dimensão cognitiva e epistêmica, como um caso particular das operações mais gerais de reconhecimento. Em outras palavras: todo ato de reconhecimento é também uma operação de conhecimento.

Falar em desejo é falar em reconhecimento, mas não só no sentido trivial pelo qual queremos ser amados como belas e desejáveis imagens ideais. O amor não é o desejo, mas uma demanda. O desejo como *desejo de reconhecimento* aliena-se em imagens e objetos, mas ele acontece mesmo em mediações simbólicas, por meio das quais eu posso reconhecer o reconhecimento que o outro me dispensa não apenas como objeto, mas como regra ou lei de reconhecimento. Ou seja, o processo de reconhecimento é uma forma de sairmos de nós mesmos e nos representarmos na linguagem, na cultura, nas instituições, nos saberes, nas experiências comuns que conseguirmos produzir como uma comunidade de valores. O reconhecimento do sujeito em imagens é tão importante simplesmente porque tais imagens simbolizam ou contém o desejo do outro. Mas há falso reconhecimento.

Daí que o terceiro momento do desejo é que ele se exprime em atos que são o que nós chamamos de real. Todo sofrimento, pessoal, coletivo ou institucional é sempre uma patologia do reconhecimento: *Você diz que me ama, mas não age como tal. Você diz que me reconhece, mas não me paga como tal. Você diz que seus valores são estes, mas não são estes valores que você pratica.* Exemplos sintéticos de como falar em desejo é falar em reconhecimento, e falar em reconhecimento é falar em uma espécie de luta ou conflito em torno da criação de valores.

---

[60] Hegel, G.F. (1813) *Ciência da Lógica:* a doutrina da essência, vol. 2. Petrópolis: Vozes, 2015.

PARTE III - CAPÍTULO V - DO CONHECIMENTO AO RECONHECIMENTO

De fato, uma resposta aos limites da tradição kantiana para pensar a formação de valores a partir de um sujeito do *conhecimento*, está na sua adversária, mas de toda forma irmã, tradição inaugurada por Friedrich Hegel, no início do século XIX. Hegel entendia que eventualmente o conhecimento seria um caso particular do processo de reconhecimento. E foi assim que ele escreveu a *Fenomenologia do Espírito*, como texto fundamental sobre a história dos desejos desejados (as formas da consciência), das transformações que o sujeito sofre quando se depara com as ilusões que cria ao longo deste processo (os atos do espírito) e como teoria da formação de valores como concorrência entre diferentes tipos de racionalidade (consubstanciada em instituições). Para Hegel, as razões que levam a flauta para uma ou outra das meninas de nosso exemplo, não são simplesmente incomensuráveis e irracionais, mas elas têm um ordenamento no tempo. Para ele, teríamos que pensar nossos valores não apenas contando com o nosso passado (que precisaria ser bem reconstruído pelo que chamamos de cultura), mas pensando em uma comunidade por vir. Ou seja, temos que acrescentar às determinações dos valores, pensada por Kant, o processo de indeterminação de valores pensado por Hegel em sua teoria do reconhecimento. Temos que contar com o futuro, admitindo sua contingência como parte da história, mesmo que esta história ainda esteja por vir. Os desenvolvimentos que acima apresentei na noção de desejo como um valor, são no fundo uma versão, bastante mirrada, da leitura que Lacan fez de Hegel.

Em educação, o autor que melhor representa as ideias de Hegel é certamente Henry Wallon. Em certo sentido, as ideias de Paulo Freire entre nós e dos grupos de pensadores italianos da educação sediados em Reggio-Emília, e até mesmo o nietszchianismo de Jorge Larossa, se não são hegelianos, são pelo menos movimentos anti-kantianos em educação.

Mas a teoria do reconhecimento ganhou um novo impulso desde a década de 1990 quando um pensador alemão chamado Axel Honneth[61] começou a se fazer perguntas em torno dos limites que a filosofia enfrentava para lidar com o problema da existência de diferentes tipos de

---

[61] HONNETH, A. *Luta por Reconhecimento*. Campinas: Editora 34, 2009.

CHRISTIAN DUNKER

razões, ou de justiça ou de sistemas de valores. E ele propôs então a interessante ideia de que precisamos enfrentar certas patologias da razão, e que elas são sempre, de uma forma ou de outra, bloqueios, suspensões ou limites em nossas experiências de reconhecimento. Foi assim que ele desenvolveu a ideia de *sofrimento de indeterminação*, para traduzir nossa dificuldade em lidar com situações nas quais, não apenas não sabemos direito quais as leis que devemos seguir, mas nas quais nos perdemos quanto ao verdadeiro sentido do que é uma lei. Grosso modo, ele é um intérprete da modernidade que lerá nossa época como uma tentativa constante de combater as zonas de anomia, de incerteza e de indeterminação com duas estratégias igualmente insuficientes: o amor e as leis. Ele argumenta que essa oposição, simples e polar, tem produzido patologias sociais, pois justamente elas desconhecem o sentido mais amplo da comunidade de valores como uma comunidade baseada no reconhecimento, e apenas consequentemente nas leis e nos espaços de privacidade.

Honneth remete o sentimento social de segurança a experiências de amor e de amizade que caracterizam o universo da família. É nessa gramática de reconhecimento que aprendemos o valor das "coisas insubstituíveis", como por exemplo, as pessoas que amamos e a reciprocidade intransitiva que dela recolhemos. Inspirado pelo psicanalista Donald Winnicott, ele dirá que a autoconfiança depende da interiorização dessa relação de continuidade e de indeterminação, presente nas primeiras experiências de cuidado. Mas para ele, essa esfera de relação é colocada em conflito com outro sentimento que não é de autoconfiança, mas de auto respeito, que só se adquire com a interiorização das leis, das rotinas e da experiência de troca generalizada e de comparação entre diferentes diante de valores iguais, que forma o sentimento social de integridade. Quando a dialética do amor-amizade se suspende ou paralisa, temos a patologia social do sentimento de desamparo. Quando a dialética do direito-justiça se interrompe, temos os sentimentos de solidão e isolamento.

Há, portanto, uma dialética do reconhecimento que passa pela relação que mantemos com nossa própria imagem, diante das instâncias de reconhecimento que elegemos em cada momento da vida. É o que Freud chamou de narcisismo e que Lacan teorizou com a ideia de Estádio

162

PARTE III - CAPÍTULO V - DO CONHECIMENTO AO RECONHECIMENTO

do Espelho fortemente apoiado em Wallon[62]. Em seguida há uma dialética do reconhecimento que integra essas imagens em situações institucionais, em normas e leis. Finalmente, poderíamos falar em uma dialética pela qual nos ligamos aos outros em uma comunidade de valores, dos quais ainda não sabemos exatamente do que se compõe, mas que se baseia em afinidades de desejo ou no que Honneth chama de solidariedade. As gramáticas de hetero reconhecimento estão intimamente ligadas com o regime de autorrelação que alguém mantém consigo e com a formação de valores.

Por exemplo, a gramática de reconhecimento baseada na dedicação emotiva da família cria experiências de amor e amizade decisivas para a autorrelação de confiança. No limite, elas inspiram os valores sociais de integridade física, de proteção social e segurança. A gramática do respeito cognitivo por relações jurídicas de contrato e responsabilidade, conecta-se com o auto respeito e o auto cuidado, e se generaliza na expectativa de integridade e equidade social. Finalmente a gramática da estima social cria experiências de solidariedade e de valores compartilhados, necessários para construção do sentimento de estima de si, generalizável nas ideias de honra ou dignidade. Sem estas três gramáticas de reconhecimento, não conseguiríamos pensar propriamente a realização de uma vida.

Mas o interessante da teoria de Honneth é que ele recorre a uma terceira dimensão para resolver os impasses internos entre a moralidade familiar e a o judicialismo institucional. Essa terceira dimensão é o que Hegel, e depois Lacan, chamavam de eticidade (*Sittlichkeit*). Essa terceira dimensão é justamente onde localizamos a dimensão instituinte do comum,[63] e também a dimensão compartilhada da intimidade,[64] que aqui sintetizamos na ideia de educação para a escuta.

Sua patologia não é a da insegurança nem a do isolamento, mas o sentimento de esvaziamento e irrelevância. Sentimento que ocorre

---

[62] WALLON, H. *As Origens do Pensamento na Criança*. São Paulo: Manole, 1989.

[63] DARDOT, P; LACAL, C. *Comum*. São Paulo: Boitempo, 2014.

[64] DUNKER, C.I.L. *Reinvenção da Intimidade*. São Paulo: Ubu, 2017.

muitas vezes quando estão perfeitamente preenchidas as duas condições das dialéticas anteriores do amor-amizade e dos direitos-formais. Elas afetam a dimensão de dignidade do sujeito.

Um bom exemplo do tipo de juízo que encontramos nessa terceira gramática de reconhecimento são os juízos estéticos. Os juízos estéticos, a sua complexidade, a luta por reconhecimento que igualmente os caracteriza, não são importantes apenas porque formam um repertório que nos liga a uma história cultural, mas porque eles nos ensinam a lidar com uma lógica de reconhecimento que está além do amor (diante do qual todos são diferentes) e do direito (diante do qual todos são iguais), uma tese freireana que encontrará uma bonita formulação em:

Temos o direito de ser iguais quando a nossa diferença nos inferioriza; e temos o direito de ser diferentes quando a nossa igualdade nos descaracteriza. Daí a necessidade de uma igualdade que reconheça as diferenças e de uma diferença que não produza, alimente ou reproduza as desigualdades.[65]

A judicialização do cotidiano, o protecionismo patológico, a intolerância e a polarização, são sintomas que acusam o bloqueio dessa terceira forma de articular relações de reconhecimento. As experiências estéticas são um caso que nos mostra como existem experiências de indeterminação que não são apenas déficit de determinação, ou seja, que existem incertezas e indefinições, como as do apólogo indiano das três meninas, que não são apenas uma questão de pensar regras eficientes e formas administradas de proceder, mas verdadeiras experiências produtivas de indeterminação. Sem elas, nossa apreensão de valores não estará à altura de nossa época.

---

[65] SANTOS, Boaventura de Souza. *Por uma concepção multicultural de direitos humanos*. São Paulo: Lua Nova, 1997, pp. 105-124.

Capítulo VI

AUTONOMIA OU HETERONOMIA

Costuma-se definir autonomia e o uso emancipado da razão no espaço público.[66] A minoridade é uma condição do sujeito não uma situação etária. Para Kant, autonomia presume a prevalência da vontade sobre os objetos patológicos de desejo, a capacidade de determinar-se conforme uma lei própria e a orientação rumo a uma generalização ou universalização da lei. O contrário da autonomia é a heteronomia. Neste caso obedecemos a uma lei que não reconhecemos como correta, mas da qual temos medo pelo seu potencial de punição. Agir de modo heterônomo acontece porque a lei não é sentida como própria. No entanto, isso não significa que devemos obedecer a lei alegremente, mas que a lei é indiferente à alegria ou tristeza, à felicidade ou infelicidade, à conveniência ou inconveniência.

Foucault, um crítico deste entendimento de autonomia, dizia que:

"Quando se quer individualizar o adulto sadio, normal e cumpridor da lei, deve-se sempre indagar quanto de criança existe nele, que loucura secreta o habita".[67]

---

[66] KANT, Immanuel. "Resposta à questão: 'O que é Esclarecimento?'". *In: Textos seletos*. Petrópolis, RJ: Vozes, 2011.

[67] Foucault, M. *Vigiar e Punir*. Rio de Janeiro: Graal, 1978.

CHRISTIAN DUNKER

Um dos maiores desafios para pais e educadores é favorecer a autonomia na criança. Digo favorecer porque a autonomia é sempre uma conquista do próprio sujeito. Nós podemos fornecer meios, criar situações e sustentar uma atitude que estimule a autonomia, mas ela se desenvolve sempre em torno de atos do próprio sujeito.

Algumas vezes confundimos independência com autonomia, e isso ajuda a tornar nossa esperada atitude de cuidado e proteção em mais um elemento que pode desfavorecer a conquista da autonomia. Nascemos dependentes e em geral voltamos a ser dependentes ao final de nossas vidas. A dependência diminui quando prescindimos dos outros, mas ela não pode ser erradicada de nossas vidas. Tornar-se independente é virtualmente transferir nossa dependência para outro contexto, no qual temos maior participação e ingerência. Mas a negação gradual da independência é sempre potencialmente reversível ao estado de *dependência*. Não dependemos mais de nossos pais, mas dependemos de alguém que nos empregue e pague nossos salários. Muitos pais imaginam que se a criança "se vira sozinha" por isso mesmo ela está a caminho da autonomia. Pelo contrário, o mais comum é que na ausência de interlocutores críticos e da experiência compartilhada de decisões, não só cognitivas, mas morais e estéticas também, a independência, entendida como posse e uso de meios, substitua a autonomia.

As situações de grupo são ótimas para distinguir entre autonomia e independência. Em geral, nestes casos, os que estão se separando dos pais pela via da independência-dependência, manterão uma forte dependência para com as opiniões e serão expostos à maior influência coercitiva do grupo de referência.

Assim como o contrário da *dependência* é a *independência,* o contrário da *autonomia* é a *heteronomia*. E a autonomia exprime nossa capacidade de formar e responder pelo próprio desejo, inclusive quanto à sua autolimitação. A heteronomia é o estado de minoridade quanto ao uso da razão e da liberdade. Independência é uma noção negativa, que diz respeito ao uso de suas propriedades e à sustentação de um território, ou seja, não sofrer ingerência de outros. A autonomia, ao contrário, é uma noção positiva, que diz respeito à capacidade de estabelecer suas próprias leis e de criar suas próprias ambições.

PARTE III - CAPÍTULO VI - AUTONOMIA OU HETERONOMIA

Por isso que aqueles que conseguem separar suas opiniões, ou pelo menos individualizá-las ou relativizá-las no contexto dos grupos de referência, tendencialmente estão construindo sua autonomia de modo mais sólido.

Muitos pais pensam que ao fornecer os meios e estimular que a criança mantenha e administre sua rotina diária, ela escolherá suas atividades e gostos, e isso por si só trará a autonomia. Isso pode ajudar a criança a manter-se cada vez mais sozinha, mas solidão está mais do lado da independência do que da autonomia. O sujeito verdadeiramente autônomo sabe que suas ambições podem ser partilhadas com outros, que as leis que regem sua ação relacionam-se com as leis que os outros estabelecem. Ele age mais a partir da solitude do que da solidão, por isso se servirá do maior número de opiniões e pontos de vista para decidir sua ação. Portanto, tornar-se autônomo, paradoxalmente, envolve a capacidade de "dar satisfações", não como sinal de obediência ou como pedido de autorização ao outro, mas porque é próprio do uso livre do pensamento, a sua partilha de razões, motivos e causas.

Assim como a independência se relaciona com o sistema que vai do amor à estima e o respeito, a autonomia liga-se às trocas envolvendo desejos, leis e ideias que elegemos para orientar nossa vida. Muitos sintomas ligados à série dos sentimentos amorosos, de proteção e cuidados, são na verdade apelos de independência formulados para tentar resolver dificuldades na esfera da autonomia. Daí que não seja muito producente achar que, apenas enfatizando o acolhimento e carinho, conseguiremos, por si só, tratar os impasses de autonomia. Isso não exclui a importância do cuidado, mas justamente pode tirar o "peso" daquilo que o cuidado e o amor não podem resolver.

Autonomia é uma função de reconhecimento. Ela convoca nossa capacidade de reconhecer e fazer reconhecer nosso desejo, por quem e pelos meios que nós mesmos podemos eleger. Explicitar quais são as regras e motivos que nos levam a agir de uma determinada maneira, tanto quanto reconhecer o valor e os princípios que definem a ação dos outros, é um exercício muito importante para o desenvolvimento da autonomia. Muitos pais confundem o respeito aos sentimentos e gostos dos filhos, com o estímulo à autonomia. Autonomia é sempre um processo de luta e de conflito, pois se pretende justificar as condições e usos da liberdade que se pretende usufruir. Daí que muitas dissenções com os pais e professores sejam benéficas e possam ser consideradas uma parte mesma do trabalho de autonomia. Filhos que sempre concordam docilmente com os outros, que temem entrar em conflito ou que lutam pouco por suas próprias opiniões, podem estar com mais problemas relativos à autonomia do que os "malcomportados". Por outro lado, é relativamente óbvio que aqueles que vivem em guerra permanente ou que meramente "usam" as regras conforme as conveniências, geralmente estão confundindo independência com autonomia.

Porém, além dos princípios e intenções que podemos explicitar e questionar no trabalho com a autonomia, é preciso levar em conta o outro polo da autonomia, que é o das consequências. Ser autônomo é ser capaz e responder pelos nossos atos e *responder* significa tanto dar motivos e razões (explicar os porquês) quanto responsabilizar-se por consequências e efeitos do que fazemos e dizemos (reparar, desculpar ou pagar por).

A autonomia resume ao mesmo tempo uma tarefa prática e uma dificuldade teórica. Uma tarefa prática que torna a educação, de certa maneira, uma tarefa autocontraditória. Queremos que eles nos obedeçam, mas também que eles não nos obedeçam. Esperamos que nossos filhos se tornem autônomos... inclusive em relação a nós mesmos. Lutamos por cada centímetro de autonomia que eles conquistam e nos sentimos realizados através deles quando isso se dá.

Observemos que estamos falando daquilo que é mais central no desejo que temos por nossas crianças, talvez nosso bem mais precioso. Desejamos que eles "cresçam" e que sejam "felizes". Desejamos que eles sejam capazes de "cuidar de si" e que eles se "autorrealizem". Desejamos que eles sejam "livres" e que sejam pessoas "iguais ou melhores" do que nós mesmos fomos capazes de ser.

É em nome deste desejo de que eles *venham a ser*, que nós introduzimos uma série de limitações, restrições e proibições. Mas olhando

PARTE III - CAPÍTULO VI - AUTONOMIA OU HETERONOMIA

mais de perto há um conflito nessa situação. Estou dizendo que a autonomia das nossas crianças é de certa forma uma extensão da realização da nossa própria autonomia. Logo, nosso desejo de que elas cresçam e se tornem autônomas está condicionado pela nossa própria relação de autonomia.

Esse é o conceito psicanalítico de *narcisismo*. O personagem de Narciso, está fascinado por sua imagem. Imagem que ele encontra refletida na água, mas não sabe ser sua. Não sabe se reconhecer nessa imagem senão através de uma fascinação misteriosa. Ora, os pais são essa imagem para os filhos, mas os filhos também são essa imagem para seus pais. Então o primeiro passo rumo à autonomia *é separar-se dessa imagem*. Curiosamente separar-se é reconhecer nela. Na família aprendemos o sentimento de que o outro é insubstituível. Uma boa imagem desse processo ocorre quando a criança engatinha ao redor da mãe, explora o ambiente, chega ao perímetro e olha para a mãe. O sinal recebido desse olhar indicará: ir em frente ou retroceder. Ela chora vigorosamente ao ser deixada na escola, para em seguida, lançar-se na brincadeira com os amigos. Volta a chorar quando reencontra a mãe.

A criança faz birra. Só porque a mãe quer, ela não quer. A birra, é parte do negativismo normal, no qual se incluem as recusas que vão compondo a estrutura da demanda. Ou seja, no começo a criança infere a relação entre pedir e recusar, até perceber que o pedido não é uma ordem, mas uma abertura contingente e dependente do significante, daí a importância e aprendizado em torno da "forma de pedir", que deve interiorizar a recusa como contingência imanente. O segundo tempo da demanda refere-se à oposição entre oferecimento e identificação. Ela envolve o fato de que uma vez recebido o objeto ou signo referido pela demanda, percebe-se (reconhece-se) que nele está faltando algo, que ele não se identifica perfeitamente como o que imaginávamos quando pedíamos. Ele não nos satisfaz como supúnhamos. A diferença entre o idealizado e o obtido nos decepciona.

Como se vê, a dependência e independência é parte da luta pelo reconhecimento. Ela não come, não dorme, não obedece em casa e parece outra pessoa na escola. A criança tem medo de dormir com a luz apagada. Quer a presença dos pais. Exige sua presença e não tolera a distância. A arte materna é a arte de regular a distância, a presença e a ausência, a oferta e a recusa, no tempo. Trata-se apesar de tudo do "*querer caprichoso*" (da criança e dos pais), a "lei do coração". Ela é uma negação circunstancial da autonomia dos pais (que passam a funcionar no tempo e querência do filho). Sua majestade o bebê. Mas também o opressivo ideal de pais: a obsessão materna de ser sem falta, para produzir essa perfeição em seu filho.

Aqui podemos distinguir dois momentos. No primeiro há uma *orientação para a punição e obediência* (medo). O correlato do lado dos pais: o que é mais insuportável, o não domínio das circunstâncias da educação ou a impotência diante de um ideal (a culpa). Este é o protótipo da loucura materna e loucura parental, ou da obsessão com a perfeição, da mãe demasiadamente boa. No segundo tempo há uma *orientação para si*. O correlato do lado dos pais: orientação ao outro (social). Como saber? Como criar idealmente o filho ideal?

Conclusão: no interior do espaço mais privado que é a relação familiar, base dos laços de cuidado, confiança e amor. Relação que nos permite, em tese, uma liberdade "sem limite", aparece a obscena figura do Outro público, do nosso *dever* abstrato de como criar um filho (o superego materno é infinito). Separar-se dessa imagem inicial conclui-se com a descoberta de que a lei do seu desejo e a lei do desejo da mãe estão ambas submetidas a um *dever maior,* a lei do pai. Não porque o pai seja mais poderoso ou mais forte, mas porque a função do pai é dada por essa *exterioridade* ao universo privado da relação mãe-bebê. Quando a criança se interessa pela relação entre os pais. Ela "instrumentaliza" afetos como o ciúme e a inveja. Ela explora as experiências de estranhamento. Ela constrói versões de sua própria autonomia (identificações com super-heróis), devaneios sobre a origem de sua família (adotado?).

No terceiro momento, e como uma espécie de superação desse impasse, a criança descobre-se capaz de ficar sozinha. Aqui ela aprendeu a "se" acalmar, a ficar consigo e a cuidar de seus afetos inclusive de suas contrariedades. Ela descobre que os adultos mentem ou omitem (especialmente em matérias cruciais como: sexualidade, morte, dinheiro,

PARTE III - CAPÍTULO VI - AUTONOMIA OU HETERONOMIA

violência e diferenças sociais). Ela cria espaços de intimidade (praticando a exclusão e a escolha preferencial de parceiros de brincadeiras).

A arte paterna é a arte de separar a mãe da criança [interromper a loucura materna] e de separar a criança da mãe, em outras palavras, interromper esse modo de funcionamento baseado na lei caprichosa. Trata-se do "dever" pessoal, culturalmente associado ao pai, como introdução de uma nova forma de autoridade, cujo fundamento é colocado em questão. O que frequentemente se associa com a fase dos porquês, embrião da atitude de investigação que a educação diz preservar, é a descoberta de que os pais mentem. Eles mentem não só porque nos amam e, portanto, querem nos preservar das verdades dolorosas da vida, mas porque eles mesmos não sabem as razões que presidem seus desejos. Assim, eles esperam de nós, filhos, que descubramos o que realmente queremos porque isso pode aclarar, um pouco mais sobre o que eles queriam para nós.

Convivem na criança dois discursos. Uma orientação *para o ideal de boa criança* e adequação ao que os adultos dela demandam e a subversão desta expectativa, de tal forma que elas nos mostrem, em toda a sua autonomia e autenticidade, como são diferentes de nossos sonhos. Daí se inferem duas formas extremas de patologia: aquelas que se adequam demais ao que os adultos dela esperam e aquelas que resistem demais ao que os adultos esperam. O correlato do lado do pai é a recusa da obediência por imitação. Ele introduz aqui uma nova contradição: entre a autenticidade de sua autoridade e a submissão moral que ele impõe ao filho. *Porque sim! Porque eu sou adulto e você criança!* No fundo esse é o fundamento insensato da lei, que precisa ser posto para poder ser desconstruído. No entanto uma orientação para a preservação da autoridade pela autoridade, como se houvesse nela algum fundamento essencial, não passa de um fetiche; este que concorre para a destruição da autoridade, pois tenta deslocá-la da função de efeito para a de causa.

Muitas vezes a psicanálise é criticada por seu patriarcalismo, porque em seu vocabulário conceitual ela chama essa remissão da autoridade ao seu suposto fundamento, de função paterna. Mas isso não significa que esse lugar seja performado necessariamente por um pai, mas que ele se coloca como suposição de uma lei que exterior à relação mãe-criança, onde a lei é caprichosamente oscilante entre dois polos que circulam entre si.

171

CHRISTIAN DUNKER

A escola e as demais instituições entram aqui como representantes dessa limitação das leis da família (materna e paterna). Ambos estão agora submetidos à lei impessoal. Ou seja, o próprio pai é limitado. Conclusão, no interior da família, quando se examinam suas relações constitutivas (matrimônio, aliança e filiação) encontra-se a dimensão moral que ultrapassa aquela família em particular. Ao trabalho de autorrealização (como amor de si como unidade ao outro), sobrepõe-se o trabalho de reconhecimento. A criança realiza um triplo esforço de reconhecimento que ao final caracteriza a dimensão simbólica da autonomia.

(1) Reconhecer o laço intersubjetivo que se dá entre os pais, como diferentes do que o sujeito pode ter com cada qual isoladamente, ou seja, há uma diferença indeterminação produtiva entre o que um quer e o que o outro quer. Essa indeterminação se sobrepõe ao desconhecimento e a ignorância constitutiva de cada qual sobre seu desejo e sobre a transmissão desse desejo.

(2) Reconhecer o reconhecimento que o pais estabelecem por instâncias impessoais às quais estes se submetem (trabalho, escola, Estado), ou seja, que os pais não são tudo na vida, eles nos amam segundo uma forma mais simples e mais incondicional de amor. Por isso para eles sempre seremos heróis ou vilões, mas que para eles somos tomados pelo que somos e não tanto pelo que fazemos.

(3) Reconhecer seu próprio desejo como diferença entre o que nossas figuras primárias e familiares esperam de nós, e o que os outros impessoais e anônimos, representados pelas instituições, entre elas as escolas, esperam de nós. Mas reconhecer seu próprio desejo não é apenas saber do que ele é feito, sua matéria prima ou a história de sua constituição, reconhecer o próprio desejo é deixar para trás a culpa por tê-lo ocasionalmente traído, responsabilizar-se por ele, nas condições de sua forma de vida e mais radicalmente implicar-se na rede de processos que concernem sua realização.

A relação entre o querer particular (dos pais) e o dever particular (da comunidade) engendra um novo complexo de questões que organizam

PARTE III - CAPÍTULO VI - AUTONOMIA OU HETERONOMIA

a construção da autonomia como um futuro indeterminado pelo qual nos sentimos responsáveis e ainda assim implicados. A criança descobre que o verdadeiro reconhecimento se dá fora da família, e entra em guerra com as formas normativas pelas quais *sua autonomia está delimitada*. A criança descobre a diferença entre público e privado dividindo-a em três dimensões: a lei jurídica, a lei moral e a lei ética. Ela descobre ainda forma impessoal e universal da lei: "*Aja como se a máxima que rege sua ação pudesse ser elevada em lei universal*" como queria Kant.[68]

Freud aproximava o nascimento do *supereu*, como herança da trajetória edípica com o aparecimento dos sentimentos sociais: nojo, vergonha e culpa. Mas ele ligava erroneamente o *supereu* com a interiorização das regras sociais, nisso ele mostrava uma orientação legalista-contratual na leitura do que é a lei. Por isso o valor moral da "desobediência" ficaria restrito à superação ou simbolização desse caráter arbitrário da lei.

Contudo, há um entendimento da lei que a considera na sua orientação por princípios pós-convencionais. Isso sugere que a autorrealização, o reconhecimento intersubjetivo e a formação, são um sistema de contradições. O interesse jurídico, a vontade moral e o desejo ético, são as vertentes da construção de sua autonomia, que como tal só será se for de todos. A liberação (moral e jurídica) fornece um modelo negativo de liberdade, a ele deve se acrescentar o modelo positivo representado pela capacidade de afirmar a singularidade de seu desejo. De se fazer reconhecer através dele.

Agora podemos voltar ao nosso ponto de partida: desejamos que eles "cresçam" e que sejam "felizes". Desejamos que eles sejam capazes de "cuidar de si" e que eles se "autorrealizem". Desejamos que eles sejam "livres" e que sejam pessoas "iguais ou melhores" do que nós mesmos fomos capazes de ser.

Portanto, *autonomia não é a independência*. Autonomia está para o desejo, assim como a independência está para o amor. A luta contra a

---

[68] KANT, Immanuel (1773). *Crítica da Razão Prática*. São Paulo: Martins Fontes, 2018.

dependência jamais termina. Ela só pode ser reduzida, mas será perdida de qualquer forma. Somos dependentes de nosso corpo, de nossas vontades e ao final dependeremos novamente de alguém que nos cuide, repetindo assim o desamparo inicial. Não se trata de conquistar sozinho um destino que se planejou. A imagem da pessoa que é capaz de "cuidar de si" é condição necessária, mas não suficiente para a autonomia.

A autonomia não é autocontrole. Autonomia está para o desejo, assim como o controle está para o gozo. Uma das patologias imanentes é o desejo de objetivar o desejo do outro. Transformado assim em objeto ou coisa, ela poderá ser apossado pelo sujeito. No fundo este apossamento é fonte de uma satisfação específica. Diante do gozo do outro o ideal seria a construção de uma indiferença relativa. Infelizmente isso não é possível no limite, porque nossa fantasia, diferente e singular para cada um, envolve sempre uma interpretação sobre o gozo alheio. Essa interpretação faz com que o prazer alheio afete nossa própria satisfação. O autocontrole é no fundo uma tática para exercer poder sobre si ou para se defender do poder que o outro nos impinge. As patologias do controle são então, no fundo, formas de mal ratar ou de ignorar a própria fantasia

Finalmente, *autonomia não é a diferenciação.* Não nos tornamos nem mais autônomos nem mais independentes pela produção de uma personalidade incomum. Autonomia não é um atributo do indivíduo que possui "estilo", "caráter" ou "personalidade" que o torne diferente. A diferença opõe-se à homogeneidade ou uniformidade. A experiência social de indiferenciação, como por exemplo: quando estamos no interior de uma massa experienciamos uma força e um pertencimento que ao mesmo tempo advém do fato de que nossa individualidade foi suprimida e a diferenciação foi transferida para a relação com outros grupos ou outras massas. Frequentemente isso traz consigo sentimentos de irrelevância, inadequação ou redução da estima. Patologias do reconhecimento apontam para o desconhecimento ou déficit na produção da diferença desejante.

Capítulo VII

DEPENDÊNCIA E INDEPENDÊNCIA

A independência é um processo que se cruza com a autonomia, mas pertence a outra lógica. A autonomia está para o desejo assim como a independência está para o amor. Nascemos em extrema dependência. Em comparação com outras espécies somos prematuros e insuficientemente formados, inclusive do ponto de vista cerebral, sensorial e motor, na ocasião de nosso nascimento. Só sobrevivemos graças à imensa dedicação amorosa dos Outros, que talvez dependa mesmo do fascínio despertado por nossa vulnerabilidade. Por isso somos amados pelo que somos, mas à medida que crescemos somos ensinados a sermos amados pelo que fazemos. E no que fazemos comparece nosso desejo. À medida que crescemos, mais ainda nosso desejo de separação e autonomia, faz com que reinterpretemos nossa dependência original como uma fraqueza a ser abandonada. Mas este abandono só pode se dar em troca de uma satisfação mais grandiosa e mais substancial. São os gozos intranquilos, turbulentos e tempestuosos que nos separam tanto do amor dependencial, quanto do desejo separador. Responsabilizar-se pela satisfação, pelo prazer ou pelo gozo que cada qual suporta é a resposta ao desejo de crescer, de se tornar adulto e de se separar dos amores primários aos quais nosso desejo costuma estar alienado.

Mas a negação dessa dependência, que caracteriza nosso estilo peculiar de apego primário, sobredeterminando estratégias de entrega e

CHRISTIAN DUNKER

recuo, de entrega ou de recuo diante do outro é uma tarefa gradual, que nunca alcança uma perfeita realização. O apego e a nossa gramática de dependência parece determinar também o modo peculiar como lidamos com perdas e fazemos o luto. Ao final da vida inevitavelmente nos tornamos novamente dependentes. Isso não quer dizer, necessariamente, que vamos perder nossa autonomia, a qual nessa época da vida, frequentemente, se associa com a noção de dignidade.

Portanto, temos de um lado a negação progressiva e gradual da dependência que chamamos de independência, que diz respeito basicamente ao domínio dos meios. Do outro lado temos a autonomia que avança "aos saltos" que diz respeito à submissão dos meios aos fins que nós escolhemos livremente. Depois que a criança descobre que ela tem uma "mão", nunca mais aquela mão será a mesma. Depois que a criança dá seus primeiros passos nunca mais o mundo será o mesmo.

Para a autonomia as primeiras experiências são decisivas, elas mudam tudo. Isso vale para nossa apropriação do corpo, dos prazeres e da angústia. Para a independência as primeiras experiências podem ser marcantes, mas nunca são realmente decisivas. Imaginem, por exemplo, a primeira vez que vocês saíram e de carro com seus pais, a primeira vez que fizeram uma viagem acompanhado por eles, a primeira vez que saíram dançando na chuva. Foram experiências interessantes. Agora comparem isso com: o primeiro beijo, a primeira viagem (longe dos pais), a primeira vez que atravessaram a rua sozinhos.

A autonomia é um trabalho solitário, mas não sozinho. A independência pode ser parceira de uma terrível solidão na qual murmuram as vozes e olhares dos outros que não nos deixam em paz. Aliás, geralmente nosso ideal de paz e tranquilidade acusa uma patologia do exagero do ideal de independência em detrimento do avanço na autonomia. A autonomia tem que ver com *separar-se* dos outros, a independência tem que ver com *isolar-se* dos outros. O independente diz "*eu não preciso de você*" o autônomo diz "*prefiro estar com outro*".

A dependência gera identificações por meio das quais nos sentimos mais ou menos seguros, porque amados. Ou seja, assim que perdemos os sinais que reafirmam que somos amados, querido e respeitados,

PARTE III - CAPÍTULO VII - DEPENDÊNCIA OU INDEPENDÊNCIA

deixamos de ser independentes, o que rapidamente inverte-se em dependência. A autonomia produz certa "resistência" ao olhar e ao desejo de adaptar-se, conforma-se e desafiar a autoridade. Daí que muitas crianças autônomas sejam também "problemáticas", "não comportadas", "hiperativas" e assim por diante.

Ou seja, fica claro que a autonomia implica uma confrontação do risco. E isso desde muito pequeno. Isso explica a atração infernal das crianças pelo perigo. O que elas encontram na situação de perigo, inclusive de perigo social, é a possibilidade de testar sua própria autonomia.

Assim como a independência favorece a autonomia quando produz imagens e ideias "um pouco a frente" da capacidade de autonomia da criança, a independência desfavorece a autonomia quando produz imagens idealizadas, demasiadamente distantes da capacidade de autonomia da criança. Ao fixar-se nas situações de independência, constituídas desta maneira, a criança desiste de progredir na autonomia e assume sua heteronomia diante destas imagens (idealização). A autonomia torna a dependência mais tolerável e aceitável, pois o sentimento de estar "nas mãos" dos outros não leva a humilhação e desrespeito.

Capítulo VIII

SEGURANÇA OU RISCO

Dois grandes ideais positivos orientam as aspirações das escolas e dos pais em nossa época: autonomia e independência. No entanto eles perdem força quando são confrontados com um ideal negativo: a insegurança. O conflito se arma aqui uma vez que o processo de autonomia depende de movimentos de risco. Seja o risco assumido pela transgressão que desloca progressivamente as fronteiras que definem limites, seja o risco da perda de respeito, a ofensa narcísica ou a dependência que assedia as relações amorosas. Por isso uma educação para a escuta é também uma educação para o risco.

Conceitos afins, ambos são frequentemente confundidos nas práticas de educação. Autonomia não é apenas responsabilidade; independência não é somente capacidade de auto-organização e obediência. Discutiremos como nossa época confronta essas duas aspirações que temos para nossas crianças, com exigências cada vez mais extensas e opressivas em torno do risco e da segurança.

Segurança alimentar, sistemas de controle, métricas de eficiência e desempenho, têm acentuado a divisão cada vez mais aguda entre a formação para a autonomia e a formação para a segurança. Em um universo marcado pela redução de princípios transcendentais e encurtamento de grandes narrativas de pertencimento surge como uma espécie de valor inquestionável a segurança da vida: *faça o que quiser, explore os prazeres e os limites que a liberdade coloca como desafio, mas sobretudo não se coloque em risco, nem quanto a sua saúde, nem quanto ao investimento moral ou jurídico de sua vida.* Este bem poderia ser a máxima ética de nossa época.

O risco torna-se uma noção central para entender nossa cultura a partir dos anos 1980. Ele destrona outros valores concorrentes como a liberdade, a igualdade e a solidariedade. Podemos dizer que estamos nos tornando uma sociedade baseada na segurança desde fins de século XIX. Mas é só quando declinam as utopias e contra utopias, as quais nos animavam até o fim da guerra fria, é que o risco se torna nosso grande intérprete social. Alguns exemplos:

a. O risco (coletivo) de uma guerra nuclear.

b. O risco (coletivo) de uma catástrofe ecológica.

c. O risco individual de adoecimento. Que pode ser cada vez melhor avaliado com o desenvolvimento de técnicas genéticas e de diagnóstico preventivo. A preservação e cuidado com a vida assume proporções extensas: segurança alimentar, controles biométricos e biomédicos.

d. O risco individual de "perda de posição, emprego ou status". Nos EUA, mais de 50% da riqueza se dissolve em três gerações.

e. O risco individual e coletivo ligado à violência que não podemos interpretar como instrumental (como o terrorismo, os assassinatos em massa, ou os crimes hediondos).

Para alguns teóricos, como Ulrich Beck,[69] nós nos tornamos crescentemente uma sociedade do risco. Isso quer dizer também uma sociedade defensiva. Um forte motivo para isso decorre de duas tendências antagônicas e convergentes.

A promessa reforçada de que a posse de meios nos faculta o exercício de modalidades de controle cada vez mais eficientes e eficazes sobre os fins. A aceleração da "resposta" que vem se acentuando com o

---

69 BECK, U. *Risk Society:* Towards a New Modernity. Londres, Sage, 1992.

PARTE III - CAPÍTULO VIII - SEGURANÇA OU RISCO

novo processo civilizatório digital. Novos valores como "acessibilidade", "transparência" e "disponibilidade permanente" enfatizam que é possível prever e controlar aquilo que queremos. Em alguns casos isso se faz acompanhar da surpreendente retomada de valores clássicos ou antigos, mas reformulados, tais como "disciplina", "higiene" e "adequação".

O movimento que se contrapõe a essa promessa, e que aplica um "choque de realidade" quase permanente contra a primeira tendência. E isso deriva da complexidade crescente de nossas formas de vida, cada vez mais exposta ao imperativo de autonomia e autodeterminação. A vida no trabalho, as políticas públicas, a mobilidade dentro das grandes cidades, são situações que se organizam pela noção de precariedade. Ou seja, é o que alguns sociólogos chamam de "anomia administrada". Primeiro se cria um sistema que não pode funcionar perfeitamente, mas que corresponde às possibilidades reais dos meios disponíveis, depois se expõe a precariedade a um sistema de seleção e competitividade do qual se pode extrair benefícios.

Um bom exemplo da combinação entre essas duas tendências reúne-se em uma mesma forma de vida que é o trabalho por projeto, seja ele intermitente ou precário. Trabalhar por projeto significa suspender a antiga relação de confiança e compromisso continuado que ligavam uma pessoa ao seu emprego e seu emprego à própria história de sua vida. Temos então a convergência entre a promessa que parece perfeita: flexibilidade, ligação variável conforme o desejo e a disponibilidade dos envolvidos, ajustes de contratos conforme o contexto e a ocasião. Ocorre que isso "quando dá certo" pode ser visto como um paraíso de autonomia, "quando dá errado" torna-se uma situação intolerável de perigo, violação de expectativas e indeterminação. O risco tem exatamente essas duas faces. Antigamente falava-se em "capital de risco", "*joint ventures*", por exemplo, hoje a palavra envelheceu, o risco tornou-se um problema, onde há risco devemos tentar coibi-lo, controlá-lo, ou evitá-lo, como se o anti-risco fosse uma diretiva moral indiscutível.

Freud dizia que há duas maneiras de pensarmos nossa ação: a procura do prazer e da felicidade e a fuga do desprazer e da dor. Ao que parece a segunda. A forma moral de nossa relação ao risco não é exatamente a oposição entre coragem e covardia, que eram as duas formas clássicas de abordar o risco. Seria mais preciso dizer que o risco é "terceirizado", ou seja, em muitas situações a lei não dirá que você deve agir dessa ou daquela maneira, o que nós imediatamente sentiríamos como coercitivo. A modalidade mais suave de enunciação da relação ao risco poderia ser: você está livre para fazer como quiser, mas se sair do protocolo (e der errado) o risco corre por sua conta. Ou seja, a lei opera dizendo que "não vai te proteger" e isso cai como uma espécie de ameaça liberal.

Capítulo IX

A SALA DE AULA COMO SITUAÇÃO DE RISCO

A autoconfiança, sentimento positivo de autoestima e segurança cognitiva são os principais diagnósticos positivos espontaneamente lançados por professores brasileiros para alunos de alto desempenho. Pais em sociedade de risco frequentemente renunciam à sua própria autoridade em favor de especialistas ou figuras informadas. A interpretação genérica é de que a falta de atenção e presença é a causa principal dos problemas da criança. Ou então o caso contrário, nunca é o próprio pai ou mãe que está relacionado no atraso de autonomia ou excesso de dependência do filho. A criança deve encontrar que os pais exercem sua autonomia quando estão educando e cuidando de seus filhos. Este processo de interpretação das regras que regulam a autonomia do outro é um elemento crucial para o próprio desenvolvimento de autonomia.

Boa parte do anacronismo que cerca as representações populares sobre a sala de aula prendem-se à tradição que entendia que a sala de aula ideal é aquela onde todas cumprem seus papéis e onde o contrato aprendente/ensinante é realizado com harmonia e ordem. Todos sabemos que essa imagem esconde o conflito e a resistência que faz da sala de aula uma relação civilizatória onde forças de colonização e contra colonização estão em luta permanente.

CHRISTIAN DUNKER

Por mais elástico que sejam os contratos e por mais que as regras sejam constituídas e reconstituídas permanentemente, a sala de aula ainda assim é um lugar definido pela série de antagonismos que construíram historicamente a escola como empreendimento disciplinar. Uma educação para a escuta não está em condições de superar isso, mas de criar práticas que permitam ao sujeito situar-se melhor no interior da lógica do conflito e da luta por reconhecimento.

O primeiro risco que constitui a sala de aula corresponde à força de individualização diante da violência homogeneizadora do Estado. É o risco da obediência e da reprodução das relações de poder que se infiltram nos discursos e nas relações epistêmicas e morais que habitam a sala de aula. O risco inverso está na regressão para a imagem amorosa de si, como peculiar e única, narcisicamente representando a impossibilidade de perder-se. Perder a própria imagem na qual nos alienamos e que amamos narcisicamente é o que se poderia dizer do desejo imanente de crescer. Crescer é deixar para trás formas de amor e formas de ser amado.

Há em seguida o risco de reconhecer e não ser reconhecido ali onde se quer e da forma como se pretende. Aqui atuam três sentimentos morais que adquirem cada vez mais força coercitiva na sala de aula: desprezo, indiferença e desrespeito. Cada um deles liga-se a uma dimensão constitutiva do reconhecimento: *linguagem*, pela qual definimos os meios e os processos de reconhecimento; o *trabalho*, pelo qual reconhecemos o produto ou os objetos de reconhecimento e; o *desejo*, pelo qual reconhecemos os fins ou a série na qual os atos de reconhecimento se inserem ou se organizam.

Em terceiro lugar temos o risco do falso reconhecimento; por exemplo, aquele aluno que reconhece uma determinada regra ou um determinado conteúdo, apenas "por fora" e de modo "aparencial". Com a crescente valorização dos processos de participação cresce também esse tipo de divisão subjetiva baseada na instrumentalização de imagens de desempenho, "perguntação" retórica, ou de empatia "performativa", de professores e alunos, visando apenas ocupação narcísica do espaço em sala de aula. Isso se observa também na importância crescente da expressão oral e os novos padrões de timidez e recolhimento.

PARTE III - CAPÍTULO IX - A SALA DE AULA COMO SITUAÇÃO...

A quarta forma de risco que atravessa a sala de aula é o risco cognitivo. A ideia progressivamente incorporada de que a aprendizagem é e deve ser sempre um processo prazeroso e divertido, acaba ocultando, muitas vezes, a ideia de que, desde o começo, conhecer é atravessar certa angústia. Contudo, o risco cognitivo foi atravessado por uma espécie de reformulação geral da forma-saber. Em certa medida esse processo começa nos anos 1970 com uma reformulação das relações entre saber e desejo, inclusive com novas teorizações sobre o papel da ideologia e da cultura no contexto da pós-modernidade. Ele prossegue com a emergência de outra relação entre trabalho e escola, subsidiada pelo neoliberalismo, a partir dos anos 1980. Ele parece concluir-se com a reorganização da distribuição, acessibilidade e qualificação do saber derivada da generalização da experiência digital, a partir dos anos 1990.

Por exemplo, se antes a escola era um símbolo da confiança no progresso, hoje se inverte em desconfiança de que ela propaga e reproduz cânones ideológicos. Se antes sua obsessão com métodos de ensino eram um capítulo do desejo de controlabilidade do desenvolvimento científico-tecnológico, tendo na sua cúspide a ciência, hoje nos tornamos críticos severos do desenvolvimento da ciência e da técnica que não controla os riscos do processo, nem entrega a segurança e a proteção que nós estimávamos. O controle da natureza deu luz à consciência da devastação da natureza. A procura de um lugar fixo e definido no pleno emprego dá margem ao trabalho em estrutura de projeto e à vida em estrutura de viagem. Se antes os psicólogos tematizavam a atomização, isolamento ou solidão, hoje padecemos de uma espécie de hiper sociabilidade, vacuidade, inautêntica. Oposições tradicionais do tipo conservado/progressista, nacional/ estrangeiro, natural/artificial substituíram-se por pares como seguro/inseguro, incluído/excluído, político/apolítico.

O cenário de dissolução de hierarquias epistêmicas e de porosidade das fronteiras disciplinares, no entanto, não alterou substancialmente o ponto central que é a desigualdade na distribuição dos bens sócio simbólicos ligados ao saber. Nesse sentido, o discurso da autodeterminação na conquista do saber baseado no esforço pessoal, no sucesso obtido por meios dos próprios méritos, é invertido não apenas uma face de hetero-determinação, mas também em um reconhecimento da força da indeterminação, que já se encontrava latente na ideia de paixão da ignorância.

185

Capítulo 10
A FORMAÇÃO DO DESEJO DE SABER

A transmissão do saber é uma tarefa que acontece no quadro do que a psicanálise chama de transferência. A transferência envolve basicamente o próprio processo do saber e seus momentos de extração da verdade, na relação com o outro. Um bom professor não precisa saber muito, mas precisa ter uma relação inquietante, instigante e problematizadora com o saber, ou seja, suas aulas devem ser um capítulo de sua própria aventura de investigação ou um capítulo de sua própria "pesquisa". Se a relação do professor com o saber é reprodutiva e burocrática, é isso que ele vai transmitir. Se ao contrário seu desejo está presente no ato de ensinar, é isso que ele vai transmitir.

Este compromisso com o saber deveria ser antes de tudo um valor para as escolas e para as famílias para as quais a aprendizagem é um valor decisivo. Em síntese, é difícil transmitir o envolvimento com a aprendizagem em uma casa sem livros, com poucos filmes, sem conversa sobre jornais e na qual a discussão intelectual é uma raridade. Uma família que nunca viaja para aprender (apenas para comprar), que considera a cultura apenas um signo de ascensão social ou como uma condição de sucesso escolar, estará em dificuldades para esperar do filho aquilo que ela mesma não cultiva. Por outro lado, muitas famílias se sentem isoladas ou intimidadas do processo de estudo pela excessiva reverência à forma escolar de aprendizagem formal. A relação com o saber é outra coisa. Quando há algum sabor em saber, isso permite que você passe de qualquer ponto da cultura para qualquer outro, da música para a astronomia, do esporte às artes, das letras à matemática. Ainda temos uma atitude muito reverencial diante dos saberes instituídos e constituídos, isso não favorece que a própria atitude de investigação livre seja cultivada.

A questão etária é interessante. Pode-se quase inverter o problema. Não é tanto quando a criança deve entender que "precisa estudar", mas quando ela desaprende o gosto por descobrir coisas novas e passa a identificar o estudo com certo tipo de desempenho avaliado. E isso pode ser datado sim, com o progressivo avanço do ensino curricular, baseado em conteúdos e não no tempo ou processo temático da criança. Ela começa a resistir quando nós (a escola) começamos a querer dominar, homogeneizar e gerenciar completamente o processo de sua aprendizagem. Daí que conversar, circunstanciadamente, sobre as matérias, os professores e os problemas seja uma atividade crucial para fazer passar o interesse pelos estudos. Se você quer que alguém se interesse por algo, interesse-se você mesmo por este algo. Agora, se você não consegue ver a mínima graça em física ou álgebra, se você não consegue inventar nenhuma conversa viável sobre química orgânica, nem mesmo ativar recordações de seu terrível professor, o que tornaria a literatura inglesa uma aventura digna de Valdemort (cujo nome jamais será pronunciado), prepare-se para seguir com a atitude de reclamação que um dia foram as suas sobre a escola. Prepare-se para manter a atitude de vigilância e cobrança chata que um dia provavelmente recaiu sobre você. E reze para que seu neto, por algum milagre, tenha melhor sorte na empreitada.

A partir dos 10 anos esse processo começa a ficar sensivelmente mais forte. Não adianta achar que a escola se tornará um parque de diversões e que toda aprendizagem "chata" será algum dia abolida. Escola é disciplina e criar uma boa posição para aprender é uma conquista auxiliar da criança, desde que ela aprenda o que os franceses chamam de "gosto pelo esforço", ou seja, por mais chato que seja a matéria, ela ainda assim será um desafio e que deve ser medido pelo esforço que aquela criança coloca de si. Muitos criticam os *videogames* porque eles trazem uma série de inconvenientes, é verdade, mas quando a criança

PARTE III - CAPÍTULO X - A FORMAÇÃO DO DESEJO DE SABER

percebe que certas matérias escolares devem ser "zeradas" como se "zera" um *videogame,* algum benefício deve ser reconhecido aos partidários de Zelda.

Cursos paralelos e atividades extras são muito úteis para explorar traços nos quais o desejo de estudar pode vir a se apoiar, mas desde que elas sigam uma "lógica" diferente da escola. Na escola somos obrigados a "engolir" o que vem, seja em termos de matéria, seja em termos de professores, seja em termos de horário. Então que as atividades extracurriculares façam valer o princípio do gosto e da escolha de cada criança. Isso permite uma posição ativa diante do que aprender e de ser possível escolher meios e métodos. Isso permite apressar uma descoberta fundamental para os primeiros anos escolares, ou seja, a de que existem "turmas" e que elas são muitas e diferentes entre si. Se você não se dá com uma, pode ser que outra esteja mais de acordo com você, e que no final você pode escolher e cultivar a "sua turma".

Por outro lado, isso permite colocar certos saberes transversais que podem ser de grande valia na "integração" dos saberes. É simplesmente absurdo que nossos alunos tenham, digamos, 1.470 aulas de português ou matemática dos 11 aos 18 anos e nenhuma aula sobre história da dança, ou zero aulas de filosofia da ciência, ou "conjunto vazio" de encontros didáticos sobre propaganda ou mídia ou mais ainda direito ou como lidar com finanças. As aulas extras são um elemento muito importante para desassociar o processo de aprendizagem do processo formal de aprendizagem ligado à escola.

O trabalho de invenção, implicação e responsabilidade para com o desejo, infelizmente não ocupa nenhum lugar nas lógicas escolares, nem mesmo quando se fala em habilidades socioemocionais.

O futuro tem se aberto cada vez mais para um período longo de formação, às vezes com mais de uma graduação e vários estudos pós-universitários. A antiga ideia de escolher uma profissão identificada com uma faculdade e que isso seria uma escolha decisiva e única está se aposentando. Nossos alunos na USP frequentemente passam um ano ou mais fora do Brasil, estudando outros tipos de psicologia ou simplesmente fazendo atividades complementares e paralelas. Mas do que orientar a criança para problemas de escolha profissional, é importante fazê-la conviver com diferentes ambientes de trabalho, introduzi-la em perspectivas diferentes de vida e de realização. Alguns testes são muito importantes neste caminho. Fazer intercâmbios, viver em outros países, fazer viagens de investigação (guiadas para temas ou aspectos específicos de um país ou cultura), falar outras línguas, tudo isso amplia os horizontes da criança em seu processo de escolha. Outro recurso interessante é fazer a criança passar um dia de trabalho com um parente, amigo ou mesmo com os pais. Hoje, protegemos muito nossas crianças do mundo do trabalho, daí que as escolhas delas sejam demasiadamente pautadas pelo universo dos saberes, decomposto nas disciplinas tradicionais, e muito pouco aberto aos fazeres. Os fazeres trazem consigo aquilo que pode ser mais determinante para a escolha do que o conteúdo a estudar, ou seja, a "forma de vida" que acompanha cada profissão. Isso envolve decisões difíceis de equalizar entre o que se gosta, o que se quer e aquilo para o que temos certa "facilidade" ou propensão.

Outro caminho interessante são os filmes, discutidos com os filhos em termos do que eles representam de uma profissão. Em tese, nenhuma profissão se reconhece bem representada no cinema ou na televisão. Os filmes exageram, romantizam, fragmentam e estereotipam as atividades humanas de tal forma que seus agentes reais têm que, sistematicamente, esclarecer os incautos sobre os riscos das caricaturas. Não vá fazer uma faculdade de direito pensando em *Law & Order,* ou estudar Letras depois de assistir *Sociedade dos Poetas Mortos,* muito menos cursar Medicina a partir de *Grey's Anatomy*, ou pior, tornar-se professor por excesso de exposição a *Ao Mestre com Carinho*. A recomendação é inútil. O fascínio das narrativas organiza nosso desejo mais do que os conscienciosos esclarecimentos morais. Seria insípido escolher qualquer carreira pensando na fria densidade dos fatos e seu cotidiano real. Escolhas "corretas", mas alheias à fantasia, costumam redundar em vidas "corretas", porém vazias e funcionais. Inversamente, escolhas fundadas em fantasias alienígenas costumam dar em vidas interessantes, porém erráticas, com dúvidas permanentes e recomeços e refundações constantes.

Capítulo XI

A FORMAÇÃO DO DESEJO DE ESCOLA NOS PAIS

Educadores, professores e pedagogos formaram-se para lidar com crianças e adolescentes. Seu desejo de replicar a experiência escolar, agora mudando de lado, pode ser movido apenas pela vontade de passar da posição de oprimido a opressor, mas pode também se sustentar no desejo de fazer melhor ou reparar e reconstituir em si a experiência escolar.

Contudo, os novos tempos trouxeram os pais para uma presença mais ativa no processo de escolha e acompanhamento escolar dos filhos. Com isso os educadores veem-se cada vez mais pressionados a educar também os pais. Para isso eles não foram formados. Os pais não aparecem aqui apenas como clientes consumidores que estão fiscalizando seus investimentos em capital humano. Frequentemente a experiência dos pais é de reparação e reconstrução de sua própria experiência escolar. Com nossos filhos temos a oportunidade de dar uma segunda volta no parafuso, de ajustar nossas contas com as demandas escolares, de pensar e participar do processo, ainda que indiretamente, através de nossos filhos. Por isso se verifica, com frequência crescente, demandas dos pais que são demandas de reeducação, ou seja, demandas de que a escola os acolha e os eduque uma segunda vez. Isso pode aparecer sob forma de críticas sem fim, de expectativas superdimensionadas e ou de demandas incessantes para a escola. Tudo como se a sua própria experiência escolar estivesse mais em pauta do que a de seus filhos.

CHRISTIAN DUNKER

A escolha de uma escola, seja ela pública ou particular, é sempre um ato de transferência, no sentido psicanalítico do termo. Ou seja, transferimos baseando-nos em um sujeito suposto saber e em uma mudança de discurso. Saber cuidar, saber educar, saber proteger, mas também de que "algo" ou "alguém" será sujeito responsável por este processo. A passagem da família para a escola, é a transferência de um universo que opera pelo insubstituível ao substituível.

A noção de valor é uma noção que depende da ideia de troca. A troca pode se dar como substituição entre coisas de mesma natureza ou como substituição entre elementos de natureza distinta, por exemplo, posso trocar dez reais por tantos dólares (segundo a taxa de conversão diária) ou por 20 pães. No primeiro caso trocamos dinheiro por dinheiro, no segundo trocamos dinheiro por coisas. Com a escolha da escola dá se uma espécie de equívoco crônico, pois queremos transferir nosso bem mais precioso, nossas crianças, para uma instância que nos representa, mas sobre a qual nosso controle é parcial. Em outras palavras, queremos que ela seja uma extensão da família por outro lado que ele tenha um tipo de autoridade completamente diferente, justamente ali onde encontramos os limites e impasses do processo de cuidado e educação parental.

Há muitas variáveis que determinam a escolha de uma escola, desde a geografia e a facilidade de acesso até a disponibilidade de contato e o valor das mensalidades. Muitos perguntam pelos métodos pedagógicos, outros pelos desempenhos em rankings universitários. Outros tantos privilegiam o capital social que se poderá multiplicar colocando seu filho em uma rede de contatos potencialmente valorosos. Poucos farão perguntas sobre a formação ou remuneração dos professores. Os mais dedicados frequentarão muitas escolas inspecionando instalações e ouvindo discursos de apresentação. Alguns discutirão amplamente suas experiências escolares com outros para chegar a algum entendimento do que é que queremos afinal.

Esse processo é muito interessante, quando acompanhado do ponto de vista psicanalítico. Ele revela muito sobre a relação entre a escola que se teve e a escola que se sonha, algo de suma importância simbólica se pensamos na tarefa goethiana incorporada por Freud, quando se trata

PARTE III - CAPÍTULO XI - A FORMAÇÃO DO DESEJO DE ESCOLA...

da relação com a cultura e com os saberes: *torna seu aquilo que recebeste como herança.* O curioso desse processo é que só nos apropriamos realmente disso quando passamos adiante, e é isso que está em jogo na escolha de uma escola: a transmissão do desejo de escola.

Muitos são os valores que se pode extrair da tensão ética e moral nos contextos acima descritos. Mas o fato é que, contrariamente a quase tudo que podemos escolher e voltar atrás, considerando-se garantias jurídicas e proteção ao consumidor, a escolha da escola traz uma carga de perenidade angustiante. Se admitirmos que a entrada de crianças se dá com dois ou três anos e a saída com 17 ou 18, permanecemos em média 15 anos em uma escola. Isso bate o tempo médio dos casamentos no Brasil de hoje, que é de 14 anos.[70] Com a tendência crescente a mudar de profissão durante a vida, a escolha da escola talvez seja a mais duradoura escolha que temos pela frente.

Escutando pais vejo que o ponto de partida é invariavelmente o de que a escola precisa partilhar valores. Valores têm uma história, eles refletem uma prática de decisão ou uma estratégia mais ou menos constante de ponderação entre termos que são *decisivos.* Lembremos que "de-cisão" ou juízo, se diz *Urteil* em alemão, ou seja, "o corte primitivo". Há uma tendência na teoria dos valores a pensar pares de opostos, nos quais o que se ganha em um se perde no outro polo da balança. Neste ponto a teoria dos valores, ou axiologia, descende dos antigos tratados das paixões. Aqueles que querem decidir buscando mais informações e garantias, podem ser traídos pelo fato de que no núcleo da decisão se encontrará a ignorância que nenhum saber poderá cobrir ou superar. É a ignorância que faz decidirmos *porque sim*, ou que nos permite afirmar, ainda que na efemeridade de sua enunciação, *porque eu assim desejo.*

A decisão da escola é uma ocasião rica para descobrirmos algo sobre nosso desejo, tal como o recebemos de nossos antepassados, mas também de como nosso desejo é também uma função política que será

---

[70] Disponível em : https://agenciadenoticias.ibge.gov.br/agencia-noticias/2012-agencia-de-noticias/noticias/22866-casamentos-que-terminam-em-divorcio-duram-em-media-14-anos-no-pais

exercida neste momento. Por exemplo, queremos uma escola que privilegie a *liberdade* ou a *justiça*? Claro que a resposta será: as duas coisas. Mas imaginemos que uma decisão bem tomada e criteriosa nos exponha ao fato de que operamos sobre nossas impressões e tais interpretações do que nos é dito ou mostrado cria uma posição proporcional, que se reflete facilmente na arquitetura discursiva das escolas: mais disciplinares e rígidas ou mais livres e criativas?

Há casos nos quais nos vemos divididos entre dois valores que não são proporcionais, mas sim cromáticos, por exemplo, quando falamos da diferença entre *insistência* para a *teimosia*. O conceito é quase o mesmo, mas o discurso é outro. Uma certa afinidade vocabular costuma estar na raiz de processos de escolha que não conseguimos explicitar muito bem quanto as razões ou motivos. Há, por assim dizer, uma afinidade de linguagem que pré-condiciona a escolha.

Há também os que organizam suas escolhas tendo em vista a fuga ou oposição a certos contravalores. Por exemplo, a coragem é definida pelo medo. Corajoso não é aquele que enfrenta uma situação adversa sem medo, mas vencendo o medo. Por isso a tolice, a arrogância e a soberba são definidas pela ausência de medo. Uma escola escolhida pela ausência de "política", como quer o movimento escola sem partido é um exemplo deste caso.

Temos em seguida aqueles que escolhem escolas como se escolhem aliados. Neste caso valores como obediência versus subserviência, disciplina e desordem, vigilância contra drogas e maus elementos, constituirão oposições primárias a partir das quais será pensada a decisão.

Finalmente, temos os que escolhem por oposição polar, ou seja, procuram apenas pela existência de certas condições adversas que impediriam a escolha, por exemplo, situações de *risco* ou de franca insegurança, aceitando que a indeterminação do processo é muito mais vasta do que se poderia calcular.

No entanto, entre todos os elementos que compõe a decisão e o desejo de escolha, do lado dos pais o mais importante até aqui não foi mencionado: a escuta de seus filhos. Sem isso podemos dizer que a escolha é

PARTE III - CAPÍTULO XI - A FORMAÇÃO DO DESEJO DE ESCOLA...

feita a partir da recuperação invertida ou positivada, opositiva ou reativa à própria história escolar ou profissional dos envolvidos na escolha. Ainda que pequenos, e ainda que não sejam eles os autores da escolha, é o trabalho de escutá-los, ali onde eles nem sabem o que significa uma instituição escolar, assim como depois, o trabalho de escutar a sua aventura escolar, mais além de concorrer com os meios materiais e práticos para que ela aconteça da melhor maneira possível, pode passar desapercebido, como podia ter passado ao leitor mais desavisado.

Capítulo XII

A FORMAÇÃO DO DESEJO DO PROFESSOR

O segundo pior crime da ditadura militar foi não ter alfabetizado o Brasil. Apesar de Anísio Teixeira (1900-1971), Darcy Ribeiro (1922-1997) e Paulo Freire (1921-1997) a formação de um sistema educacional nunca esteve entranhada à constituição do Estado brasileiro, até 1988, nem a uma política que o definisse ao menos por uma temporada.

Isso representa um contraste vivo com países contíguos como a Argentina, do presidente Domingo Sarmiento (1868-1874), que estabeleceu uma ligação intrínseca entre o projeto republicano e a educação universal, pública e gratuita. Nós, nesse período, expulsávamos jesuítas; nossos republicanos, positivistas, alegorizavam o saber como uma espécie de fetiche religioso para iniciados. Nosso parque universitário é tardio, nossos sistemas de avaliação recentíssimos, a ideia de fazer do Brasil um país voltado para a educação surgiu anteontem. Guardadas as proporções de nosso complexo de renascimento, ignoramos soluções e erros encontrados em tentativas anteriores, fazendo valer apenas o último capítulo da história, cuja lembrança do processo pode ser assim economizada. É também daí que procede nosso espírito de comparação com países como a Finlândia, com grandes centros notáveis de saber, contabilizados por prêmios Nobéis, ou com experiências de excelência no

CHRISTIAN DUNKER

ensino, medidos por ideias geniais. Há um soberbo desconhecimento do tamanho do problema brasileiro. Isso torna bizarro nos compararmos com países com populações menores do que o estado de São Paulo, intuir ideias revolucionárias sobre currículo e tecnologia e nutrir a retórica dos grandes líderes na matéria. Na verdade, a educação, em vez de ser território de todos, passou a ser tratada como terra de ninguém.

Em meio à série confusa e divergente de diagnósticos que já há algum tempo tem caracterizado a preocupação fundamental do Brasil nessa matéria, há uma profecia que se torna cada vez mais real: haverá um apagão de professores no país.

Depois de anos de condominização à guisa de regulamentação ou avaliação e de décadas de reciclagem de fórmulas morais, chegou a conta da nossa imprevidência.

Para a Psicanálise, esse momento (em que estamos diante de um sintoma) é também a ocasião em que a estrutura do problema se apresenta de modo mais claro. O desaparecimento de interessados em formar-se em certas disciplinas não pode ser atribuído apenas aos salários, muito menos à confusão reinante em nossos modelos de formação. Ele é sintoma de que a educação se transformou em outra experiência. Não é mais a transmissão de um saber, movida pelo desejo do professor e oferecida para aqueles que já se interrogam sobre o mundo, sobre suas letras e sua lógica muito antes dessa transmissão. Não. A educação virou outra coisa.

O metodologismo, representado tanto pela confiança em técnicas de aprendizagem, como pelo sistema de individualização ou patologização do fracasso escolar, tornou-se um obstáculo para que a escola seja uma escola aprendente e para que o professor sustente aquele que seria seu desejo no ofício. Uma escola aprendente é aquela que coloca entre seus fins e no centro de suas relações a disposição ao saber, transferindo essa disposição não apenas a professores e estudantes interessados, mas que também aos seus funcionários, aos pais, à sua comunidade e – o mais difícil – aos seus administradores. Uma pátria educadora devia ser, antes de tudo, uma pátria aprendente.

PARTE III - CAPÍTULO XII - A FORMAÇÃO DO DESEJO DO PROFESSOR

As pesquisas de Maria Cristina Kupfer, Rinaldo Voltolini e Leandro Lajonquiére mostram, já há algum tempo, que a relação de aprendizagem está sobredeterminada pelo que a Psicanálise chama de transferência. É assim desde o começo, quando os pais e a família transferem o encargo e a autoridade do cuidado e do ensino da criança. É assim também quando o universitário ou pesquisador formado transfere e retorna o que pode descobrir e aprender para a comunidade e a para a sociedade que nele deposita um mandato simbólico. A transferência é um processo que convida continuamente a reconhecer o sujeito (referido ao saber) numa relação de suposição.

Quando Paulo Freire chamou a atenção para a importância dos contextos, das suposições e dos saberes daqueles que entram no processo de aprendizagem, destacava a importância da transferência, sobretudo, a importância do bom uso da transferência para uma educação que não se queira apenas reprodutora de opressões. Um verdadeiro professor não transmite conhecimentos ou conteúdos que ele aprendeu e domina, mas a *relação* que ele tem com o saber do qual também se torna autor ao tornar seu o que lhe foi legado. Isso não tem a ver, necessariamente, com vocação, paixão ou gosto, mas com certo empenho do desejo naquilo que se faz. Professores disciplinados transmitem disciplina; professores críticos transmitem perguntas; professores amorosos transmitem sua capacidade de amar; e há tantos tipos de professores quantos modos de relacionar desejo e saber. Contudo, ao apagão de professores corresponde a emergência de um novo tipo social na escola brasileira: o *não professor*. O *não professor* não é o que deixou a sala da aula, mas aquele que se tornou um gestor ou um síndico de processos educativos. Exatamente como um bom vendedor de bananas, ele não entende nada de bananas, ele apenas agencia ou administra um processo em torno delas.

O grande combate hoje em curso, no que restou de nossas escolas e universidades, se dá entre os que estão interessados na circulação do saber e os que estão voltados para leis, normas e regulamentos pedagógicos. Há uma inversão simples entre meios e fins: a educação baseia-se em métricas, resultados e parâmetros. Ela rapidamente produz escolas que selecionam ou segregam alunos para o ENEM, tendo em vista a criação

CHRISTIAN DUNKER

de aparências de resultados para atrair consumidores. Essa corrupção dentro da lei é o que se ensina ao final do processo; e, como tal, é o mesmo princípio que nos leva ao ensino apostilado, às matérias pré-fabricadas, aos professores recicláveis, aos cursos e faculdades para Inglês ver. Uma simples operacionalização metodológica (útil para comparar práticas, orientar intervenções pedagógicas e formar políticas públicas) bastou para criarmos um intervalo infinito entre o educar e a sua cópia imperfeita, a quase educação praticada por seu parasita, o *não professor*.

Uma inversão desse tipo é o suficiente para que o desejo se transforme em outra coisa. A transferência de desejo, que caracteriza a educação, torna-se então a identificação com maneirismos verbais, máximas de doutrina e defesa de personagens. A identificação com *discursos sobre a educação* em vez de *discursos educativos* retira nosso interesse do objeto, do mundo e do outro, e promove uma intrassubjetivação da experiência de aprendizagem. Do lado do aluno, isso cria uma espécie de pragmatismo administrado, que tipicamente se observa nesse pacto de mediocridade chamado "trabalho feito em grupo", na cronificação do professor particular ou, ainda pior, na indústria médica do *doping* de resultados ou da retórica psicopedagógica do fracasso escolar. Do lado do professor, isso traz uma permanente experiência de déficit em relação às idealizações que são mobilizadas para mantê-lo engajado em sua própria profissão. Desconhecendo as razões estruturais que cercam a real impossibilidade de educar alguém, ele poderá se identificar ao discurso da fé na técnica educativa, na onipotência do amor ou na suprema individualização de seus limites.

A segunda patologia social, que está na raiz de nosso vindouro apagão de professores, é a degradação do desejo em demanda. Ensinar tornou-se um horizonte infinito de preparações, dividido entre o cumprimento de tarefas e a pressão contínua dos coordenadores e administradores escolares por mais produtividade. Um desejo se transforma em demanda quando seu objeto pode ser todo "operacionalizável": estabelece-se uma gramática de recusas, de resistências, de discordâncias, que favorece a ampla desapropriação do sujeito em relação ao desejo que o move. Toda iniciativa, por parte dos professores,

PARTE III - CAPÍTULO XII - A FORMAÇÃO DO DESEJO DO PROFESSOR

em prosseguir sua própria experiência de saber, levar adiante sua formação, integrar-se ao universo maior da cultura, é tratada como algo de sua inteira responsabilidade privada. Em outras palavras, não há nenhuma política que incentive estruturalmente (por exemplo, com financiamentos) a vida cultural dos professores, sua formação contínua, o investimento de seu desejo em cultura. Muito ao contrário, o desejo dos professores é tratado como demanda. O sistema educacional brasileiro resiste firmemente à formação cultural de seus professores. Por exemplo, no ensino universitário privado os professores têm cargas de 30 ou 40 horas semanais e sofrem com a intolerância de seus patrões quando pensam em fazer algum curso de pós-graduação ou extensão. Incentivo financeiro para formação é um assunto que pode dar demissão em boa parte das instituições privadas de ensino. Na universidade pública essa patologia engendra o produtivismo pelo qual o professor é avaliado segundo o número de artigos que publica, nunca pela qualidade dos alunos que forma.

A terceira, e talvez pior patologia indutora da demissão do ato de educar, está na transformação do desejo em mera experiência de satisfação. A expectativa e o imperativo de que a educação seja comandada pela lei do conforto, da felicidade e da gratificação barata, aumenta assustadoramente quando se adota na escola a mentalidade do consumidor. Tomados de soberba, os pais entendem a escola (principalmente privada) como uma extensão de seu narcisismo. Nessa extensão não vigora a lei impessoal do espaço comum para o qual transferimos nossa autoridade de pais, mas a lei caprichosa e particular da família interessada em expandir privilégios e exceções. Na escola pública especificamente, esse gozo se exerce ainda pelas mãos do Estado interessado em produzir números que justifiquem o injustificável, seja com programas de aprovação automática, seja com inclusão social desprovida das estruturas necessárias para a permanência qualitativamente significativa dos incluídos na escola. Nesse caso o desejo é secundado pelo gozo dos direitos de todos contra todos e dos interesses de grupos contra grupos.

O *não professor* é aquele para quem o desejo de educar apagou-se. O desejo evadiu-se, deixando como substituto e impostor a identificação, a demanda e o gozo.

CHRISTIAN DUNKER

Slavoj Zizek[71] argumentou que a política propriamente dita está sendo substituída por outras práticas que se parecem com ela, mas não são como ela: por exemplo, a *parapolítica* das comunidades orgânicas ou a *metapolítica* dos gestores e administradores públicos. Assim também a educação está sendo substituída por outras práticas que se parecem com ela, mas não são como ela: discursos pedagógicos sobre educação, normas e regulamentos de síndicos educacionais, diagnósticos psicológicos ou demográficos, cursos e experiências de desenvolvimento pessoal, testes homogêneos e em larga escala etc. O *não professor* não é o professor sem recursos, sem formação ou mal pago, mas aquele que desconhece o apelo universal do desejo que constitui a sua prática. O desejo não é a vontade individualizada ou a paixão pessoal, que serão sempre bem-vindas, ainda que sejam usadas pelos cínicos de ocasião para desvalorizar quem delas padece. O desejo não é a força de pensamento, nem persistência em um ideal, ainda que a eles sejamos gratos. O desejo é essa experiência coletiva que se transmite no presente, segundo a história dos desejos desejados dos que nos precederam, abrindo-nos um futuro indefinido e num mundo de comum pertencimento. O grande desafio para uma pátria que se quer educadora é utilizar sua força e seus meios institucionais, econômicos e jurídicos de modo que não sejam contrários aos seus fins. Em vez de *apagar* o professor, *pague*-o na moeda do reconhecimento de seu desejo.

---

[71] DUNKER, C.I.L. "Zizek, um pensador e suas sombras". *In:* DUNKER, C.I.L; AIDAR PRADO, J. L. *Zizek Crítico:* política e psicanálise na era do multiculturalismo. São Paulo: Hacker, 2004.

Parte IV
Linguagem, Fala e Escrita

Capítulo I

CENA DE ESCRITURA INFANTIL

Um menino de cinco anos manipula livros dentro de uma sala. Ao lado da porta, ao modo de um elemento vazado feito de vidro, há uma fresta pela qual ele observa uma menina que passa pelo corredor. A menina detém-se do lado de fora da sala, talvez capturada pelo olhar do menino. O menino se envergonha. Coloca um livro junto ao vidro para deter o olhar da menina. Mas a menina se desloca, reintroduzindo seu olhar perturbador. Ele toma outro livro e agora usando ambas as mãos constrói nova muralha visual. A menina não se dá por vencida e muda de posição, recolocando seu olhar. O peso dos livros é demasiado e eles caem no chão produzindo um grande estrondo. Há um instante de dúvida e estranhamento. O olhar das duas crianças busca o adulto, talvez um professor, presente na sala. Recebem então uma mensagem indeterminada: nem uma bronca, nem uma aprovação, apenas a marcação temporal que regista o acontecimento. Talvez tenha sido um sorriso de anuência. Mas um sorriso contido, contrabalançado pelo franzir reprovador da testa. Os lábios diziam uma coisa, as sobrancelhas outra. Empate.

Como ler a ironia gestual presente na intervenção do adulto?

a) Que isso não se repita.

b) *Vá até este ponto, mas não continue.*

CHRISTIAN DUNKER

c) *Estou eu mesmo na dúvida sobre o que aconteceu (pensa o adulto), mas agora vou prestar mais atenção.*

d) *Vocês são dois "arteiros", o que eu aprovo, pois estão explorando o mundo e investigando um ao outro, como deve ser e como talvez eu mesmo tenha sido algum dia.*

Temos aqui uma sanção. Mas uma sanção cujo valor é indeterminado. Não saberemos jamais onde incidiu perfeitamente essa sanção. Saberemos apenas de seu efeito. O menino abre a porta e deixa a menina entrar. E ela entra toda de uma vez. As duas crianças começam a brincar com os livros, construir pirâmides com eles. A sanção está agora interpretada. Ela autoriza o espaço lúdico da brincadeira, um novo modo de uso. Os livros são feitos tanto para barrar o olhar de uma menina, quanto para deixar cair fazendo barulho e ainda para carregar letras e imagem. Livros são feitos para brincar, interpretam as duas crianças. Depois de algumas pirâmides e outras tantas pontes e cidades o menino termina por abrir a porta mais uma vez. Ela diz: *tenho que ir.* Ele estende a mão e responde: *tchau amiga.*

Nesta cena encontramos o sujeito da escrita, ou seja, um sujeito que lê. Um sujeito que se apreende como efeito de um sistema de traços e de acumulações de saberes sobre a letra. Quero mostrar, pelo exemplo, como este sujeito é universal, e está presente mesmo nos povos chamados "sem escrita". Este menino de cinco anos, ainda não é senhor do discurso alfabético, mas ele já lê.

A alfabetização é um processo de conformação deste sujeito da escrita a um código específico e particular da língua cifrada em letras. Não sei até que ponto os que se interessem pela alfabetização da criança poderiam se aproveitar da problemática psicanalítica e linguística de que a escrita é um sistema de linguagem, irredutível e diferente da fala. Nosso fonocentrismo nos faz tomar a escrita como duplo da fala. Basta tomar as escritas não glossemáticas, ou seja, aquelas que não reproduzem os sons do fonema da língua falada, para reconhecer a extensão do problema. Por exemplo, alguém pode ser um escritor do chinês (mandarim), sem saber pronunciar uma única palavra naquele idioma. Há, neste caso, como é provável para a maior parte das línguas da antiguidade, total

PARTE IV - CAPÍTULO I - CENA DE ESCITURA INFANTIL

disparidade entre língua escrita e língua falada. Talvez isso decorra da função social absolutamente específica que a escrita possuía: registros de contabilidade, das leis e dos acordos jurídicos. Os calígrafos chineses, por exemplo, eram um grupo social fechado que possuía o privilégio e o monopólio da escrita, como os fariseus e os monges medievais.

Como observou Carol Tiussi[72], a quem devo este exemplo, Maud Manonni[73] já tinha afirmado que, para algumas crianças psicóticas tornarem-se sujeito da escrita é preciso o encontro com outra criança, não apenas a assistência de um adulto. Pode-se entender que algumas crianças que se atrasam na aprendizagem da escrita alfabética ficam ainda mais para trás quando seus coetâneos avançam. Quando as hipóteses, ilações, sondagens e inferências que cercam a entrada no discurso alfabético não podem mais ser compartilhadas com coetâneos, há um problema. A aquisição da fala deve ser contrastada com a aquisição da escrita para afastar nosso adultocentrismo. A indeterminação vocálica do balbucio, do *manhês* ou do monólogo da criança, não é a mesma indeterminação do traço de percepção (*Wahrnenhumzeichen*) que constitui a escrita[74]. Ouvir, ler e escutar são operações contemporâneas e sobrepostas, mas não simétricas, diferença que pode ser logicamente formalizada.[75] Mas o adulto letrado frequentemente esquece deste descompasso.

Nosso adultocentrismo, assim como nosso fonocentrismo, que identifica língua falada e língua escrita como uma mesma coisa, não nos deixa perceber como a presença de um adulto, no interior dos processos de aquisição de escrita é diferente da presença de outra criança. A sanção não tem a mesma função em cada caso. O terceiro problema, derivado da peculiaridade diferencial da causação do sujeito na escrita e na fala,

---

[72] TIUSSI, C.C. *Grupo em Educação*. Tese de Doutorado. Instituto de Psicologia da USP, 2012.

[73] MANNONI, M. *A Criança Retardada e sua Mãe*. São Paulo: Martins Fontes, 1988.

[74] LIER-DEVITTO, M.F. *Aquisição, Patologias e Clínica de Linguagem*. São Paulo: Fapesp-PUC-SP, 2007.

[75] SENNA, L. A. G. "O conceito de letramento e a teoria da gramática: uma vinculação necessária para o diálogo entre as ciências da linguagem e a educação". *DELTA*. Documentação de Estudos em Linguística Teórica e Aplicada, n.1. São Paulo, 2007.

CHRISTIAN DUNKER

nos leva a reconhecer a escrita como uma *experiência corporal total*, e não apenas um engendramento cognitivo de um sujeito viso-motor. Durante muito tempo o sujeito da escrita decorria de um pareamento "pineal cartesiano" entre visão e mão, análogo ao pareamento "adâmico" entre palavra falada e palavra escrita. Basta acompanhar o trajeto formativo de um calígrafo chinês, ou a prática ritual da tatuagem entre os Kadiweus, para reconhecer como a implantação do sujeito da escrita em um sistema de escrita particular deveria ser pensada mais como um processo como a dança e as artes gestuais do que uma ortopedia que reduz o corpo ao viso-motor. Lacan afirma que a letra está no real, assim como o significante está no simbólico,[76] mas isso não esclarece, por si qual a acepção de letra que está sendo considerada aqui. Três hipóteses de leitura concorrem aqui. No primeiro caso letra refere-se ao traço de satisfação mnêmica deixado por toda e qualquer experiência de satisfação. Desta maneira toda a operação de erotização do corpo infantil, produzida pelos cuidados maternos ou prestativos, sobre o corpo de uma criança formam uma geografia única de traços, que constitui a corporeidade de um sujeito. Tal corporeidade estaria sujeita a operações de excesso e falta, de extrusão e intrusão da satisfação do outro, suposta imante à satisfação do sujeito. A segunda leitura possível argumenta que a escrita e o traço não é exatamente uma metáfora ou uma alegoria para a erotização do corpo, mas deve ser tomada no sentido concreto do sistema de escrita definido no interior de uma cultura, como sucedâneo de uma língua codificada. Portanto, a aquisição da escrita seria apenas e tão somente a descoberta de um novo sistema de linguagem, que nem todas as culturas possuem, e que ressignifica as primeiras relações significantes, ocorridas no interior dos cuidados primários. A terceira hipótese reforça o conceito de alíngua (*lalangue*), como um tipo especial de língua e de leitura, composta pelo aluvião de traços e pelos efeitos de afeto marcados na memória pelos encontros com o corpo do outro. Essas três hipóteses convergem com a ambiguidade de leitura da expressão letre em francês: como carta (*lettre*) , com letra (*lettre*) e como ser (*l'etre*).

---

[76] LACAN, J. *O Seminário Livro XVIII De um Discurso que não fosse do Semblante*. Zahar: Rio de Janeiro, 1971.

Capítulo II

LETRAMENTO E ALFABETIZAÇÃO

As três hipóteses sobre o sentido do conceito de letra (*lettre*) em Lacan, incidem diferencialmente na leitura psicanalítica sobre o processo de aquisição da língua escrita. No primeiro caso a criança desde sempre lê e escreve, sendo a aquisição daquele código específico, uma restrição ou uma particularização dos diferentes sistemas de escrita e leitura que a criança dispõe e pratica, desde sempre. Chamamos esta hipótese de hipótese Paulo Freire. Nela a noção de letra em psicanálise convoca uma teoria da percepção e do desejo. No segundo caso a escrita e a letra em psicanálise nada tem que ver com os processos escolares ou de aprendizagem. Aqui a letra é uma posição no inconsciente, que sobredetermina um lugar, de onde se pode inferir a presença de uma posição significante. Esta é a hipótese clínica. Nela a noção de letra vale apenas como uma espécie de grau zero do significante para um determinado sujeito, sem nenhuma relação com códigos culturais de escrita. A terceira hipótese é de que a letra tem que ver com a aquisição da escrita, mas não apenas no que toca as relações entre a palavra e a coisa ou a palavra e a sua forma específica de produção de significação, mas com a função poética, com a economia de prazer e desprazer e que se acumula no corpo, como um aluvião, ou um depósito de traços capazes de ser resgatados.

Nossa hipótese combina estas três em uma quarta possibilidade. Partimos da hipótese de que a alfabetização é um processo mais específico

CHRISTIAN DUNKER

do que aprender a ler e escrever. O que chamamos de "alfabetização" pode ser entendido como a entrada em um discurso, no sentido lacaniano e foucaultiano de discurso. Quando falamos em discurso pensamos em:

a) Leis de coerção que estabelecem efeitos de poder, autoridade ou sanção.

b) Uma ordem ou necessidade lógica, que tornam um discurso capaz de reprodução e transmissibilidade, segundo razões de coesão e coerência.

c) Dispositivos de individualização ou de produção de classes ou conjuntos. Por exemplo: os que sabem ler, os analfabetos, os analfabetos funcionais. Ou seja, um discurso contém regras de inclusão e exclusão.

d) Um aparelho de gozo, ou seja, uma forma de conter e de fazer circular significantes em relação ao sujeito e ao objeto para reduzir o excesso.

A criança lê muito antes de ser alfabetizada. Ela também escreve muito antes de ser alfabetizada. Com isso quero introduzir a ideia de que existe uma noção psicanalítica de letra que é um pouco diferente, mas não irredutível da noção de letra na pedagogia e na linguística. É uma noção de letra que existe para a criança antes mesmo de ela ser capaz de falar. A escrita é primeira.

Nossa hipótese é que a entrada no discurso alfabético exige, no primeiro momento, um trabalho de negação desta primeira incidência da letra. Algo fica perdido aqui. No segundo momento a letra funciona como suporte para a instalação dos processos metafóricos e metonímicos que acompanham a aquisição da fala. No terceiro momento um novo letramento, agora arbitrário e coletivo, volta a se instalar retomando os termos, mas não a mesma função do letramento primário. A entrada no discurso alfabético corresponderia assim a um letramento secundário.

Dessa maneira, a entrada no discurso alfabético não seria apenas um processo de construção de pareamentos entre unidades significativas, como palavras e frases, e conjuntos não significativos, como fonemas e letras. Além disso, a entrada no discurso alfabético corresponde a um

PAIXÃO DA IGNORÂNCIA

novo estado na constituição do sujeito. Ou seja, não se trata apenas de um progresso nas relações de linguagem e pensamento, mas também no desejo e na economia libidinal.

Serve como argumento para a pertinência dessa hipótese o fato clínico da entrada tardia de crianças autistas na fala. Trago um exemplo de Leda Fisher Bernardino. Uma criança autista de sete anos desenha recorrentemente personagens de histórias em quadrinho. Quando ela os encontra reconhece o desenho. A presença de tais personagens a pacifica. No entanto, ela não fala. A psicanalista escreve-fala: "são seus amigos". A criança espanta-se e em um gesto negativo, quase diz "não". Ainda em estado de estranhamento, inverte o dêitico e escreve "meus amigos". A partir de então ela pode falar. A escrita teria autorizado a entrada na fala. Que isso aconteça uma vez, sob as condições dramáticas da posição autista, isso permite inferir que não há precedência natural da fala sobre a escrita, e que nem sempre é preciso saber falar para poder escrever. Retenho com vocês três momentos do exemplo: a inversão do dêitico, de teu para meu; a negação gestual e a metáfora dos amigos.

Nossa hipótese, em acordo com o modelo da multiestratificação dos sintomas de linguagem, é que a passagem do letramento primário para o letramento secundário (discurso alfabético), é uma passagem intermediada, mas não condicionada pela fala. Ainda segundo essa hipótese, essa passagem ao discurso alfabético depende da retomada do transitivismo,[77] experiência infantil de indeterminação do sujeito, de modo a reunir a função real da nomeação (dêitico), a dimensão simbólica da rasura (negação) e a experiência imaginária da antecipação de sentido (gozo).

---

[77] GOUVEIA G; FREIRE, R; DUNKER, C.I.L. "Sanção em Fonoaudiologia: um modelo de organização dos sintomas de linguagem". Cadernos de Estudos Lingüísticos, vol. 53, 2011.

Capítulo III
CONSTITUIÇÃO DO SUJEITO

Uma nota rápida sobre essa noção de constituição do sujeito. Pode-se entender esse processo por contraste com duas outras operações que antes formavam o que se chamava de psicologia do desenvolvimento, ou seja, a construção e a formação. A construção é um processo de acúmulo e reequilíbrio de conceitos e experiências. A formação, por outro lado, é quando nós entendemos o processo como um conjunto de contradições que se resolve periodicamente em soluções que contém dentro de si o processo que lhes deu causa. A expressão socioconstrutivismo alude a essa suplementação da construção por um processo social, cuja matriz dialética, pode ser pensada como uma formação. Ora, a constituição é outra maneira de descrever um processo.[78] Neste caso, nós não vamos nos concentrar no que se ganha ou se acumula, nem na solução e criação de novos problemas. Nós vamos olhar para o processo, perguntando: o que é que nós perdemos para chegar até aqui? Ou seja, o crucial é estabelecer o que deve ser perdido, não o que permanece ao longo da transformação, mas com outro nome (construção), ou o que se transforma para permanecer o mesmo e o que se identifica para se tornar outro (formação). A construção geralmente pensa os temas

---

[78] DUNKER, C.I.L. *Estrutura e Constituição da Clínica Psicanalítica*. São Paulo: Zagodoni, 2011.

CHRISTIAN DUNKER

desde uma lógica do pensamento, a formação tende a privilegiar a linguagem e a intersubjetividade, enquanto a constituição enfatiza o método da análise lógica do sujeito.

A noção de letra é um conceito afim ao de constituição, pois a letra é exatamente o que se perde para que a criança possa entrar na linguagem. Para que alguém se torne um sujeito, para que alguém possa falar, ou seja, muito antes mesmo de cogitar a ideia de alfabetização, a criança tem que soterrar a experiência do letramento primordial. Lacan, às vezes, compara esse soterramento com o aluvião formado pelo depósito de resíduos na passagem da água por um rio, ou ao ravinamento pelo qual a água penetra na terra erodindo-a, ou ainda com a formação de fiordes e tundras. Certo é que esse soterramento torna possível uma função, que é a função de nomeação. A função de nomeação é um resíduo do letramento primário, uma espécie de sobrevivente linguístico de um momento ultrapassado nas relações do sujeito com a linguagem.

É nos escombros desse apagamento que surgirá uma noção sumamente importante para a psicanálise, a saber, a noção de significante. O significante comemora o apagamento dessa marca, desse traço unário, pelo qual ele representa o sujeito. Letra e seu correspondente numérico, o traço unário, são condições para a constituição do sujeito, como um sujeito na fala e na linguagem.

A letra aparece para a criança como efeito de um discurso e como resultado de um comércio. O discurso dos pais antecede até mesmo o nascimento da criança, e esse discurso é o que estabelece o letramento primário do corpo infantil. Esse letramento torna possível um comércio, um conjunto de trocas regulares, regulados por sentimentos, afetos e emoções.

Compreendemos assim que a entrada no discurso alfabético compreende a confluência de processos de três tipos:

a) Um progresso nas relações entre fala e escrita, um momento diferencial na aquisição da linguagem, cujo pressuposto é a ordem do diálogo e a inversão entre agente e paciente da fala, que tem como suporte a função dêitica. A estrutura do diálogo

PARTE IV - CAPÍTULO III - CONSTITUIÇÃO DO SUJEITO

precede a determinação objetiva do sentido pela criança. São as estruturas melódicas, prosódicas, entoacionais, que capturam a criança antes mesmo que ela se aproprie do significante e se faça representar por ele. É a holófrase pela qual toda a frase se comprime em um som. É a função de antecipação materna da existência de sentido nos atos reflexos da criança. Essa antecipação não é sem efeito. A criança se localiza neste lugar, assume este lugar e se reconhece neste lugar.

b) Um progresso nas relações de representação, simbolização, ou de correspondência entre linguagem, pensamento e mundo. Um processo de construção e transformação da realidade na qual a criança está inscrita. É o trabalho das hipóteses e a função sintética da negação. É o tema da criança que teoriza: as teorias sexuais infantis. Na ordem das hipóteses: a passagem de um sistema dialogal, oral e particular; para um sistema silábico e, depois, alfabético.

c) Um progresso na constituição do sujeito, de tal forma que o litoral entre saber e gozo se fixa em uma borda estável. É o tema da criança que se apropria de um romance: o mito individual do neurótico. É a ordem dos discursos: a passagem do letramento particular, contingencial, relativo à própria criança "o seu jeito de escrever" para um tipo reduzido de sistema de escrita, a saber, o discurso alfabético. Um processo que envolve transferência de autoridade.

Capítulo IV

FUNÇÃO DE NOMEAÇÃO: A LETRA COMO LITORAL ENTRE SABER E GOZO

No livro de Daniel Defoe,[79] Robinson Crusoé encontra-se perdido e solitário em uma ilha. Certo dia ele encontra uma pegada na areia. Seria isso realmente uma pegada? Não poderia ser apenas um efeito contingente do bater das ondas sobre a praia? Ou seja, a pergunta de Robinson Crusoé é se aquela letra é um sinal, se é um signo feito para alguém. A função primária da letra é fazer uma espécie de borda, ou de litoral entre o saber e o gozo. Quando a criança interpreta o que sente no seu corpo, como prazer ou desprazer, quando ela descobre coisas novas sobre suas sensações, quando ela é tocada, cuidada, erotizada pelos outros. Tudo isso inscreve nela uma espécie de letramento primordial. Este letramento está fortemente alimentado pelo discurso materno, por essa língua que a liga à mãe e que Lacan chamou de *lalangue*, que reúne aspectos do que Jacobson chamou de *lalação*, e que autores da fonoaudiologia chamam de *manhês*.

Toda a corporeidade dos gestos, do movimento, do toque, da sensorialidade, essa linguagem extremamente comunicativa que marca a relação dos adultos com suas crianças pequenas, efetiva o que se pode chamar de inscrições de gozo.

---

[79] DUNKER, C.I.L *Por que Lacan?* São Paulo: Zagodoni, 2018.

CHRISTIAN DUNKER

Quando fazemos cócegas na barriga de uma criança ela ri. Primeiro temos que tocar, depois basta ameaçar o movimento e ela antecipa o que virá e ri, mesmo sem ser tocada. Mas qual é o ponto depois do qual a risada gerada pelas cócegas se torna aflitiva e insuportável? Qual o estágio em que o carinho materno se torna invasivo e asfixiante? Qual o limite no qual a presença do outro deixa de ser pacificadora e torna-se fonte de angústia ou de estranhamento? É preciso ter um marco, um traço psíquico que permita estabelecer uma espécie de placa que avise para o outro, mesmo que este não saiba ler, mas principalmente para o sujeito, qual é o limite que não deve ser ultrapassado. Este é um limite móvel. Um traço mnêmico da antecipação do Outro sobre o corpo de um vivente. A cada vez pode ser ultrapassado e, portanto, reconfigurado. Ora, a placa móvel, que a cada momento estabelece o litoral entre o saber que podemos nos apropriar e a satisfação ou insatisfação que virá para além do limite, é o que a psicanálise chama de letra. É neste sentido que a letra vem antes da escrita. É neste sentido que a letra faz litoral entre saber e gozo.[80]

Vocês vão dizer: mas isso é um absurdo porque este conceito de letra não remete a nenhuma materialidade, ele não é coletivo nem transmissível, nem visível ou legível, muito menos pode ser repetido universalmente segundo um código estável e arbitrário. Mas considerem como a letra é o fundamento da escrita e o fundamento da letra é que ela pode ser lida por alguém. Portanto é a leitura que cria a letra, não é a letra que cria a leitura. Portanto, todo o código do adulto leitor vai ser mobilizado para interpretar o corpo da criança. Essa posição de intérprete será decisiva para o que a psicanálise chama de constituição do sujeito.

---

[80] LACAN, J. *O Seminário Livro XVII*: o avesso da Psicanálise. Rio de Janeiro, Jorge Zahar, 1992.

Capítulo V

FUNÇÃO DÊITICA: O SUJEITO DA ENUNCIAÇÃO NO ENUNCIADO

Voltemos a nosso exemplo. Robinson Crusoé poderia ter olhado para aquela pegada e lido imediatamente uma mensagem. Tomado a pegada como uma garrafa com uma mensagem dentro, enviada sabe-se lá de onde, sabe-se lá por quem. Ele poderia tomar essa mensagem como especificamente enviada para ele – um sinal divino. Uma mensagem que poderia ser recebida como uma espécie de convite ou de ordem nos seguintes termos: "Encontre-me lá, amanhã, conforme havíamos combinando anteriormente". Onde é lá? Quando é amanhã? E com quem eu combinei o tal encontro? Mas ele não fez isso. Ele recebe a mensagem exatamente como a criança recebe o discurso alfabético, ou seja, como um discurso. Ele supõe que do lugar que veio essa pegada pode haver outras pegadas. Mas isso só vai acontecer se esse sinal for mesmo uma pegada, o que não se pode saber. Pode ter sido um acidente natural, como essas nuvens que têm formatos de animais. É essa a relação que a criança tem com um discurso específico que é o discurso alfabético. Ela sabe que se trata da economia de sentido, mas ela não sabe nem quais são as unidades ou segmentos, dos quais o sentido é composto, e principalmente ela não sabe como ela se inclui nesta mensagem.

CHRISTIAN DUNKER

Essa é a função eminentemente significante do *shifter*, que permite reconhecer no enunciado as suas condições de enunciação.[81] Os *shifters*, como eu, tu ele, (*shifters* de pessoa), ontem, amanhã, daqui a pouco, já (*shifters* de tempo) e *lá*, *aqui* (*shifters* de lugar) e assim, assado, (*shifters* de modo) são estes termos de linguagem que nos indicam a posição do sujeito. São as marcas que indicam a presença de um sujeito. A palavra "eu" significa algo diferente para mim do que para cada um de vocês, mas ao mesmo tempo ela é a mesma palavra.

Ao articular enunciado e enunciação permitem, portanto, que exista consistentemente um Outro ao qual nos dirigimos e de onde a ordem simbólica nos interpela. Meu filho perguntava: quando é amanhã? Não adiantava explicar com noções como depois de hoje, porque a coisa ia imediatamente para "quanto depois"? Vocês vêm como essa pergunta está ancorada na letra, porque ela delimita um saber sobre o gozo. Não é uma pergunta feita a qualquer hora. É uma pergunta interessada, feita na véspera de Natal, ou no dia anterior a uma viagem.

---

[81] LACAN, J. "Subversão do sujeito e dialética do desejo no inconsciente freudiano". In: *Escritos*. Rio de janeiro: Jorge Zahar, 1998.

Capítulo VI

NEGAÇÃO E RASURA

Mas Robinson Crusoé poderia ler a pegada na areia da praia de outra maneira. Ele poderia se contentar com a própria pegada. Poderia fazer da pegada o seu fetiche transformando este traço em parte de seu sistema de escritura sobre o gozo. Neste caso ele inverteria o sentido habitual da mensagem como algo cujo sentido deve ser antecipado ou adivinhado. Ele poderia iniciar a prática de apagamento continuado de todas as marcas possíveis ou assemelhadas. Como essas pessoas que gostam de andar pela praia destruindo todos os castelos ou vestígios de obras humanas que encontram pelo caminho. Como que a dizer: só há uma obra por aqui e é a obra de destruição. Não interpretem isso como maldade, a negação é o ato humano por excelência. A reprodução da destruição de outras marcas de pegada pode ter o efeito de desorientar o pobre Sexta-Feira que se veria angustiado por não poder mais reconhecer-se em suas próprias pegadas, quando voltasse à ilha novamente. Ao proceder dessa maneira, Robinson Crusoé transformaria o estatuto de marca da pegada. Ao se mostrar passível de ser apagada ou rasurada a marca vira um traço. É por poder ser apagável ou rasurável, se quisermos, que um traço é um traço. Ao ser apagada e manter-se, mesmo assim, como uma inscrição para Crusoé, que ela pode ser indefinidamente repetida. Estou usando esse exemplo de Robinson Crusoé porque ele contém as características que Lacan atribui ao Real. Muitas crianças

CHRISTIAN DUNKER

brincam prazerosamente de fazer uma "maçaroca" de tinta, de produzir garatujas, de massinhas aglutinantes, para se apropriar dessa segunda característica da letra. A letra pode ser rasurada, apagada, sobrescrita. A letra está no real, o significante está no simbólico. Não é como na fala, na qual o que foi dito não pode voltar atrás, mas pode apenas ser negado por uma palavra que acrescentamos à frente. Aprender a rasurar a letra, a avançar o litoral entre saber e gozo, ganhando terra como no caso da maré que desce, é uma das práticas fundamentais da pré-escrita. É assim que, por exemplo, a criança explora até onde um "c" pode se fechar antes de aparecer um "o". Quais são as diferenças que sobrevivem e quais as diferenças que se apagam quando brincamos com o grafismo? Qual é o limite entre homografias, e a violação do litoral, pela qual cruzamos a fronteira entre gozo e saber?

Voltemos a Robinson Crusoé. O terceiro grande problema que ele tem que resolver, depois do imbróglio representado pelos *shifters* e pelo desafio da negação, diz respeito ao que essa pegada aqui, e se isso é realmente uma pegada, o que isso quer dizer... para mim. Em outras palavras: "por que justamente eu fui ser endereçado por essa pegada". Ele poderia fantasiar o encontro com o proprietário da pegada, fugir dela, tomá-la como um sinal ou negar veementemente que a pegada lhe diz respeito. É aqui que a pegada sem deixar de ser um traço, ou de uma letra, passa a ser tomada como um significante. Definida por um traço que se repete, pela marcação de um sujeito, pelo litoral entre saber e gozo a letra é o suporte para o significante. É assim que podemos definir uma formação do inconsciente, em sua estrutura de metáfora ou de metonímia, ou seja, como uma pegada cujo autor não se reconhece mais nela, mas ela cumpre todas as suas funções assim mesmo. Como uma pegada, que representa uma mancada de seu autor.

Tudo isso é o letramento anterior à entrada da criança no discurso alfabético. A criança é lida muito antes de ser alfabetizada. Ela lê antes de falar e antes de responder como um sujeito. A criança lê o letramento primário de seu litoral entre gozo e saber, ela é capaz de negações rasurantes. Mas há uma operação na qual todas essas dimensões se condensam: o nome próprio.

222

Capítulo VII

LETRAMENTO PRIMÁRIO E TRANSITIVISMO

O transitivismo é um fenômeno ocorrente na criança entre dois e três anos, relativo à indeterminação ou troca entre agente e paciente da ação, afirmação e negação, sujeito e Outro. Em 1934, Henry Wallon descreveu o transitivismo da seguinte maneira:

"A pequena A. – dois anos e nove meses – está sentada entre sua governante e sua pequena amiga H., diante de um monte de espuma recolhida para brincarem. Depois de alguns instantes A. se mostra inquieta e atormentada, bruscamente bate em H. e a empurra. *"O que você está fazendo"* pergunta a governanta: *"H. é chata, ela me bateu"*.[82]

Pelo que vimos o transitivismo pode ser apresentado como uma patologia do *shifter*. Não é só que eu não sei mais quando é amanhã, ou quem bateu em quem. Eu inverto ou substituo o agente da ação, realmente sofrendo as consequências da nomeação. Neste caso os exemplos são impressionantes, a criança que só chora quando escuta a mãe dizer "ai". A criança que sente dor, quando a mãe diz "ai" mesmo que não tenha se machucado. Por meio do

---

[82] WALLON, H. *As Origens do pensamento na Criança.* Manole, São Paulo, 1989, pp. 7-8.

transitivismo percebe-se como a unidade da experiência, como articulação entre real, simbólico e imaginário, não é dada apenas pela apercepção empírica, mas pela função nomeadora da linguagem. É uma espécie de comunicação entre corpos, na qual as palavras de um narram e literalmente criam os sentimentos e reações corporais como a dor, no outro. É assim que se dá a mágica da experiência pela qual a criança e mãe dizem: *Eu me machuquei, mas é o outro que sofre*. A experiência transitivista "a criança chora ao ver outra chorar, ou ainda, ao vê-la cair, como se o tombo tivesse ocorrido" em uma série determinada pelo despotismo, sedução e exibição.[83]

O transitivismo implica uma possibilidade inusitada de produção da realidade pela linguagem, e pela posição do sujeito diante do Outro. Daí que ele envolva uma patologia da negação. O transitivismo não é apenas um fenômeno dual, no qual um se confunde com o outro, mas triádico, pois é para um Outro que a criança apela em busca de um testemunho que trará a realidade faltante à experiência. A referência a este terceiro é tão crucial para a aquisição da fala quanto a referência a um quarto lugar será para a entrada no discurso alfabético. A entrada nos discursos integra a referência à função terceira testemunha, como vemos pela posição da governanta, no exemplo de Wallon. A passagem para o lugar quaternário da linguagem articula a experiência pessoal da fala com a disciplina impessoal do discurso. Governar, educar e fazer desejar, podem ser então estabelecidos como laços sociais, discursivamente organizados. A lei escrita, o livro de saber e a carta de amor, figuram-se assim como os gêneros fundamentais do discurso por meio do qual o trasitivismo, antes um fenômeno típico da formação do eu ou uma patologia da negação, torna-se agora uma função integrada ao discurso alfabético. Por meio dela, por exemplo, pode-se prescindir da autoria da lei para extrair efeitos de autoridade, admitir a indeterminação do sujeito no discurso científico, ou descobrir a função do semblante no discurso amoroso.

---

[83] CORRÊA, C.R.G; SIMANKE, R.T. "A recepção do conceito de transitivismo de Charlotte Bühler na teoria lacaniana do estádio do espelho". *Psicologia USP*, vol. 31, 2020.

PARTE IV - CAPÍTULO VII - LETRAMENTO PRIMÁRIO E TRANSITIVISMO

Mas o transitivismo que nos interessa é aquele que ocorreria entre "o letramento da criança" (o seu jeito de escrever) e o discurso alfabético do adulto (o jeito como impessoalmente se escreve). Em um segundo nível a criança transitiva seu eu ao escrever seu nome próprio.

Lacan menciona o fenômeno do transitivismo no interior do estádio do espelho[84] em que diante de uma imagem a criança se confunde e diz *"eu sou isso"*, sem que em sua experiência fique claro quem é o "eu" e quem é o "isso" na alternância entre imagem e eu. De forma correlata diante de seu nome próprio ela se confunde e diz *"isso sou eu"*, mas em qual parte disso, em qual parte deste conjunto de letras eu estou? Ele teria recebido a noção de transitivismo através de Charlotte Bühler[85], onde ele descreve a confusão, o ciúme e agressividade que perdura entre crianças, principalmente entre coetâneos. Isso parece constituir a figura do rival como semelhante não reconhecido, e inspirar a noção de imaginário não apenas como fixação na imagem, mas como dualização, despersonalização e indeterminação entre o eu e o outro, uma estrutura que longe de ser apenas um momento do desenvolvimento da criança retorna sempre que estamos diante de crises narcísicas ou transições de posição subjetiva.

O fenômeno ainda mal descrito da dislexia nos parece uma variação da permanência ou do retorno de fenômenos transitivistas, em uma criança para a qual já se esperaria que eles estivessem soterrados. Não é que na dislexia a criança não consiga entrar no discurso alfabético, é que ela não consegue soterrar seu letramento primário.

Considerando o transitivismo como momento de indeterminação da relação entre agente e paciente, podemos ver como o nome próprio é um caso limite dessa indeterminação verbal, actancial e desejante. O

---

[84] LACAN, J. "O estádio do espelho como formador da função do eu [je] em psicanálise tal como se nos demonstra na experiência psicanalítica". In: *Escritos*, Jorge Zahar: Rio de Janeiro, 1998.

[85] CORRÊA, C.R.G; SIMANKE, R.T. "A recepção do conceito de transitivismo de Charlotte Bühler na teoria lacaniana do estádio do espelho". *Psicologia USP*, vol. 31 São Paulo, 2020.

nome próprio é uma formação de linguagem que reúne as três exigências até aqui apresentadas em termos da entrada no discurso alfabético:

1. O Nome próprio envolve a noção dêitica de "próprio".

2. O Nome próprio é uma categoria que pertence e não pertence a uma língua.

3. O Nome próprio envolve um ato de escrita muito peculiar: a assinatura.

Capítulo VIII

O JOGO DE ALTERNÂNCIA (*FORT-DA*) E A SUPERAÇÃO DO TRANSITIVISMO

O jogo do *fort-da* (Freud, 1920) como modelo de aquisição da fala pela criança, nos serve para entender este soterramento da letra que permite que esta seja o suporte para o significante. Um modelo baseado em negação, substituição e constituição de conjuntos pela passagem da marca ao traço e do traço ao significante. O jogo do *fort-da* surge assim como uma espécie de antídoto contra o transitivismo, pois implica:

a. Substituir a mãe pelo carretel, formando a unidade de um conjunto. Daqui em diante o carretel é metáfora para mãe, mas antes disso a operação introduziu a função constitutiva da nomeação. É isso que Lacan abordou com o problema dos nomes próprios e da função de nominação, entre Real, Simbólico e Imaginário.

b. Substituir a ausência pelo "da" a presença pelo "*fort*", negando reciprocamente elementos da experiência. Neste caso encontramos os esforços de construção, típicos da identificação tal como vemos no movimento da pulsão e nas teorias sexuais infantis.

c. Substituir a experiência passiva da ausência materna pela experiência ativa da manipulação deste signo–instrumento. Neste caso o carretel é o embrião da função dêitica, decisiva para a

CHRISTIAN DUNKER

dimensão formativa do simbólico. Esta função é o suporte do mito individual do neurótico, que Freud chamava também de romance familiar do neurótico, que se transmite ao modo de um nome próprio, no espaço das estruturas de parentesco.

O carretel, tem uma função equivalente ou proto-equivalente à de uma letra. Ele é uma marca representativa que pode ser apagada, pois o carretel é posto em ausência. Ele é o suporte material da palavra, uma vez que o carretel é posto em um movimento que é ao mesmo tempo narrado pela criança, como *fort* (aqui) e *da* (lá). Aqui o carretel responde na função de signo, ou seja, aquilo que representa algo para alguém. Finalmente, o carretel confere unidade à experiência do desejo, pois antecipa e supõe a expectativa de retorno da mãe, permite que a criança reconheça a mãe metafórica e metonimicamente, se dando conta de que "é isto" que ela quer. Chegamos ao significante e à função fálica. Vemos assim como a experiência do transitivismo reaparece de forma cruzada em sua dimensão dêitica (metafórico-metonímica), em sua função de negação (a rasura entre presença e ausência) e em função de nomeação (a letra como litoral entre saber e gozo).

Capítulo IX

HIPÓTESE SOBRE A AQUISIÇÃO DA ESCRITA

Zelma Bosco[86], ligada ao grupo de Cláudia Lemos na Unicamp, desenvolveu essa ideia da aquisição da escrita a partir de três posições que a criança enfrentaria com relação a noção de letra, no sentido lacaniano que acabamos de apresentar. E ela estudou o problema tomando por ponto de partida justamente a escrita do nome próprio. Há três tempos da entrada na escrita, que podemos agora ler com nossa hipótese acerca das relações entre transitivismo e letramento:

a) Antecipação do outro, que atribui significação a manifestações gráficas expressivas da criança. O nome é reconhecido como um conjunto formado por elementos (relação de pertencimento) e partes (relações de inclusão). Este é o problema do *shifter*, que seria necessário para a formação de cadeias e escansões entre palavras escritas. O *shifter* não troca a enunciação no enunciado, mas o sujeito pela posição no discurso alfabético. Trata-se de uma passagem de uma língua para outra (tradução). Segundo a hipótese que Regina Freire, Gisele Gouveia[87] poderíamos ler aqui a inscrição do

---

[86] BOSCO, Z. *A Errância da Letra:* o nome próprio na escrita da criança. Tese de Doutorado, Instituto de Linguistica da Unicamp, 2015.

[87] GOUVEIA G; FREIRE, R; DUNKER, C.I.L. "Sanção em Fonoaudiologia: um

CHRISTIAN DUNKER

gesto de assinatura como uma sanção, que implicaria em apagamento do lugar representativo e figurativo das letras. É isso que permite que a palavra extensa como "formiga" remeta a um animal pequeno, enquanto a palavra pequena "anta" remete a um animal grande. A hipótese antecipa também as propriedades do nome em relação às propriedades do objeto:

"(...) perda da propriedade do nome dessas letras como letras do nome da criança, apaga-se nesta passagem o próprio do nome [ele se torna impróprio?], e como letras se tornam comuns, seus fragmentos podem migrar para a composição de outros escritos".[88]

b. Disseminação das letras do nome para o texto, que coloca para a criança o problema da homografia. É a errância necessária, que já foi definida como "prontidão para alfabetização" e que denota principalmente uma disposição, ou seja, uma orientação para a passagem de um meio (oral-escrito) para outro (transcrição). Surge a série, ou lista, de palavras incluídas e includentes no nome. A leitura fica circunscrita ao próprio sujeito. Podemos dizer que o sujeito se apropria da leitura, na mesma medida em que se desapropria do nome. Ou seja, surge a operação de apagamento pela qual "o nome próprio se torna metáfora do significante fundador do sujeito".[89]

c. Encontros e desencontros do escrito infantil com a oralidade. A criança realiza um reencontro da letra. Ela recalca, soterra e nega a prática individualizada da letra que correspondeu a seu letramento primário. Este deve ser substituído por outro, de caráter coletivo, universal e visível. Há uma passagem de um sistema da escrita (da criança) para outro sistema de escrita (do adulto) (transliteração). Surge a operação de ciframento. O que chamamos de entrada no discurso alfabético aparece aqui como "o laço da estrutura da linguagem com o escrito".[90]

---

modelo de organização dos sintomas de linguagem". *Cadernos de Estudos Linguísticos*, vol. 53, 2011.

[88] GOUVEIA G; FREIRE, R; DUNKER, C.I.L. "Sanção em Fonoaudiologia: um modelo de organização dos sintomas de linguagem". *Cadernos de Estudos Linguísticos*, vol. 53, 2011.

[89] BOSCO, Z. A Errância da Letra: o nome próprio na escrita da criança. Tese de Doutorado, Instituto de Linguistica da Unicamp, 2015, p. 277.

[90] BOSCO, Z. A Errância da Letra: o nome próprio na escrita da criança. Tese de Doutorado, Instituto de Linguistica da Unicamp, 2015, p. 277.

PARTE IV - CAPÍTULO IX - HIPÓTESE SOBRE A AQUISIÇÃO DA ESCRITA

"A série forjada pelas letras do nome parece, então, possibilitar a constituição de uma escrita que permite à criança assumir uma posição com sujeito, neste outro modo de estar na linguagem. Com esta primeira cifração, ela permite a entrada em jogo do escrito".[91]

---

[91] BOSCO, Z. A Errância da Letra: o nome próprio na escrita da criança. Tese de Doutorado, Instituto de Linguistica da Unicamp, 2015, p. 277.

Capítulo X

INVERSÕES

Santo Agostinho, ao discutir o aprendizado da linguagem, introduziu o famoso problema da designação ostensiva. Aponto meu dedo para este quadro na parede e digo: *isto*. Como é possível que o destinatário de minha mensagem leia na relação gesto-palavra, que diz "*isto*", o que deve ser lido. Como saber de que se trata no que está escrito no quadro? Como saber que são as letras e não a cor da parede, o tamanho do tablado, a forma da moldura, o volume da perspectiva, as imagens que nele são desenhadas. Como saber que são as letras reunidas, não as frases, os períodos, os títulos, os acentos, as linhas? Wittgenstein, treze séculos depois, sugeriu que o problema da designação ostensiva não é apenas um problema teórico relativo aos níveis de simbolização e representação, mas um enigma relativo ao uso e à família de jogos de linguagem no qual "*isto*" é capturado. O oráculo da passagem da fala à escrita é que todas as expressões dêixicas como "isto" ou "aquilo", "hoje" ou "amanhã", "eu" ou "você", têm sentidos diferentes conforme a posição do sujeito. Elas são substituídas não apenas por objetos diferentes, mas por regras de substituições distintas. A língua é tal que ali onde eu escrevo não é ali onde eu falo, não é o mesmo suporte de memória. Estão em jogo regras diferenciais de substituição e inversão entre *isto* e *aquilo*, entre *eu* e *outro*, entre *dito* e *escrito*.

Se assumir a língua como fala-escrita é diferente de assumir a língua como discurso alfabético, isso acontece porque se trata de inversões

233

diferentes. Leituras diferentes do "*isto*". Se a criança escreve a partir do outro, este *outro* indica ao mesmo tempo "*como ela*", "*com ela*" e "*lugar de sanção*". São três posições diferentes pelas quais escrita e fala se reúnem na língua. Maneiras distintas pelas quais o sujeito recebe sua própria mensagem invertida desde o Outro.

A inversão que opõe o livro como anteparo ao olhar. Como que a dizer: "*não é você que me olha, sou eu que te olho. Eu te olho fora da classe, mas eu não quero que você inverta a situação e me olhe também*".

A inversão é que permite à criança ler, através da face do adulto, o sentido do ato e da sua relação ao outro. Como que a dizer: "*vocês dois estão juntos nessa, mas sou eu quem decide o que vocês estão fazendo. Sou eu que vou decidir se vocês estão brincando, brigando ou nada fazendo. Mesmo que não tenha ainda sancionado a significação do que vocês estão fazendo, já sancionei, pela minha própria presença, o ato de vocês como um ato*".

Essa inversão permite assumir o que foi lido em outro registro. Ou seja, uma inversão da inversão. A indeterminação da significação do encontro muda a valência da interação inicial entre ver e ser visto, para *fingir* que estou vendo e sendo visto. A inversão da inversão faz com que as crianças assumam sua prática como uma prática lúdica. Agora eles estão brincando. Por outro lado, eles já estavam brincando antes. É a mesma diferença que existe entre a prática de letramento que a criança já tem e a assunção do discurso alfabético. Isso envolve não apenas a gramática do *ver e ser visto*, mas a introdução de um novo espaço de *fazer-se ser visto para um terceiro*.

Schiller talvez chamasse este terceiro tipo de inversão de *estado de jogo*, ou seja, um espaço no qual um determinado regime provisório de verdade, um determinado "*como se*", passa a vigorar. A filosofia analítica da linguagem, inspirada em Kripke, provavelmente chamaria esse conjunto de regras que determinam um estado lógico da linguagem de *mundo possível*. Daí que o espaço lúdico, o espaço estético e a variação semiótica dos sistemas de escrita exerçam papel decisivo para ajudar a criança a entender que o discurso alfabético é um caso particular dos sistemas de escrita. É nesse sentido que podemos ler também a afirmação

PARTE IV - CAPÍTULO X - INVERSÕES

de Lacan de que *"a verdade tem estrutura de ficção"*. Lembremos que *fictio*, em latim, quer dizer exatamente hipótese, conjectura, experimento mental. É isso que Vigostski captou por meio da noção de *zona proximal de desenvolvimento*, e que Bakhtin designava por meio da ideia de *polifonia*. A estrutura de ficção tem efeitos no corpo e na economia do prazer-desprazer. O que está fora dessa economia é simplesmente tomado como indiferente. O que entra nessa economia entra conforme as regras e pelo regime próprio de corporeidade imposto por essa ficção. Daí que as hipóteses que a criança faz sobre a escrita dos outros e sobre a sua própria escrita sejam ao mesmo tempo hipóteses representacionais, e também hipóteses ontológicas.

Chamamos de hipóteses ontológicas aquelas que mudam a realidade própria daquele que as enuncia. Por exemplo, a conjectura sobre a existência de um décimo planeta no sistema solar não altera a realidade própria daquele que a enuncia. Por outro lado, uma hipótese como a de que seu namorado está lhe traindo altera completamente a relação que você tem com este namorado. A *"realidade mesma"* desta relação é alterada pela modificação do regime próprio de ficção e de verdade que a estrutura. As hipóteses que a criança faz sobre o funcionamento da escrita são ao mesmo tempo hipóteses representacionais, pois conjecturam sobre a natureza dos fatos linguísticos, mas também são hipóteses ontológicas, pois mudam o regime de realidade e de localização do sujeito da escrita. O inconsciente, como conjunto de efeitos éticos no tempo, corresponde a uma espécie de hipótese pragmática, pela qual mundo e linguagem se articulam.[92] Alteram sua posição no mundo: se ele responde ou não ao desejo do adulto de que ele escreva, se ele se inclui ou não na classe dos que já leem, se ele é capaz de inscrever sua experiência corporal nessa nova forma de satisfação.

Vemos assim como a sanção do adulto é fundamental ao articular as três gramáticas de inversão. Ela atualiza o problema originário da escrita, a saber, a designação ostensiva de um *"isto"* indeterminado sobre o qual a criança opera desenhos, traços, rasuras e emassamentos. A negação

---

[92] DUNKER, C.I.L. *Tempo e Linguagem na Psicose da Criança*. Tese de Doutorado, Instituto de Psicologia da USP, 1996.

CHRISTIAN DUNKER

facultada pela palavra falada requer um tipo de inversão específica, que vai do primeiro gesto semântico descrito por Spitz, (geralmente o sinal de não feito com a cabeça), ao uso dos pronomes negativos e das expressões discordanciais.

Mas a negação na língua escrita é outra coisa. Consideremos a fala como uma série ou um tipo de fio, cuja ponta ora está com um ora está com outro. Ou então como aquelas brincadeiras de pular elástico ou cama de gato, pelas quais os fios vão se embaralhando. Cada palavra vem uma depois da outra e não há como contrariar essa regra. Você pode dizer primeiro "sim" e depois "não" e depois "sim" novamente, mas é sempre a última que determina o sentido das anteriores. Ora, na escrita essa regra não vale. Eu posso fazer um traço, e depois colocar outro traço em cima, transformando a letra "i" em letra "t". Eu posso inverter traços por rotação, transformando o "p" em "b", o "b" em "q" e assim por diante. A negação no sistema de escrita envolve procedimentos como rasura, sobrescrita e apagamento. Se na língua e na fala cada elemento define-se por sua diferença e por sua negatividade com relação a todos os demais, na escrita cada elemento envolve uma identidade, e é o domínio dessa identidade que se obtém pela entrada no discurso alfabético. A estrutura da linguagem escrita está mais próxima, nesse sentido, do uso da linguagem que encontramos no cinema do que do diálogo verbal ou no livro.

É importante reter este fato em nosso exemplo. O adulto se cala. Ele produz um gesto facial, que a criança lê. Introduzo esse exemplo para mostrar como a criança é capaz de ler, muito antes de ingressar no processo formal de alfabetização. E ler aqui não é sinônimo de produzir sentido sobre imagens, atribuir significação a objetos ou orientar-se pela troca de signos. A criança lê porque escolhe quais signos, que aparecem em copresença, farão parte da mensagem. Antes mencionamos que o sujeito da escrita está mais próximo das artes do gesto, como a escultura, a dança, que são também caracterizadas por um tipo de escansão ou de segmentação das partes do movimento.

Podemos agora reinterpretar o problema do anacronismo do sujeito viso-motor pensando que quanto a esse aspecto as práticas de letramento

236

PARTE IV - CAPÍTULO X - INVERSÕES

efetuadas pela criança, antes de sua entrada e fixação no discurso alfabético, são um análogo da linguagem do cinema. Assim como no cinema, nesse empreendimento coletivo, lúdico e estético, a criança tem que, a cada momento, resolver três problemas práticos, que são também os problemas daqueles que fazem e assistem filmes, a saber: enquadramento, plano e montagem. Em nossa cena-exemplo, o foco no rosto do adulto, a inversão de campo da brincadeira junto ao vidro para o rosto do adulto são decisões de enquadre, tomadas pelo sujeito da escrita antes de sua posição pré-alfabética no discurso. Há também decisões quanto ao tipo de plano no qual a leitura se faz: se ela é tomada em plano curto, como mensagem "subjetiva" que aproxima o signo induzindo interiorização, como no caso do livro interposto ao olhar da menina; ou uma mensagem em plano médio, que convida para a ação, quando os dois brincam juntos de empilhar livros; ou ainda uma sequência em plano longo, que modula a distância emotiva necessária para a leitura da cena, lendo assim a reticência na face do adulto. Finalmente, não há cena de leitura sem montagem. É o que os teóricos da educação chamam de aprendizagem significativa ou contextualizada. A linguagem do cinema nos lembra que também os contextos não são naturais, mas escolhidos de modo a contar uma determinada história. A montagem significa que, necessariamente, muitos aspectos e perspectivas de uma determinada situação devem ficar de fora. Outros, por sua vez, precisam de uma trilha musical composta por sentimentos de familiaridade ou estranheza, por atmosferas afetivas e por efeitos emocionais especiais como estrondos e surpresas. A essência da montagem, assim como a essência de um contexto, está no corte que ele introduz com relação a outros. Em nossa cena-exemplo há três cortes: aquele introduzido pelo olhar da menina (que muda a primeira sequência), aquele introduzido pela queda dos livros (que suspende a cena) e aquele constituído pelo traço facial indeterminado do adulto.

Capítulo XI

CONFUSÃO DE LÍNGUAS ENTRE ADULTOS E CRIANÇAS

Consideramos que o sujeito da escrita é o sujeito que responde à configuração específica de um sistema de traços, segundo regras de produção que lhes são próprias, para que tomamos o caso das regras de inversão. Quando a criança lê, ela toma posição como sujeito de escrita. Os traços esculpidos no rosto do adulto, no olhar de seu coetâneo nos levariam a pensar em uma espécie de código natural expressivo composto pela paralinguagem. Este é o sentido fundamental da noção de letramento desenvolvida por Emília Ferreiro e Ana Teberosky.[93] Em suas diferentes montagens, pré-silábica, silábica, silábica-alfabética e alfabética, a língua escrita se apresenta em sequências que formam conjuntos ordenados (enquadres) e ordenamentos de conjuntos (planos-sequências).

"A leitura do mundo precede a leitura da palavra, daí que a posterior leitura desta não pode prescindir da leitura daquele (a palavra que eu digo sai do mundo que estou lendo, mas a palavra que sai do mundo que estou lendo vai além dele. (...) Se for capaz de escrever minha palavra, estarei de certa forma transformando o mundo. O ato de ler o

---

[93] FERREIRO, E; TEBEROSK, A. *A Psicogênese da Língua Escrita*. Porto Alegre: Artes Médicas 1985, p. 284.

CHRISTIAN DUNKER

mundo implica uma leitura dentro e fora de mim. Implica na relação que eu tenho com este mundo".[94]

Como também observou Paulo Freire[95], a criança é leitora, ou seja, sujeito da escrita, antes da entrada em um sistema de escrita específico que é determinado por um código alfabético de uma língua específica. O sujeito da escrita é condição do alfabetizando. Segundo o consenso socioconstrutivista, alfabetizar-se é reconstruir o código normativo a partir de sucessivas transformações no sistema de escrita no qual a criança já está instalada, e ainda, acrescentemos agora, permitindo autonomizar um determinado sistema de escrita com relação à outros sistemas de escrita e com relação à dialética da fala. É por isso que cada criança aprenderá a ler e escrever alfabeticamente de modo diferente de outros, de modo próprio podemos dizer. Apesar disso existem certas regularidades, caminhos típicos e condicionalidades.

Aprender a usar o alfabeto pode ser descrito como um confronto de línguas, uma guerra de dominação, uma batalha cultural. Em 1933, o grande psicanalista húngaro Sandor Ferenczi descreveu em detalhes a violência envolvida nesta *Confusão de Línguas entre Adultos e a Criança*.[96] Trata-se de um processo de colonização, no qual o bárbaro aspira possuir os poderes e virtudes da língua dos mais poderosos, ao passo que sua própria forma de escrita tem que ser negada para que isso venha a acontecer.

---

[94] FREIRE, P. *Abertura do Congresso Brasileiro de Leitura*. Campinas, 1981.

[95] FREIRE, P. *Cartas à Cristina:* reflexões sobre minha vida e minha práxis. São Paulo: UNESP, 2003, p. 9-10.

_____. *Cartas à Guiné-Bissau:* registro de uma experiência em processo, 4ª ed. Rio de Janeiro: Paz e Terra, 1984, pp. 84 e 102.

_____. *Pedagogia da autonomia:* saberes necessários para a prática educativa, 25ª ed. São Paulo: Editora Paz e Terra, 2002, pp. 16, 43 e 54.

_____. *Pedagogia da indignação:* cartas pedagógicas e outros escritos. São Paulo: Editora UNESP, 2001, p. 66.

_____. *Professora Sim, Tia Não:* Cartas a Quem Ousa Ensinar, 10ª ed. São Paulo: Olho d´Água, 2000, pp. 17, 19, 36, 48, 66 e 67.

_____. *Pedagogia do Oprimido*, 17ª ed. Rio de Janeiro: Paz e Terra, 1987, p. 21.

[96] FERENCZI, S. *Confusão de Línguas entre Adultos e a Criança*. São Paulo: Martins Fontes, 1992.

PARTE IV - CAPÍTULO XI - CONFUSÕES DE LÍNGUAS ENTRE...

É preciso que o adulto sancione o letramento da criança, pois este é um ato de reconhecimento que não a torna *sujeito da escrita*, mas que a torna sujeito de *uma determinada escrita*, a do adulto. É quando o *"seu jeito"*, consoante às suas hipóteses sobre o funcionamento da escrita, é sancionado que ela pode progredir rumo ao reconhecimento de que essa sanção é indeterminada. Assim como o aprendiz de linguagem, imaginado por Santo Agostinho, ela não sabe o que está sendo sancionado na sua escrita. O que exatamente está sendo apontado pelo dedo do adulto. O tamanho da letra, sua ordem, sua posição... talvez seja sua cor, ou mesmo que ela esteja aí representada pela inicial de seu nome. Mas diante de tantas indeterminações ela pressente o duplo caráter dessa designação ostensiva. Ao mesmo tempo ela individualiza essa escrita como uma escrita, e segrega essa escrita que é "só sua" daquela que é "para-todos". Ou seja, o *"seu jeito"* é apenas o *"seu"* e o saber da escrita é um gozo suposto para-todos. É uma experiência que altera a gramática de satisfação da criança. Ela pode ver nos colegas e adivinhar no olhar adulto que está sendo privada de um saber.

Saber e *sabor* possuem a mesma origem na história da língua, nos lembra Roland Barthes. Ainda está por se estudar as profundas alterações que a criança que está entrando no discurso alfabético enfrenta no que diz respeito às suas relações alimentares. Experimentar, não experimentar, escolher, recusar, preferir, restringir; são todas operações que frequentemente se alteram de forma dramática e homóloga entre o processo alimentar e o processo de letramento e exploração das hipóteses sobre a escrita. Ainda está por se demonstrar como as hipóteses sobre a escrita são, paralelamente, hipóteses não apenas sobre o funcionamento do corpo-organismo, mas hipóteses sobre o funcionamento da economia entre satisfação, prazer e gozo.

Portanto, quando a criança reconhece o caráter indeterminado da sanção do adulto, ela sanciona também o caráter parcial de sua própria escrita, e logo da forma de satisfação que lhe é atinente. Retrospectivamente, quando ela descobre que o *"seu jeito"* é apenas *"seu"*, isso se lhe apresenta como uma descoberta fundamental: *os adultos mentem*. Adquirir a língua escrita secreta dos adultos é, portanto, ser capaz de mentir. Essa é a dialética fundamental das teorias sexuais infantis. Os adultos mentem,

241

CHRISTIAN DUNKER

por isso e só por isso é preciso que eu mesmo descubra, segundo minhas próprias hipóteses, como formar um saber sobre a escrita. Considerar que o cenário do choque de civilizações entre adultos e crianças é um cenário agonístico, implica tomar como problemático alguns aspectos caros às aspirações civilizatórias da educação. Se comparamos a alfabetização a um empreendimento colonial, similar à conquista da África pelas potências europeias, ou a dominação da América pelos países ibéricos, veremos que aqueles que se entregam alegremente às promessas de um mundo melhor estão padecendo de um potencialmente estranho desejo de submissão e conformidade. Aqueles que querem logo aprender, para passar assim que possível para o mundo dos adultos, estão soterrando rápido demais seus ídolos locais, seus próprios fetiches de escrita.

Nesse caso, pode-se falar, simplesmente, para opô-la à regressão de que falamos de hábito, de progressão traumática (patológica) ou de prematuração (patológica). De quem é essa citação?

Tal qual o bebê sábio que precisa crescer cedo demais para o outro, tornando-se assim, como adulto, presa fácil do terrorismo do sofrimento, o nosso pequeno bárbaro que se entrega ao discurso alfabético sem lutar até o fim, não fará parte das estatísticas de fracasso escolar. Nenhuma agência estatal, nenhuma secretaria da educação, nenhum livro de psicopedagogia se ocupará deste que se rendeu cedo demais. A própria vida se encarregará disso por meio de uma relação com o saber marcada pela falta de sabor. Serão seus futuros coetâneos adultos que se queixarão de uma relação de saber orientada pela exibição, pela hierarquização e pela opressão de classe. Serão seus filhos, ainda não nascidos, que sofrerão com a reprodução transgeracional desse princípio de desempenho.

Há aqui uma política para tratar da confusão de línguas entre adultos e crianças, política que pode ser apenas a continuação da guerra por outros meios. Ainda está por se estudar as evidentes relações clínicas entre o apressamento da alfabetização e a permanência de efeitos sintomáticos de longo prazo como a depressão e a hiperatividade. O desrespeito e intolerância, gerados pelas expectativas de desempenho dos pais, dos professores, da escolas, das políticas públicas e dos índices internacionais, que equivalem o progresso civilizatório à rapidez de erradicação

PARTE IV - CAPÍTULO XI - CONFUSÕES DE LÍNGUAS ENTRE...

do analfabetismo, têm consequências deletérias para a formação de subjetividades dóceis, sem tempo para a resistência necessária, nem para a reacomodação do sujeito a este novo registro da linguagem. Tudo leva a crer que o que se ganha em meses, nessa patologia social que é a alfabetização precoce, se perderá em crônicas dificuldades escolares e subjetivas de longo prazo.

A entrada no discurso alfabético é uma espécie de trauma desejado pelo próprio sujeito, requerida pela nossa civilização, mas nem por isso uma travessia menos perigosa.

É um trauma no sentido de uma perda necessária e de valor constituinte. Trauma que inaugura a entrada em uma nova esfera de repetições. Trauma no sentido de um *troumatisme* (trauma–verdade), de acordo com a expressão de Lacan. Os métodos antigos de alfabetização, como o silábico e o fonético, não são ruins por si mesmos. Sabemos que há crianças para os quais eles são parte de sua própria teorização. Mas, administrados como um exercício fora do tempo e do espaço deste sujeito da escrita, sem a estrutura de ficção que lhes seria atinente, eles funcionam como as aulas de educação sexual para crianças, propugnadas precocemente em várias de nossas escolas pós–modernas. Ou seja, o *discurso sexual do adulto não esclarece as crianças*, mas serve-lhes de matéria prima para eventuais conjecturas e refutações. Por exemplo, uma criança exposta a esse discurso se sai com a seguinte especulação: "*o espermatócito cospe na barriga da mulher, a barriga da mãe espirra um ovócito dentro do saco do pai, dali ele vai de volta para a barriga da mãe. Mas... essa última parte eu ainda não entendi muito bem*". Clara condensação entre a teoria sexual infantil baseada na hipótese de que as mães ficam grávidas porque comeram uma substância "perigosa", com a teoria sexual do adulto educativo, que introduz termos como *espermatozóide* e *óvulo*. Observemos como a criança introduz um traço, que deve ser lido com a intrusão do sistema de escrita no interior da oralidade. Os dois termos da diferença sexual são equalizados pela terminação "*ócito*", presente em "espermatócito" e "ovócito". O que é um "*ócito*"? Podemos supor que um "*ócito*" é algo semelhante ao "*isto*", de Santo Agostinho, ou seja, um traço para ser lido, como a linha horizontal que deve ser lida contra a linha vertical para formar a letra "*t*".

CHRISTIAN DUNKER

Voltemos à descoberta fundamental de que, no processo colonial que une e opõe adultos e crianças em torno da alfabetização, os adultos mentem. Os adultos mentem sobre o gozo da língua, assim como, por mais prestativos e ternos que sejam, eles mentem sobre a sexualidade. Eles escondem alguma coisa. A criança não descobriu ainda que eles mentem porque não sabem tudo sobre o que lhes determina o desejo. Suas respostas diante de perguntas simples e diretas tais como: *por que você se casou com mamãe?* Mostram-se simplesmente implausíveis, vagas ou desviantes. Eles mesmos não passariam se lhes fizéssemos uma prova para valer sobre esta matéria – pensam as crianças. Logo, como diria o doutor Gregory House (da série de televisão homônima), os adultos, como todo mundo, mentem. Saibam eles ou não disso. Essa descoberta é ao mesmo tempo uma decepção e uma grande conquista. Se o outro mente, eu também posso fazê-lo. Surge assim a dimensão do segredo, da intimidade e da privacidade. Surgem assim os chamados sentimentos sociais como a vergonha, a culpa e o nojo. Surge assim o sabor pela intriga narrativa, pelo mistério que tornam as bruxas e vilões os personagens preferidos das histórias infantis. A possibilidade de que a história possa ser outra e de que eu mesmo posso ter outra história é uma grande conquista que acompanha a batalha da escrita.

A escrita, ao contrário da fala, é um ato solitário. Falo com o outro determinado e encontro nele o Outro indeterminado. Falo comigo mesmo e assim me torno estranhamente familiar. Com a escrita é o contrário. Escrevo para um Outro determinado (pelo código de escrita, pelas regras de gênero) e encontro nele o outro indeterminado, o que poderíamos também chamar de Outrem. Afinal escrevo em forma de carta. É este o enquadre fundamental. Encontro-me assim com outro determinado, aquele que se toma como destinatário desta mensagem.

Claudia Lemos[97] e seu grupo descreveram três posições do sujeito no processo de aquisição da fala. Na primeira posição a criança repete a fala do adulto reempregando seus restos metonímicos. Na segunda

---

[97] DE LEMOS, C.T.G. *Língua e discurso na teorização sobre aquisição de linguagem.* Letras de Hoje, p. 102.

PARTE IV - CAPÍTULO XI - CONFUSÕES DE LÍNGUAS ENTRE...

posição ela parece regredir seu desempenho, reencontrando-se como autora de sua fala em atos de autocorreção. Na terceira posição ela é capaz de alternar processos metafóricos e metonímicos. Ora, o processo de aquisição da escrita alfabética é diferente disso, pois a criança já escreve. Portanto o primeiro tempo deve ser contado como o reconhecimento disso, que se dá pela descoberta de que os adultos mentem, escondem e não sabem tudo. O segundo tempo é o confronto ou confusão entre línguas, o momento da disputa em torno do *"isto"*. O terceiro tempo é a reconstrução do sistema de escrita ao modo de um discurso e a invenção de uma nova economia libidinal. Aqui o outro imaginário e o Outro simbólico se articulam nesse destinatário da escrita, que é o Outrem.[98]

---

[98] DUNKER, C.I.L. *Por uma Psicopatologia não Toda*. São Paulo: Nversos, 2010.

Capítulo XII
CONTAR EM ESPELHO

Três anos depois do texto de Ferenczi, no congresso psicanalítico de Marienbad, em uma comunicação oral cujo texto escrito foi perdido, Jacques Lacan introduz a noção de sujeito em psicanálise. Pensando a partir das experiências e observações de Wallon acerca da relação da criança com sua imagem, Lacan apresenta *O Estádio do Espelho como Formador da Função do Je tal como nos Revela a Experiência Psicanalítica*.[99] Há três posições que a criança atravessa para constituir o eu como negação:

A imagem como alteridade. É a atitude dos animais que reagem à própria imagem como se se tratasse de outro semelhante. Vigora, nessa atitude, uma disposição discordancial, agressiva e fascinatória para com o outro, que Bühler atribui às crianças com menos de um ano de idade, mas não quando a diferença de idade entre elas supera três meses. É a atitude de nosso menino que é flagrado pelo olhar de uma menina passando pelo corredor. Ele se esconde do olhar. Um olhar que aparece onde não devia, afinal ele estava brincando, fascinado com a própria reflexão dos livros contra o vidro ao lado da porta. Um jogo solitário

---

[99] LACAN, J. "O Estádio do Espelho como Formador da Função do Je tal como nos Revela a Experiência Psicanalítica". In: *Escritos*. Rio de Janeiro: Jorge Zahar, 1998.

de aparecer e desaparecer. Reação de júbilo, reencontro e unidade que o bebê pequeno mostra quando *"descobre sua própria mão"*. Sabemos que importância isso tem para a fala. É a matriz do primeiro gesto semântico (negação), da primeira oposição necessária para a inserção frasal da troca de turnos, da orientação e resposta para a mensagem prosódica da mãe. Mas o que esse momento significa para o sujeito da escrita? Podemos supor que é o tempo no qual a criança é capaz de localizar unidades, fazer o fechamento de conjuntos, como a figura circular. É o tempo em que ela pode contar "um", às vezes anunciado pela designação ostensiva, do tipo *"au-au"* ou *"tuti-tuti"*. Pode valer, pragmaticamente, para *"au-au"* a classificação borgiana dos animais de uma antiga enciclopédia chinesa:

(a) Pertencem ao imperador, (b) embalsamados, (c) domesticados, (d) leitões, (e) sereias, (f) fabulosos, (g) cães em liberdade, (h) incluídos na presente classificação, (i) que se agitam como loucos, (j) inumeráveis, (k) desenhados com um pincel muito fino de pelo de camelo, (l) et cetera, (m) que acabaram de quebrar a bilha, (n) que de longe parecem moscas.[100]

Estamos aqui nós mesmos presos no problema da designação ostensiva *"disto"* que é apenas outro nome para *"tuti-tuti"*. Para ler é preciso contar e para contar é preciso discernir relações de pertinência quanto à ordem e classe. O primeiro tempo do sujeito da escrita corresponde ao reconhecimento da marca como traço, ou seja, de que há formas que se repetem. E que essas formas se agrupam em conjuntos: letras. A classe das letras (discernida em relação a outras classes de traços) e a ordem das letras (ordinal e cardinalmente capazes de produzir unidades sucessivas e simultâneas) se combinam nessa primeira gramática da formação e fragmentação do *Um*.

No segundo tempo da relação da criança com a imagem, essa funciona como suporte de uma experiência chamada de transitivismo. O transitivismo implica uma indeterminação entre o agente e o paciente da ação.

"Atribuir a *outrem* o que nos é próprio resulta de uma ilusão que Wernicke chamou de transitivismo, de ocorrência bastante comum

---

[100] FOUCAULT, M. *As Palavras e as Coisas*. São Paulo: Martins Fontes, 1966.

PARTE IV - CAPÍTULO XII - CONTAR EM ESPELHO

entre alienados. A origem desta confusão seria, na sua opinião, a impossibilidade de compreender outrem a não ser por comparação a si própria. O sujeito cuja mentalidade se modifica sem que ele tenha consciência disso atribui o desacordo que ele sente acontecer entre seu círculo e ele, a mudanças que são de outra pessoa, já que ele não acredita que sejam dele. Seu erro seria em suma, o do navegador que vê a margem se pôr em movimento ao se afastar dela".[101]

A criança bate no amigo e sai correndo para dizer à mãe que foi o seu amigo quem lhe bateu. Contudo, insiste Lacan, ela não está mentindo. Não se trata nem do egocentrismo piagetiano, nem do heterocentrismo vigotskiano, mas da perda da noção de centro, da indeterminação da relação entre centro e periferia. O mesmo se poderia dizer da segunda sequência em nossa cena da escrita: o menino se esconde mostrando e se mostra escondendo. Ao interpor o livro, ele captura o interesse da menina. Mas, inversamente, e sem que se saiba quem está respondendo ao que, o interesse dela também o faz interpor o livro. São os jogos de presença e ausência como esse que se pratica contra o olhar da parceira intrometida. São deslocamentos metonímicos que criam objetos que representam a própria discordância ou o amor que a nega. Seu homólogo na relação da organização de letras são as inúmeras inversões cognitivas e simbólicas das quais o sujeito da escrita é um efeito: palavras extensas correspondem a coisas grandes, palavras pequenas a coisas pequenas; letras se acumulam da direita para esquerda ou o contrário, letras em espelho ou em reverso. Mas de todas as inversões necessárias entre escrita e leitura há uma que ocuparia lugar fundamental, por ser ao mesmo tempo síntese e condição para todas as outras: a simbolização da negatividade. Se o primeiro tempo da imagem é o tempo em que se pode contar "um" ou "não um", o segundo tempo é o tempo em que se deve contar o "vazio" e o "zero". Há duas formas de negação que se sedimentam aqui:

O intervalo, que delimita a separação espacial entre letras, sílabas, palavras e frases. O espaço vazio na folha deve ser enquadrado para que as letras se tornem figura. Isso significa introduzir a noção de borda, que é uma

---

[101] WALLON, H. *La conscience et la vie subconsciente* (1920-1921), 1942.

das funções fundamentais da letra. A letra faz borda, não apenas porque ela separa o dentro do fora, mas porque ela deve ser *lida como borda*, como corte ou intervalo. É como o silêncio que torna toda música possível.

A rasura que faz do apagamento do traço não um "não traço", mas um "outro traço". A rasura é uma espécie de resíduo da operação de apagamento, de que estamos diante e uma operação de negação material diferente da interpolação de um gesto ou de uma palavra. É como a conjunção de notas musicais que formam um mesmo som, ou seja, um acorde.

Finalmente, no terceiro tempo da relação da criança com a imagem, ela adquire significação como representante do valor simbólico de "si". Essa *realização simbólica da imagem* permite contar o eu, que é duplo, como um. Contar a si mesmo *como um* é, paradoxalmente, articular a ordem do vazio (espaço, intervalo, distância perceptiva) com a classe à qual pertence o zero (o não um, a rasura do um, o apagamento do um). Ou seja, só há um eu, quando ele pode se reconhecer como dois. Uma experiência de dualidade repleta de consequências para a fala. É o que se obtém, em nosso exemplo, pela leitura da expressão paradoxal de sorriso tolerante e de testa de repreensão. Reconhecimento de uma indeterminação de sentido quanto ao que significa o que os dois estão fazendo na investigação da porta de vidro. Reconhecimento de que o que os dois estão fazendo é "uma coisa só". Eles estão brincando, fazendo arte, brigando, fazendo barulho, perturbando a ordem, investigando, teorizando. Ou seja, não importa tanto a significação do ato, mas que ele seja sancionado como um ato. O sujeito da escrita se causa por contar este ato como "um" ato, em uma determinada sequência que é capturada pelo Outro. Para ler este ato como "não outro", o sujeito precisa para ler o "vazio". Precisa ler o "zero", a valência neutra ou indeterminada, representada por todas as outras reações que poderiam ter vindo e não vieram. Quando estas duas posições de escrita são articuladas temos a montagem de uma terceira posição, a saber, a posição na qual ele pode contar "menos um" (-1). É essa a condição de exploração do espaço estético, lúdico e discursivo da alfabetização. É a integração do conjunto de hipóteses que levaram à descoberta da escrita em um universo, ele mesmo hipotético, facultado pela escrita.

PARTE IV - CAPÍTULO XII - CONTAR EM ESPELHO

Quando isso é possível, há o que se pode chamar de *entrada nos discursos*, na acepção lacaniana de discurso. Ou seja, menino e menina podem realmente compartilhar um espaço de ficção que é sancionado por Outrem, como nosso exemplo inicial ilustra. Um espaço que tem estrutura de verdade, ou seja, comporta a mentira. Um espaço que tem o real como causa, ou seja, comporta uma satisfação ou gozo que é capaz de ser escrito. Escrever o gozo é criar um litoral dele com o saber, e já vimos que este saber é o saber inconsciente.

Este saber deve ser pensado em paralelo com a angústia e com a apropriação do corpo próprio. Há uma angústia específica da alternância entre fazer "um" ou fazer "não um". Há outra angústia diferente quando se trata de localizar o "vazio" e de contar o "zero", é a angústia de não saber o que conta na escrita, quais são os traços que fazem diferença e quais são os traços não diacríticos. Há ainda a angústia de indeterminação, própria do terceiro tempo, quando se trata não mais de operar a escrita, mas de reconhecer-se como escrevente.

Este terceiro momento tem efeitos de autoria. A diagnóstica prática dos alfabetizadores sabe reconhecer com clareza esse momento mágico no qual a escrita acontece. E ela acontece toda de uma vez. Esse ponto de passagem no qual a criança já "entendeu como funciona" e "sabe fazer funcionar", mas ainda não sabe que sabe. Escrever na língua do Outro é suprimir e rasurar uma escrita anterior. Daí que escrever, no sentido da alfabetização, seja um processo semelhante a um novo recalque. Fazer passar as demandas por esse desfiladeiro, desse código.

Esse saber inconsciente deve ser entendido ao mesmo tempo como teoria, ou seja, um saber *"como se"*, e como um saber que não se sabe a si mesmo como saber, ou seja, como uma prática de gozo. Saber brincar é brincar de saber.

Capítulo XIII
O DISCURSO ALFABÉTICO

Entre 1939 e 1941, seis anos depois do texto de Ferenczi sobre a confusão de línguas e três anos depois da apresentação oral de Lacan em Marienbad, o linguista Roman Jacobson é exilado na Suécia e na Noruega. Longe de sua língua materna, ele escreve em alemão o ensaio *Linguagem Infantil, afasia e universais fonológicos*. Embrião e precedente do artigo clássico sobre *Os dois tipos de afasia e dois tipos de funcionamento da Linguagem*,[102] que foi a pedra de disseminação do método estruturalista em ciências humanas, nos anos 1960. O artigo sobre a linguagem infantil nos convida a um entendimento do cruzamento entre escrita e fala como uma vicissitude específica da língua. É a língua assumida por alguém e restituída em seu universal de linguagem. Este universal foi muitas vezes confundido com o infinito da potência falante, do recém-nascido que pode vir a falar qualquer língua.

"(...) em seus balbucios, uma criança pode acumular articulações que nunca serão encontradas em uma única língua, ou mesmo um grupo de línguas: consoantes com os mais variados pontos de articulação, consoantes palatalizadas e redondas, sibilizantes, fricativas, cliques, vogais complexas, ditongos e assim por diante".[103]

---

[102] JACOBSON, R. "Two Aspects of Language and Two Types of Aphasic Disturbances". Nova York: 1957. *Selected Writings II – Word and Language*. Paris: Mouton, Haia, 1971.

[103] JACOBSON, R. "Two Aspects of Language and Two Types of Aphasic Disturbances". Nova York: 1957. *Selected Writings II – Word and Language*. Paris: Mouton, Haia, 1971

CHRISTIAN DUNKER

Não há limites para o ápice do balbucio (*Blüte des Lallens*). Há um infinito de sons que se particularizam em um finito irreversível de uma língua. Um infinito chamado lalação (*Lallens*) que é contraído para um finito articulado de oposições. Um infinito que é negado por uma operação de soterramento necessária para a emergência da fala. O que Lacan chamou de lalíngua (*lalangue*) não é a lalação, mas o homólogo da lalação em termos de escrita. *Lalíngua* é um sistema de traços que separa gozo e saber, fazendo entre eles litoral. O recalcamento gerado pela normatização da escrita é uma rasura do sistema de escrita anterior, do qual o sujeito da escrita seria um efeito. Mas ao contrário da perda do fonema das línguas não instituídas no estrato da fala, o sistema de escrita anterior permanece e pode ser recuperado. Na verdade, a escrita alfabética submete todas as outras formas de escrita e leitura, todas as escritas de *lalíngua*. Não há, portanto, um sujeito da alfabetização. O que chamamos de sujeito alfabetizado, funcional ou semi-funcional, é na verdade o usuário de um discurso. Não é uma forma do sujeito, mas um estado normalizado do gozo. Um saber-fazer que já vem pronto na sua forma: um modo de produção. A resistência à escrita, e ela existe muito comumente, é uma tentativa de manter finito um sistema particular de traços (a escrita familiar). Ao contrário da aquisição da fala, na qual se perdem fonemas, na escrita se fixam letras, cuja forma se universaliza.

Quando Victor foi recolhido na floresta francesa perto de Aveyron ele tinha por volta de oito anos de idade.[104] Ninguém entendia como ele podia ter sobrevivido sozinho na selva por tanto tempo. Em 1793, sete anos antes da descoberta de Victor de Aveyron, a palavra "educação" surge pela primeira vez na constituição francesa. Apesar de todos os esforços de Jean Itard, este aluno de Pinel, fundador do alienismo, apesar da dedicação de sua amorosa governanta, Victor nunca consegue falar. Seria isto um déficit cognitivo ou uma espécie de *imprinting* linguístico que impede aqueles que nunca foram expostos à língua alguma, se tornarem capazes de torná-la um discurso? Curiosamente Victor aprende a escrever, fazendo marcas legíveis nos diferentes experimentos pedagógicos

---

[104] REIS, M. L. "Victor de Aveyron". *In: Coleção Casos Clínicos*. Duetto, 2011.

PARTE IV - CAPÍTULO XIII - O DISCURSO ALFABÉTICO

e exercícios propostos por Itard. Ele lê, mas não se alfabetiza. O contra exemplo é dado pelas irmãs que igualmente abandonadas na selva conseguem falar. E a sobrevivente conta como assassinou a irmã em função da disputa por um objeto. Seria a presença da coetânea, sua irmã, o aspecto decisivo do processo? Sem um outro, não anônimo, a passagem de *lalíngua* não se dá? Mas isso significaria ler o balbucio infinito da criança já como um diálogo.

"(...) porque não há letra sem *lalíngua*, é mesmo este o problema, como é que *lalíngua* pode se tornar letra?"[105]

Tentando responder à pergunta de Lacan, talvez *lalíngua* se torne letra pela passagem por um discurso. Afinal o discurso é este dispositivo feito para tratar o infinito de gozo. O que Lacan chama de discurso, na altura dos anos 1968,[106] é um dispositivo de aparelhamento do gozo. Dispositivo significa heterogeneidade de elementos de linguagem (o sujeito, a linguagem, o objeto), reunidos em torno de uma falsa identidade (*semblante*) por uma impossibilidade estruturante (discurso). São quatro os discursos, em função de quatro impossibilidades diferentes: educar, governar, fazer desejar e psicanalisar. Cada tipo de discurso corresponde a um tipo de laço social. E um laço social não é só uma operação de troca comunicacional, mas uma relação que envolve uma economia libidinal e uma organização de poder. É por isso que para entender a alfabetização é preciso entender a resistência discursiva dos alunos que não se deixam colonizar. É preciso entender o discurso da aprendizagem que povoa e forma disposição de condutas e expectativas de desempenho entre os professores. É preciso entender a disciplina do discurso normativo, jurídico que prescreve, administra e regula os usos da escrita. Historicamente a alfabetização reproduz relações de classe, de sexos, de gêneros, de formas de desejo. Escrever é governar e se fazer governar, educar e se fazer educar, é desejar e se fazer desejar. Mas escrever é também sustentar essa divisão entre escrita e fala, por meio de um discurso.

---

[105] LACAN, J. *A terceira*. Associação Lacaniana Internacional, 1974.

[106] LACAN, J. *O Seminário Livro XVII:* o avesso da Psicanálise. Rio de Janeiro: Zahar, 1998.

255

CHRISTIAN DUNKER

De volta ao nosso exemplo, as duas crianças viram-se assustadas quando os livros vão ao chão. Isso escreve um significante mestre na posição de semblante. Significante assemântico ele convoca e se organiza a partir de uma montagem de saber: a face do adulto onde se leem signos contrários, o lugar do destinatário ocupado pelo significante do saber. Os livros, estes objetos sagrados, são feitos para ler ou para brincar? São feitos para barrar o olhar do outro ou para compartilhar um espaço lúdico de solidão? A reação das crianças, entre a surpresa e o pressentimento, já acusa a presença do discurso. É uma escola, não uma casa. E na escola sempre se está regulado pelo que se pode fazer e pelo que não se pode fazer. Tanto o olhar do professor, quanto a expectativa das crianças, e ainda a continuidade do jogo, nos mostram que sem trocar uma palavra falada, o discurso mostrou-se ainda assim eficaz para organizar a situação. Ele coloca o espaço lúdico no lugar do que este discurso produz, ou seja, um objeto indeterminado, como é o objeto *a* causa de desejo, e suas variações. Talvez tenha sido esse o sonho de muitos: um discurso sem palavras. Seria esse um discurso no qual as palavras são desnecessárias ambiguidades induzidas pela oralidade, como em Victor de Aveyron? Seria esse um discurso sem palavras porque na sua ausência prospera a obediência complacente e a servidão voluntária? Ou seria esse um discurso sem palavras porque o gozo estaria escrito pelo discurso? Um sujeito dividido é a verdade desse discurso. É o sujeito da escrita que se torna possível.

Cada discurso se sustenta, segundo Lacan, em determinada estrutura de ficção, ou seja, em certo regime de verdade. Apoia-se no lugar da verdade, o que Lacan chama de semblante, ou seja, a ficção de autoria, a hipótese de assenhoramento da escrita, o agente da escrita, o lugar no qual a heterogeneidade constitutiva do discurso cria uma unidade entre a multiplicidade das vozes que a constituem. Este lugar de discurso chamado de semblante (*semblant*), não deve ser confundido com a posição de sujeito. O sujeito pode se apresentar ocupando o lugar de semblante (como é o caso do discurso da histeria). Mas ele também pode ocupar o lugar de outro (no discurso do analista), ocupar o lugar da produção (no discurso do universitário), ou o lugar da verdade (no discurso do mestre). Entrar em um discurso, no sentido de usar um discurso,

PARTE IV - CAPÍTULO XIII - O DISCURSO ALFABÉTICO

é poder fazer montagens específicas nas quais o sujeito da escrita se deixa ocupar um lugar nos discursos.

Diversos efeitos patológicos podem ser deduzidos da entrada precoce no discurso alfabético. Ela pode fixar a criança ao discurso do mestre, dificultando o giro ou o que Lacan chama de quarto de volta, pelo qual se passa de um discurso para outro. Sem essa deriva de um discurso a outro, vários efeitos indesejáveis são esperados: fixação a um modo de autoridade, ao qual a escrita se restringe; aceleração da articulação entre significantes, com supressão depressiva do tempo do sujeito; holófrase parcial, e consequente debilitação do gozo; dificuldade de articular a escrita com a transferência, uma vez que o giro de um discurso para outro é condição para a produção de um signo de amor (sob o qual se monta a transferência ao saber).

A escrita tem um produto, que sobrevive à cena enunciativa. É o texto, desenho, documento ou registro que tem, como vimos, a estrutura de uma carta. Cada discurso prescreve um tipo de destinatário. Cada discurso, como vimos, tem um tipo de regime de verdade. Cada discurso tem um modo de produção e assim podemos entender a geração de textualidades e gêneros.

E assim a menina pode ir embora, pelo mesmo corredor no qual foi fisgada pelo olhar de seu parceiro, mas agora com a marca infinita de seu aperto de mão.

258

Capítulo XIV

ANALFABETISMO DIGITAL GENERALIZADO

Frequentemente escutamos que o excesso do uso de telas digitais cria um estado generalizado de desinteresse, dispersão e déficit atencional. Parece ser cada vez mais difícil estar concentrado, presente e intensamente dedicado a uma atividade ou interação. Os dispositivos digitais parecem ter um efeito colateral de ausentificação de si, em função de seu convite permanente ao desvio e a multiplicidade de escolhas. Isso já estaria na sua estrutura que é uma espécie de árvore de caminhos infinitos e facilitados. Isso pode ocorrer tanto quando olhamos uma página básica de internet com sua hierarquia de demandas e opções, quanto quando usamos uma rede social organizada ao modo de uma rolagem horizontal ou vertical.

Talvez o problema não esteja apenas neste novo sistema de escrita digital. Talvez ele demande de nós uma alteração substantiva do conceito de leitura. Leitura na qual ainda somos analfabetos.

Na antiguidade clássica formaram-se três formatos básicos que estruturam nossa prática de leitura: o livro, a tela e a arquitetura. No ocidente a forma-livro privilegiou a movimentação do olhar da esquerda para a direita e de cima para baixo, alternada por movimentos das mãos em ritmo página a página. A forma-tela enfatizou a captura do

CHRISTIAN DUNKER

olhar em dupla alternativa: figura ou fundo e detalhe ou padrão. Cada gênero desenvolveu suas regras de recepção e suas armadilhas próprias para o olhar: o perspectivismo renascentista, a contorção barroca, a paisagem romântica. A forma-arquitetural introduz nestas duas experiências a leitura do próprio corpo em sua movimentação no espaço. A arquitetura é o modelo que se poderia chamar de discurso ou envoltório no qual livros, imagens e outros formatos de imagem se tornam possíveis.

Com raras exceções essas três formas de leitura mantêm o olhar do mesmo lado da visão. Ou seja, para um leitor do português o sentido de um livro depende da associação entre a progressão narrativa, distribuída do começo para o fim do texto, e da hierarquia entre o que está à esquerda e acima sobre o que está, a cada vez, à direita e abaixo na página. Seria um pouco contraintuitivo olhar para o conjunto da página e decidir, por exemplo, por qual palavra devo começar minha leitura. Da mesma maneira seria um pouco forçado imaginar alguém que diante de uma tela de Tarsila do Amaral ou Anita Malfatti, faça sua visão percorrer o caminho de uma impressora, linha a linha, percebendo horizontalmente os traços da imagem e gradualmente compondo objetos, temas e assuntos que constituem a tela. Ler imagens não é o mesmo que ler textos, ainda que textos sejam compostos por imagens de letras e seus tipos característicos de impressão.

O sucesso inexplicável de um tipo de letra chamada "helvética", predominantemente usado em anúncios e textos publicitários, talvez possa ser remetido à congruência que esse tipo de letra parece evocar entre a leitura de textos e de imagens em um contexto arquitetural.

Visão e olhar estão associados, mas entre eles há um espaço vazio. Um espaço de tempo subjetivo e objetivo que existe também entre ler e agir. Quem não consegue ler esse espaço lê mal, e lê pior ainda quando do se trata da arquitetura digital. Mais ou menos como na linguagem do cinema onde uma cena de diálogo pode ser filmada mostrando a sucessão de faces dos atores, um de cada vez, e não os dois enquadrados na mesma cena. Nossa experiência de leitura "enxerga" o interlocutor, mesmo que ele não esteja lá. Em outras palavras, o nosso olhar inclui coisas que

PARTE IV - CAPÍTULO XIV - ANALFABETISMO DIGITAL GENERALIZADO

efetivamente nós não estamos vendo. É o que se poderia chamar de fenômeno de completamento de sentido, ou o que o filósofo Marleau--Ponty chamou de "fé perceptiva". Não preciso ver o outro lado do vaso para saber que ele está lá. Minha mão antecipa o volume e a presença de aspectos perceptivos que são opacos ao uso efetivo de meus órgãos dos sentidos. Por isso "escutamos" coisas que efetivamente não foram ditas e "olhamos" coisas que não estamos realmente vendo. Problemas terríveis de leitura acontecem quando eu passo a ler como se estivesse realmente vendo o outro lado do vaso, ou seja, a intenção, o que o outro quis dizer, o que eu já sei sobre o sentido do que está sendo dito. Essa tendência à antecipação e ao fechamento de sentido Lacan chamou de imaginário.

No espaço digital a leitura combina esses três tipos de leitura. Há textos que replicam o formato de um jornal ou de um *ebook*, mas há também leitura de imagens, quando pensamos nos *pop-ups*, nas zonas de clicagem e nas animações. O fenômeno não é novo, um jornal combina leitura de imagens com a de textos, geralmente subordinando imagens aos textos, de acordo com a ideia de "ilustração". A leitura arquitetural inclui as situações de leitura: em casa no café da manhã, no carro ou na sala de espera do psicanalista. No caso da linguagem digital a escala é limitada aos formatos básicos da tela, do *desktop*, do smartphone ou das televisões. Mas a leitura é coordenada por intervenções potenciais e estruturada ao modo de várias conversações ao mesmo tempo. Não é como rabiscar um livro, é como escrever o livro junto com seu autor.

Paulo Freire dizia que a criança já sabe ler muito antes de se deparar com o desafio de ler organizadamente um livro. Aprender a ler e escrever é, portanto, um trabalho de ampliação e desdobramento de um modo de leitura para outro e não a introdução de algo radicalmente novo em alguém que antes era uma tábula rasa. A força dessa teoria reside na simplicidade com a qual ela mostra porque a aprendizagem ocorre muito melhor quando ela opera sobre elementos significativos, do universo de discurso do sujeito, do que quando ela tenta incutir um código estranho e completamente artificial no sujeito. Recentemente o apresentador de televisão Danilo Gentili foi indagado por Marcelo Tas sobre quem era Paulo Freire.[107] Gentili responde que é um ator que usa frases sem sentido, como um estelionatário. Mas ao dar um exemplo de tais frases, depois de muito esforço ele diz: "*Eva viu a uva*". Todo o ensino de Paulo Freire começa pela pergunta sobre a impertinência do uso de cartilhas, do tipo "*Caminho Feliz*" pois estas usam expressões que podem ser muito descontextualizadas, tais como "vovô *viu a uva*" (e não "*Eva viu a uva*"). Ou seja, alguém pode dizer que não tem sentido aquilo que ele mesmo não consegue ler, mas entende assim mesmo.

O exemplo se presta a demonstrar como funcionam os efeitos prolongados do analfabetismo digital. Duas expressões que se encontram em associação constante só podem indicar um efeito de contágio e identidade. Ora, "*vovô viu a uva*" está associado a Paulo Freire por seu valor de negação crítica e não de defesa. Com isso pode acontecer, para além da desinformação e óbvia ignorância?

Podemos ler um texto do modo como lemos imagens. Destacamos o título, pegamos algumas palavras, geralmente em sentido diagonal na sua disposição na página. Focamos no autor. Depois focamos em quem o está apoiando ou desapoiando. Confirmamos e antecipamos isso pela diagramação estética do ambiente em que estamos. Isso determina o contexto de significatividade do que será lido. A tendência, nesse tipo de leitura de textos ao modo de imagens é reencontrar o que já sabemos e a confirmar nossas impressões e preconceitos sobre a matéria. Confunde-se assim o que se lê com o que se entende, naquilo que se diz. O que o texto efetivamente diz fica esquecido por trás do imperativo de produção acelerada de sentido. Isso leva nossa atenção a sair do que efetivamente está escrito e nos orientar, durante o processo de leitura, na reação que queremos produzir em resposta ao que lemos. O mais paradoxal é que alguém que lê dessa maneira está comprovando a teoria de Paulo Freire mais além do que ele mesmo queria. Nunca ocorreu ao autor de "*Pedagogia do Oprimido*" que a mera leitura do mundo, sem confrontação com a realidade, sem mediação com outras leituras, pudesse ser expandida para sancionar uma espécie de teoria generalizada da auto-verdade.

---

[107] Disponível em: (Min 11:30) https://www.youtube.com/watch?v=f1idmxlscoE

PARTE IV - CAPÍTULO XIV - ANALFABETISMO DIGITAL GENERALIZADO

Sim, somos ainda, em grande medida, analfabetos digitais. A ideia de que novas tecnologias digitais poderiam simplesmente sanear os antigos problemas de ensino e superar magicamente nos antigos modelos de educação esbarra neste pequeno problema que é como alfabetizar digitalmente populações inteiras, que ademais acham, (e acham corretamente, como diria Paulo Freire), que elas já sabem ler.

Precisamos de toneladas de artistas plásticos, arquitetos e desenhistas para nos ensinar como ler imagens. Mais outro tanto de professores leitores para mostrar como além a leitura *cis*, aquela que fica do mesmo lado, agora temos que saber ler de forma *trans*, ou seja, ler passando para o outro lado. Ler passando para o outro lado pode significar ler de baixo para cima, da direita para a esquerda, como no caso do hebraico, árabe ou mandarim. Ou seja, temos que relativizar nossa própria posição de leitura para entender outros lados deste sistema de escrita que é o sistema digital. Para fazer isso é preciso ler imagens, ler letras, mas também, e sobretudo, ler a arquitetura do discurso onde imagens e letras se combinam. Caso contrário vamos continuar a ler cada vez mais, em termos de dedicação temporal e atencional distribuída, e ao mesmo tempo lermos cada vez menos, em termos de formação de juízos de relevância e de significatividade transformativa.

Na educação, como na economia, não existe almoço grátis. Se você acha que está lendo muito mais e melhor, simplesmente porque pula de um *link* para outro, derivando sua atenção para várias coisas ao mesmo tempo, removendo sua atenção de tudo o que é complicado, gera conflito cognitivo, parece falso ou é demorado, o resultado é que você está perseverando em seu analfabetismo digital. Seu senso de relevância será lentamente deformado pelas facilitações associativas geradas pelos algoritmos e pelo viés de confirmação que está intoxicando seu modo de ler. Sua ignorância se tornará cada vez mais soberba e corajosa, e você achará que sabe ler textos e imagens, mas na verdade são elas que estão lendo você. Você vai achar que domina a narrativa quando na verdade é o discurso que vai jantar você, o vovô, a Eva e a uva. Não tem nem almoço, nem janta grátis.

Parte V
Psicanálise e Universidade

Capítulo I

ROMANCE DE FORMAÇÃO NA PSICANÁLISE

Pouco se tem atentado para a importância da noção de *formação* como um conceito em Psicanálise.[108] Não a encontramos referida nos principais dicionários e vocabulários da psicanálise.[109] Há, sim, muitos trabalhos sobre a noção genérica de *formação do analista*, mas neste caso, via de regra, a expressão remete ao conjunto de práticas, condições e controvérsias sobre a habilitação do psicanalista, sobre sua relação com as instituições formadoras e com as vicissitudes éticas, políticas e técnicas de sua prática. Neste caso a ideia de formação do analista não é propriamente um conceito, mas uma noção prática que deve, como tal, prestar contas e se ajustar aos princípios metapsicológicos e de método inerentes à psicanálise. Na maior parte dos artigos sobre a formação de analistas, tais princípios são tensionados com as circunstâncias históricas, com as exigências culturais e com as regras normativas correntes, de modo a argumentar pró ou contra certos critérios de legitimação da condição

---

[108] KAUFMANN, P. *Dicionário Enciclopédico de Psicanálise*. Rio de Janeiro: Zahar, 1996. Trabalho original publicado em 1993, tradução Vera Ribeiro e Luiza Borges.

[109] LAPLANCHE, J; PONTALIS, B. *Vocabulário de Psicanálise*. São Paulo: Martins Fontes, 1996.

CHRISTIAN DUNKER

de psicanalista. Isso acaba por trazer o debate para a própria natureza do que se entende ser um tratamento psicanalítico. Ou seja, as discussões sobre os caminhos e critérios para que alguém exerça a psicanálise no fundo desdobram e confrontam diferentes maneiras de psicanalisar.

As primeiras cisões no movimento psicanalítico se caracterizaram por sua dimensão teórica (Jung, Adler), as divisões seguintes tinham como cerne principalmente o terreno clínico (Reich, Rank), todavia as dissensões subsequentes parecem ter deslocado o cerne da questão para a formação do analista e os critérios de sua nomeação. Esse foi o caso de Lacan, e ao que tudo indica, da tradição que ele inaugurou. As sucessivas divisões que podemos observar no movimento lacaniano foram majoritariamente causadas pela controvérsia em torno dos critérios que poderiam definir institucionalmente um analista e não por oposições teóricas ou por diferenças no modo de praticar a psicanálise.

O argumento que pretendo desenvolver neste artigo é que tais divisões não decorrem de um particular pendor para a controvérsia política, mas do fato de que Lacan pretendia, tanto em sua teoria, quanto em sua prática institucional, elevar a noção de formação do analista à condição de um conceito. Ou seja, como tal a formação do analista deixa de ser apenas fruto de um consenso local, intersubjetivamente firmado e normativamente regulado, ou ainda, mera obediência às regras instituídas pela tradição baseada na interpretação das intenções de seus fundadores. O conceito de formação do analista em Lacan pretende-se apresentar como uma espécie de dedução da experiência psicanalítica em geral. Defendo ainda a ideia de que se este projeto se mostrou historicamente de difícil realização, e é nesta dificuldade que reside a riqueza da proposta. Ou seja, ela mantém em permanente abertura a questão da transmissão da psicanálise, o que dá ao romance de formação do analista um tom trágico, no sentido de confrontá-lo com uma tarefa inexequível e manter-se assim como uma profissão impossível. Como observou Mezan:

"Talvez o paradoxo da formação seja o de que quanto mais ela avança, mais distante se torne o seu perfazer-se. Um analista "formado": o que significaria isso? Se indicar um estado de acabamento definitivo,

PARTE V - CAPÍTULO I - ROMANCE DE FORMAÇÃO NA PSICANÁLISE

sem virtualidade de evolução ulterior, a ideia é contraditória com a postura psicanalítica e deve ser recusada. Já a expressão um tanto melancólica "formação interminável" se presta à demagogia e ao obscurecimento do fato de que em qualquer trajeto há etapas vencidas e momentos que ficaram para trás (...)".[110]

Este paradoxo não deve ser considerado apenas como um paradoxo prático, mas, como procurarei argumentar, como uma exigência de que se formule um conceito que incorpore o tempo em seu interior, um conceito que mantenha e permita lidar com a contradição que o engendra.

Freud usa a noção de formação, dotando-a de carga conceitual, em vários momentos: formação de sintomas (*Symptombildung*), formação reativa (*Reactionsbildung*), formação de compromisso (*Kompromissbildung*), formação substitutiva (*Ersatzbildung*). Curiosamente a expressão *formação do analista* não parecia ter alcançado, até Lacan, o estatuto de um conceito. Isso pode ser atribuído a um relativo divórcio entre a teorização do inconsciente, a experiência clínica e as práticas efetivas de formação de um analista. Separação intrigante se atentamos para a conotação que a ideia de formação possuía no ambiente germânico da virada do século XIX, no qual Freud se formou.

Formação (*Bildung*) é um termo forte no romantismo e no idealismo alemão. *Bildung* pode ser traduzido tanto por formação como por cultura ou ainda educação-ilustração (o termo vem de *Bild*, imagem, forma). Formação corresponde a um processo de apropriação de experiências onde meios e fins não se separam. Daí a imagem recorrente que aproxima formação de uma espécie de viagem ou de jornada onde a experiência do caminho percorrido é tão ou mais importante do que o destino final. Percurso que longe de ser apenas aperfeiçoamento rumo a um momento conclusivo, implica luta e auto dilacemento, que decorre do reconhecimento das contradições que constituem um sujeito em sua relação com o saber. Disso decorre que o saber em causa na

---

[110] MEZAN, R. O "Bildungsroman do Psicanalista". *In: A Vingança da Esfinge*. São Paulo: Brasiliense, 1993, p. 162.

CHRISTIAN DUNKER

formação não deveria ser considerado como um saber instrumental, como um *saber para fazer*, mas como um saber reflexivo sobre o próprio fazer. Há uma afinidade entre a formação e a antiga ideia grega de *práxis*, que não deve se traduzir apenas pela prática, ou pela técnica, mas pelo fazer que absorve dentro de si um saber e, reversivamente, pelo saber que se expõe às contradições do fazer. É importante lembrar que a *práxis* funda, para Aristóteles, dois campos de saber: a ética e a política.

A formação é uma espécie de viagem na qual progressivamente vamos reconhecendo que as trilhas percorridas nos antecedem, que há sinais e mapas que nos orientam, mas também nos fixam e delimitam. Uma viagem que não apenas nos desloca no espaço, mas que nos transforma em sua realização. Uma viagem que é uma experiência (*Erfahrung*) não uma sucessão de vivências (*Erlebnis*). É por isso que em Hegel, por exemplo, a formação implica uma espécie de ajuste de contas com a educação recebida e uma relativa consciência da alienação produzida em seu interior. Na formação vamos progressivamente nos dando conta do caráter determinado de nossas escolhas e com isso radicalizado nossa relação com a liberdade.

A formação não restringe seu emprego à esfera da consciência individual. O termo é usado também para designar o processo histórico de formação de uma nação, de uma língua ou de uma comunidade a partir de uma origem, destino ou sentido comum. É definitivamente na literatura que o termo formação encontrou amplo emprego a partir da noção de romance de formação (*Bildunsroman*) do qual *Wilhelm Meinster*, de Goethe, é o melhor exemplo. Encontramos aqui a ideia da narração testemunhal da experiência como um traço indissociável da própria experiência de formação, ou seja, os meios de representá-la, são também os meios de a realizar. No romance de formação o narrador apresenta seu caminho no rumo à realização de sua personalidade e ao acabamento harmonioso de si mesmo. É justamente contra este aspecto da formação que Freud tece inúmeros comentários críticos, assinalando sua função de ilusão e narcisismo. Para Freud sobrará, portanto, uma noção de formação sem reconciliação final e sem a confiança excessiva em sua potência civilizatória. Como salientou Loureiro (2002), o ideal de formação como um crescente acúmulo de aquisições culturais e

270

PARTE V - CAPÍTULO I - ROMANCE DE FORMAÇÃO NA PSICANÁLISE

experienciais rumo ao domínio de si contrasta vivamente com o processo de sucessivo despojamento e desembaraço de si que Freud associa à psicanálise. Segundo a autora, apesar da admiração que o vienense nutria por Goethe, é em uma narrativa como a de *Hans im Glück*, várias vezes mencionada por Freud, que podemos encontrar uma boa imagem para formação analítica:

> "Ao final de seu período de aprendiz, o personagem recebe do mestre um torrão de ouro com o peso de sua cabeça; porém ao longo do caminho, vai fazendo sucessivas trocas (financeiramente desvantajosas), que o vão aliviando do peso e do desconforto da viagem; restam-lhe por fim, duas pedras, as quais atira num poço antes de chegar em casa, de mãos vazias, mas feliz".[111]

A comparação acima se reforça pela lembrança da afinidade estabelecida por Freud entre o tratamento psicanalítico e a *via de levare*.[112] Em função desse distanciamento crítico do ideal de auto-enriquecimento, da auto dilaceração e da dificuldade em situar a formação quer em uma ética da eficácia, quer em uma ética da excelência podemos dizer que há uma determinação trágica envolvida neste processo.[113] Se a formação é um romance, ela também coloca o candidato diante de uma escolha trágica. Lembremos que em Hegel o momento da formação não deixa de ser uma espécie de etapa, a ser superada, na via da realização do ser do sujeito.

> "Cultivar-se não é desenvolver-se harmoniosamente por meio de um crescimento orgânico, mas opor-se a si mesmo, reencontrar-se mediante uma dilaceração e uma separação. Tal momento da dilaceração e da mediação é característica do conceito hegeliano de cultura (...)".[114]

---

[111] LOUREIRO, I. *O Carvalho e o Pinheiro:* sobre o romantismo de Freud. São Paulo: Escuta, 2002.

[112] FREUD, S. "Sobre a Psicoterapia Psicanalítica". *In: Obras Incompletas de Sigmund Freud Volume Clínica*. Belo Horizonte: Autêntica, 1905.

[113] DUNKER, C.I.L. *Porque Lacan?* São Paulo: Zagodoni, 2018, p. 134.

[114] Hypolite, J. *Gênese e Estrutura da Fenomenologia do Espírito de Hegel*. São Paulo: Discurso, 1999, p 411.

CHRISTIAN DUNKER

Uma separação que deveria incluir e desdobrar a formação em um novo plano de consideração. Esse outro momento é marcado pelo ingresso na problemática da ética, do direito e da lei social. Isso permite entender a relativa disjunção hegeliana entre formação e política. Uma separação que é melhor aceita na tradição anglo-saxônica do que na francesa e que acompanha o debate moderno e a relativa distribuição de funções entre política e cultura.

Vê-se por este apanhado como várias ideias contidas na acepção freudiana de formação do psicanalista se veem representadas: a realização de uma experiência própria (a análise do candidato a analista), a experiência clínica (como solo de reconhecimento e estranhamento na alteridade), a importância da cultura (arte, história das religiões, mitologia e estudos sobre a linguagem são mencionados explicitamente), o compartilhamento dessa experiência (supervisão), o testemunho dessa experiência (por meio do ensino e da própria escrita).

Outro aspecto convergente entre a acepção clássica de formação e a formação do analista reside no modo pouco normativo como Freud encarava o assunto. Uma associação formal de psicanalistas que se responsabilizaria por critérios de formação universais ou por um "modelo de formação", foi concebida inicialmente como um "mal necessário".[115] A exigência de que o candidato a psicanalista possuísse uma educação universitária específica, médica ou outra qualquer, foi explicitamente descartada por Freud (1926). Foi também o relativo descaso como a dimensão política da formação de analistas fonte de problemas históricos no movimento psicanalítico. Geralmente quando a política é descartada ela retorna neutralizada sob forma de uma cobertura técnica, burocrática ou meramente autoritária. Outro problema legado pela noção de formação é o das exigências pessoais do candidato. Quem estaria apto a tornar-se analista? Sob quais critérios? Sabe-se, por exemplo, que na tradição da Associação Psicanalítica Internacional (IPA) homossexuais ou psicóticos eram sistematicamente excluídos da formação analítica. Note-se que são considerações que pervertem o sentido mesmo de

---

[115] FERENCZI, S. "Formação do Psicanalista". *In: Obras Completas de Sandro Ferenczi.* São Paulo: Martins Fontes, 1928.

PARTE V - CAPÍTULO I - ROMANCE DE FORMAÇÃO NA PSICANÁLISE

formação pois colocam-se como critérios *anteriores* à própria experiência. Foi também na extensão dessa problemática que se viu surgir a figura do analista didata, aquele que por sua formação e autoridade, mas também por sua dignidade institucional, estaria em posição de *legitimar* a experiência formativa de um sujeito. Ora, quando a formação se normaliza e se normativa, ela tende a se degradar imediatamente em educação. O roteiro de viagem, do qual o sujeito deveria se libertar pela experiência formativa, torna-se compulsório e, por consequência, os fins acabam por se impor aos meios. Gradualmente a ideia de formação do psicanalista é substituída pela de *training* (treinamento). Na mesma direção à supervisão se institui como análise de controle (*contrôle*). As escolhas formativas, que deveriam guiar-se por critérios mais próximos da transferência, são submetidas a regras progressivamente mais estritas. A política, posta em relação de exterioridade com a formação, assedia sua entrada e barreiras cada vez mais "políticas" são tomadas contra essa suposta "impureza".

É neste contexto que se pode entender o projeto de Lacan, qual seja, dar à formação do psicanalista o estatuto de um conceito. Isso começa pela tese de que o analista faz parte do conceito de inconsciente. Isso se desdobra na ideia de que a psicanálise é uma *práxis*. Nesta práxis a psicanálise em intensão[116] (a experiência da análise) deveria se unir à psicanálise em extensão (a transmissão do saber textual) segundo o princípio da transferência. Para tanto seria preciso justificar todos os aspectos envolvidos na ideia de formação segundo princípios intrínsecos à experiência psicanalítica. A formação deve ser um conceito deduzido da experiência do final do tratamento, pois é esta que definiria afinar o que é um psicanalista. Este programa não se coloca, desde a origem, como um mote principal no ensino de Lacan, mas como algo que lhe atravessa o caminho insidiosamente, fruto talvez de sua conturbada trajetória dentro da psicanálise, conforme os trabalhos de Roudinesco.[117]

---

[116] Intensão com "s" mesmo, pois se refere à noção lógica de definição pelos atributos não predicativos de um conceito.

[117] ROUDINESCO, E. *Jacques Lacan; autobiografia intelectual: história de um sistema de pensamento*. São Paulo: Companhia das Letras, 1988.

CHRISTIAN DUNKER

Em 1953 Lacan já era um psicanalista respeitado sobretudo por seus trabalhos sobre o estádio do espelho como *formador* da função do eu, pelas suas reflexões que aproximavam a psicanálise de uma experiência dialética (Hegel) e também pelos seus experimentos em torno do enquadre clínico envolvendo sessões com tempo variável. Sua trajetória teórica foi absorvida, neste momento, pela tensão institucional no seio da Sociedade de Psicanálise de Paris. Dois grupos debatiam justamente a questão da formação de analista. Um defendia a exigência de uma formação médica estrita e propugnava um sistema rigidamente estruturado em torno da figura do analista didata. O outro grupo, de extração universitária, tendia para uma posição mais liberal e defendia a importância da psicologia como saber necessário à formação do analista. Lacan repudiava o modelo médico, mas também não nutria grande simpatia em ver a psicanálise anexada ao campo da psicologia. A tensão institucional culmina na separação de um grupo que incluía Lacan, Lagache e também Dolto. Aparentemente a intenção do grupo era permanecer ligado à Associação Psicanalítica Internacional (IPA), no entanto um equívoco burocrático termina por excluir formalmente os dissidentes. Note-se que isso implicava que todos os analistas em formação com Dolto ou Lacan deixariam de ter suas formações reconhecidas pondo em xeque sua própria condição vindoura de psicanalistas.

Inicia-se então um período que vai de 1953 a 1963 em que a Sociedade Francesa de Psicanálise, formada por Lacan e seus companheiros, torna-se simultaneamente o grupo mais expressivo da psicanálise francesa e procura de várias maneiras sua reintegração junto à IPA. Durante este período Lacan publica diversos textos radicalizando sua noção de formação do psicanalista[118] .Ele denuncia o narcisismo dos analistas, servos de seus títulos e ambiciosos pelo falso brilho da ascensão burocrática. Denuncia inversamente o servilismo daqueles que anseiam pela conclusão de um programa formativo pouco desafiador, mas garantido institucionalmente. O argumento central desta crítica reside nas consequências trazidas por tal modelo de transmissão da psicanálise: uma

---

[118] LACAN, J. "Situação da Psicanálise em 1956". *In: Escritos*. Rio de Janeiro: Zahar, 1956.

PARTE V - CAPÍTULO I - ROMANCE DE FORMAÇÃO NA PSICANÁLISE

teorização que renuncia a qualquer desejo de fundamentação rigorosa e que decorre de uma prática clínica que visa adaptar o sujeito, de forma análoga à "adaptação" pela qual o candidato a analista passa em sua "formação". Como correlato desta situação, a psicanálise, que teria nascido sob o signo de uma subversão como uma espécie de saber potencialmente crítico da cultura e da sociedade, se vê anexada ao campo da ideologia da conformação e aos ideais do individualismo. Quando temos um roteiro estabelecido de modo *anterior* à experiência e quando o fim desta experiência fica pré-delimitado *objetivamente* (número de horas em supervisão, número de anos em análise etc.) a consequência imediata é que a formação torna-se uma corrida para chegar a este fim (tornar-se analista) e não mais, propriamente, uma experiência de formação.

Note-se que tal projeto ortopédico agia concretamente sobre a posição institucional de Lacan. As conversações rumo à reintegração junto à IPA progrediam de forma que o "negócio" poderia ser fechado desde que Lacan se comportasse, isto é, ajustasse sua prática aos cânones regulamentares. A política de Lacan era decididamente ambígua, desejava à reintegração, mas não apenas não estava disposto a ceder, como aprofundava ainda mais a importância de um conceito de formação que pudesse efetivamente legitimá-la segundo critérios psicanalíticos.

Isso evolui ao ponto de que em 1958 Lacan começa a esboçar uma teoria da ética da psicanálise. Para Lacan a psicanálise possuiria uma ética própria irredutível aos ideais da modernidade e cujo antecedente histórico deveria ser buscado na tragédia grega. No seu centro deveria estar a noção de desejo do analista.[119] Ou seja, a formação deveria corresponder ao processo de invenção deste desejo, ou seja, o inverso da modelagem de um eu, seja este protótipo de uma personalidade normal ou não. A análise não deveria ser entendida como dirigida para uma identificação com o eu do analista, referência e padrão, para a figura do sujeito psicanalisado, mas como uma espécie de renúncia à necessidade de identificações, renúncia necessária para a criação de um novo desejo.

---

[119] LACAN, J. "Direção da cura e os princípios de seu poder". *In: Escritos*, Rio de Janeiro: Zahar, 1958.

CHRISTIAN DUNKER

O desejo de analisar deveria ser assim, gradativamente, separado do desejo de reconhecimento narcísico-social, do desejo de sucesso e prosperidade e até mesmo do desejo de *ser analista*.

O aprofundamento dessa política ambígua leva a um momento de decisão. Os membros da Sociedade Francesa de Psicanálise, que àquela altura reunia um grupo considerável de promissores jovens analistas – como Laplanche e Pontalis – deveriam escolher entre ficar com Lacan e Dolto, e sem garantia para sua consignação como psicanalistas, ou então excluir Lacan e reunir-se à IPA. Uma dramática votação, que incluía uma quantidade considerável de analisantes do próprio Lacan, deliberou pela segunda alternativa: a excomunhão (termo ambiguamente crítico pois indica a natureza religiosa da querela). Dessa maneira, aos 62 anos, Lacan se viu obrigado a recomeçar.

Sabendo do caráter irrevogável da situação, Lacan se viu novamente confrontado com o problema da formação de psicanalistas. Reunindo à sua volta um público eminentemente universitário e alguns poucos discípulos mais próximos, seria preciso repensar o problema da formação. Agora não era mais possível apenas questionar os descaminhos da formação convencional, era preciso também, afinal e praticamente, propor dispositivos de formação. Um princípio genérico começa então a se estabelecer: "*o psicanalista não se autoriza senão de si mesmo*"[120] . Muita polêmica se fez em torno desta ideia, mas genericamente ela sugere que tornar-se psicanalista é um ato ético do sujeito, um ato que se realiza no interior da análise e que procura reestabelecer a ideia mesma de formação em toda a sua radicalidade. Um ato que é próprio do sujeito em formação, sozinho portanto, mas não solitário, no sentido em que tal ato deve ser reconhecido por alguém. Ou seja, não são as instituições, as supervisões, o saber acumulado ou qualquer outra forma de autoridade constituída que garante a presença e existência de um psicanalista mas a própria relação do sujeito com seu percurso analítico e com a comunidade na qual realiza sua formação, o que inclui ainda seus

---

[120] LACAN, J. "Proposição de 17 de Outubro sobre o Psicanalista de Escola". *In*: *Outros Escritos*, Rio de Janeiro: Jorge Zahar, 1967.

PARTE V - CAPÍTULO I - ROMANCE DE FORMAÇÃO NA PSICANÁLISE

analisantes. Tornar-se analista fica assim próximo de assumir uma aposta; ninguém poderá fazer por você e ao mesmo tempo você estará sozinho nesta decisão. Por outro lado, não é possível apostar sem contar com o outro. Aqui cobra força a importância da noção clássica de formação. Esta decisão é auto dilacerante, conflitiva, instável e exige que se reatualize a cada vez, a cada novo tratamento. Longe de liberar o sujeito em uma autonomia narcísica esta proposta parece ter lançado os analistas lacanianos em um permanente complexo de impostura, em uma dúvida, no fundo benéfica para a continuação da formação como um processo permanente.

Mas este princípio, que efetivamente liberaliza os costumes formativos da solução por padronização, não resolve por si só a questão institucional dentro da recém criada Escola Freudiana de Paris. Ou seja, seria preciso estabelecer algum critério para designar não quem seria ou não psicanalista, mas quem poderia ser reconhecido por tal escola como tendo atravessado uma verdadeira formação. Temos aqui, no próprio nome desta instituição, uma mudança interessante. Em vez de denominar tal associação como uma *Sociedade* o termo escolhido é *Escola* o que parece sugerir o deslocamento da questão do pacto de reconhecimento entre pares para uma relação específica com o saber. Vimos que, de fato, na sua origem o termo formação prende-se mais ao campo da cultura do que ao campo da sociedade. No entanto a sociedade está aí e a questão política, portanto, remanesce.

É neste contexto que em 1967 Lacan propõe um experimento de cunho formativo que permitiria regular a formação mais precisamente no que toca ao problema do fim das análises.[121] Note-se que a questão é intrincada porque se a formação não tem propriamente um fim que não ela mesma, a experiência do tratamento pode ser concluída e a teoria de Lacan aponta que este é um critério maior para a autorização *senão de si mesmo*. Surge então a ideia de que a Escola deveria se organizar em torno de cartéis, ou seja, pequenos grupos que periodicamente

---

[121] LACAN, J. "Proposição de 17 de Outubro sobre o Psicanalista de Escola". In: Outros Escritos, Rio de Janeiro: Jorge Zahar, 1967.

CHRISTIAN DUNKER

expõem seus resultados e crises de trabalho. Cartéis que não são, necessariamente, liderados por alguém mais sábio, em acordo portanto com a ideia de estabelecer, dentro do processo formativo, certa cautela e prevenção com relação à subserviência. O cartel se organizaria em torno de alguém que exerce a função de *mais-um*, função problemática pois visa justamente questionar a posição de mestria.[122] A Escola deveria estar não apenas aberta e tolerante, mas também incentivar ativamente a participação de não analistas: filósofos, educadores, artistas, médicos, ou seja, no limite reencontramos aqui o ideal universalista da cultura como *Bildung*.

Mas a proposta mais revolucionária formulada por Lacan neste momento é a de que a nomeação de analistas deveria passar por um dispositivo que levasse em conta efetivamente a experiência do analisante. Tal dispositivo ficou conhecido como o passe. Essa controversa invenção corresponde ao processo pelo qual um analisante relata sua experiência de análise a outros dois analisantes (presumidamente no momento final de seus tratamentos analíticos); estes dois passadores relatam o relato do analisante para um cartel, que funcionaria como um júri. Tal júri pode ou não reconhecer *o relato* da experiência apresentada como legítimo. Encontramos aqui mais duas características da noção clássica de formação: ela inclui seu próprio relato ou testemunho e ela é uma experiência coletiva, não apenas uma vivência pessoal.

O experimento proposto por Lacan despertou resistências e objeções imediatas. As primeiras dissidências internas ao movimento lacaniano começam neste ponto. O passe era algo completamente novo e que punha em risco a posição "constituída" dos mais experientes, assim como, nitidamente, infiltrava o elemento político como fator de legitimação da formação. Por outro lado, sua ousadia prometia muitos ganhos. Finalmente poderia se ouvir os analistas falarem de suas próprias análises, protegidos pelo relativo sigilo fornecido pelo processo do passe. Fato é que a conturbação causada por essa experiência mostrou-se intolerável. A própria autoridade indiscutível de Lacan tornou-se um problema para

---

[122] GUATIMOSIN, B. *Em torno do Cartel*. Rio de Janeiro, Associação dos Fóruns do Campo Lacaniano, 2004.

PARTE V - CAPÍTULO I - ROMANCE DE FORMAÇÃO NA PSICANÁLISE

a sua execução. Também os cartéis acabavam tendo predominantemente figuras proeminentes na função de *mais-um*. Os efeitos subjetivos de uma recusa e a obsessão gerada pelo desejo de passar no passe mostraram-se mais fortes do que a originalidade da invenção podia suportar. Ficou a questão: o fracasso da experiência do passe deve ser lido em função da qualidade pessoal dos envolvidos e das circunstâncias históricas do empreendimento, ou realmente suas limitações e problemas são intransponíveis?

Em 1980, aos 79 anos, Lacan decide dissolver a escola que ele mesmo fundara dezesseis anos antes. Esse gesto de dissolução, objeto de inúmeras interpretações, soa bastante coerente com o conceito de formação desenvolvido por Lacan em todo seu ensino. Um gesto que de certa forma *liberta* seus alunos da relação discipular que tenderia a sobreviver no seio de uma instituição psicanalítica. Funda-se então a Escola da Causa Freudiana. Cercado apenas por um pequeno grupo de jovens e familiares e já bastante doente (para alguns ele perdera sua sanidade), refaz-se o gesto inicial de aposta. Um ano depois Lacan morreria deixando aberto seu projeto de constituir uma nova maneira de conceber a formação dos psicanalistas.

Capítulo II

PSICANÁLISE NA UNIVERSIDADE BRASILEIRA

Historicamente, as relações entre psicanálise e universidade estiveram permeadas por maus diagnósticos e péssimos prognósticos de parte a parte. Isso pode ser atribuído tanto ao entendimento redutivo da psicanálise como uma prática e uma teoria idêntica e conforme a si mesma ao longo do tempo, quanto à tendência a fazer a caricatura da universidade. A caricatura é esta forma de arte visual – aliás, para a qual a psicanálise contribuiu com alguns estudos seminais – que trabalha pela eleição de traços de um objeto ou pessoa, que são em seguida reduzidos ou esquematizados, exagerados ou subestimados. A caricatura psicanalítica da universidade frequentemente é irreconhecível quando apresentada à sua homóloga, ou seja, a caricatura universitária da psicanálise. De tal maneira que cada qual pode prosperar em seus próprios preconceitos e conspirações. Por outro lado, a psicanálise e a universidade, tomadas como caricaturas, permitem enxergar melhor certos traços unários, o que tem a vantagem de mostrar o trabalho de deformação e as suas regras de produção. Tais traços mostram aspirações e problemas virtualmente comuns, a saber:

(1) aspiração epistêmica de constituir um saber de validade, expressão e justificação universal;

CHRISTIAN DUNKER

(2) aspiração ético-política de construir, inventar e preservar um saber dotado de função e valor compartilhado por uma determinada comunidade;

(3) aspiração prática de enfrentar dificuldades e sofrimentos pela fundamentação de métodos de tratamento;

(4) aspiração econômico-social de regular, distribuir e habilitar a reprodução e exercício de práticas profissionais.

Notemos que não há na universidade um curso, prática ou disciplina intitulada "a universidade", senão na conjectura psicanalítica da unidade dos saberes. Assim como aquele que se apresenta como a voz de "a psicanálise" está provavelmente possuído por algum tipo de ficção universitária. Ninguém fala desde esse lugar, e quando o faz presume-se que o faça como guardião de regras administrativas transversais ou representante ideológico de sua vocação ou discurso. Que um semblante permita o diálogo entre as caricaturas isso não significa que disso se possa inferir a sua verdade recíproca. A afirmação de Nicolau de Cusa de que "*o conhecimento é um círculo no qual o centro está em todas as partes*" serve perfeitamente bem para ilustrar o equívoco. Para a psicanálise não há *conhecimento*, e para a universidade não há *centro*, o que não significa que o significante seja o mesmo em cada discurso, seja ele um círculo ou uma elipse.

Freud, em sua prudência na matéria, afirmara que o psicanalista prescinde da universidade tanto para justificar sua prática, quanto para exercer sua clínica e ainda para incluir-se no debate da ciência e da cultura.[123] Seu prognóstico é de que a presença da psicanálise poderia contribuir para a formação básica do médico, beneficiar a relação médico-paciente, enriquecer a reflexão clínica do psiquiatra e contribuir para que a ciência médica se integre melhor ao projeto da *universitas literarum*. A expressão provém da universidade medieval e a sua hierarquização do saber encabeçado pela teologia. Ela havia sido recuperada por Humboldt no contexto da renovação do conceito mesmo de universidade na Alemanha do século XIX, em uma articulação inédita com a noção de *administração*.

---

[123] FREUD, S. "Sobre o Ensino da Psicanálise nas universidades". *In: Obras Completas de Sigmund Freud*, Vol XVI, Buenos Aires: Amorrortu, 1918.

PARTE V - CAPÍTULO II - PSICANÁLISE NA UNIVERSIDADE...

Esta renovação prescrevia, conforme o ideário romântico, um retorno aos fundamentos da organização do conhecimento, mas agora em uma nova forma de conceber a noção de *universalidade*, cujo correspondente em termos de saber concentra-se na ideia de formação. O prognóstico freudiano está claramente impregnado por esta ideia. Introdução de alguns conceitos da psicanálise como parte da formação geral do médico, teoria psicanalítica como particular da formação do psiquiatra, generalização deste conhecimento por meio de sua integração ao saber universal, entendido como marcha histórica de progresso, não indiferente aos seus modos de expressão, daí o papel central da literatura. O que difere da psicanálise para as outras ciências, inclusive as ciências do espírito, é o método, não a natureza do saber.

O prognóstico freudiano mostrou-se francamente equivocado. Em seus cem anos de existência a psicanálise afastou-se das ciências médicas; depois de uma quarentena de mutualismo clínico e teórico, foi expurgada da psiquiatria e sua presença nos departamentos de literatura, cinema ou filosofia se autonomizou em relação ao ensino da clínica. Inversamente, a psicanálise foi amplamente absorvida pela universidade, ao menos nos países em que é mais ativa e promissora. É possível que a prudência freudiana tenha se estabelecido a partir de suas próprias decepções com a Universidade de Viena. Restrição antissemita contra sua carreira como pesquisador em neurologia; demora em nomeá-lo como professor extraordinário; reticência quanto à recepção de suas ideias, desde a conferência no retorno dos estudos em Paris até os seminários ocasionais ali oferecidos. A universidade é uma das efígies mais claras do que Freud chama de resistência à psicanálise. Mas qual universidade para qual psicanálise? Lembremos que Freud torna-se professor em 1902, por influência de Kraft Ebbing, segundo nomeação direta do Imperador Francisco José. Ou seja, uma universidade que era expressão intelectual, experimento administrativo e dispositivo de formação de quadros para um império multicultural. Cabia-lhe, como tarefa, produzir e reproduzir a unidade dos saberes de modo análogo à ideologia da unificação dos povos eslavos e a hierarquia das potências centrais. Freud, em sua avaliação do problema, simplesmente desconsiderou a possibilidade de que a própria psicanálise

CHRISTIAN DUNKER

contribuísse e em alguns lugares do mundo fornecesse o impulso decisivo para a autonomização de uma nova disciplina: a psicologia.

É simples perceber como o diagnóstico freudiano está ligado às vicissitudes da Universidade de Viena. Em março de 1919, quando Bela Kun, amigo de Lênin, assume o governo da Hungria, este país recém-independente, historicamente oprimido pelo poder central representado por Viena, nesta região cuja língua e cultura permaneciam sob suspeita, ou seja, sob estas circunstâncias de experimentação política e de incerteza institucional, é precisamente neste contexto que Ferenczi é nomeado para a primeira cátedra de psicanálise de que se tem notícia, na Universidade de Budapeste e também junto ao Batizfalvy Sanatorium. Seu diagnóstico é substancialmente diferente do de Freud, pois aborda principalmente a função social do saber, a estrutura simbólica de seu compartilhamento e sua serventia para uma comunidade concreta. A experiência da comuna dura quatro meses, mas não sem que Ferenczi tenha se visto diante de uma série de temas jamais seriamente considerados por Freud em sua abordagem da questão: o movimento de saúde mental[124], a localização da psicanálise no quadro da política social[125], o sentido crítico ou ideológico da ciência[126], o lugar da ascensão ou decadência social no interior do tratamento psicanalítico[127] e a contribuição da psicanálise para a clínica geral[128]. Ferenczi, e não Freud, introduziu a dimensão ético-política nas relações entre psicanálise e universidade, percebendo que por trás desta falsa oposição se ergue a verdadeira questão relativa ao lugar da psicanálise em relação ao Estado. Talvez não seja um acaso que os egressos desta experiência tenham organizado, na década

---

[124] FERENCZI, S. (1918) "A Psicanálise dos distúrbios mentais da paralisia geral". *Sandor Ferenczi Obras Completas*, vol. 3. São Paulo: Martins Fontes, 1993.

[125] FERENCZI, S. (1919) "Psicanálise e Política Social". *Sandor Ferenczi Obras Completas*, vol. 3. São Paulo: Martins Fontes, 1993.

[126] FERENCZI, S. (1920) "Considerações sociais em certas análises". *Sandor Ferenczi Obras Completas*, vol. 3. São Paulo: Martins Fontes, 1993.

[127] FERENCZI, S. (1920) "A psicanálise a serviço da clínica geral". *Sandor Ferenczi Obras Completas*, vol. 3. São Paulo: Martins Fontes, 1993.

[128] FERENCZI, S. (1920) "Ciência que adormece, ciência que desperta". *In: Sandor Ferenczi Obras Completas*, vol. 3. São Paulo: Martins Fontes, 1993.

PARTE V - CAPÍTULO II - PSICANÁLISE NA UNIVERSIDADE...

de 1920, o *Instituto Psicanalítico de Berlim*, embrião e modelo posteriormente exportado para o resto do mundo, de uma formação psicanalítica baseada na organização da sociedade civil, aliás, parcialmente similar ao de nossas chamadas universidades particulares.

A diáspora psicanalítica que sucede a Segunda Guerra Mundial cria uma nova geografia das relações entre psicanálise e universidade. Não é mais a arena da legitimação do saber, como no caso de Freud; ou a invenção de intervenções sociais, como no caso de Ferenczi que dominam a matéria, mas o fato de que a universidade é o principal dispositivo de controle para a habilitação profissional. Muitos psicanalistas emigrados têm que fazer ou até mesmo refazer seus cursos de medicina. Alguns são obrigados a suspender sua prática clínica, às vezes definitivamente. Vários são admitidos como professores em universidades, à guisa de consolação, dada a irregularidade de sua condição profissional. Outros, apesar de suas dignidades universitárias, experimentam o confinamento forçado do ensino dentro dos Institutos de Psicanálise. Aqui, o diagnóstico não é nem do tipo freudiano nem ferencziano, pois ele se elabora em nome da "segurança das populações". Tanto as restrições crescentes nos institutos e nas sociedades psicanalíticas de formação, quanto as barreiras práticas para os exercícios profissionais nas universidades e colégios corporativos baseiam-se na crescente mercantilização do saber e no reconhecimento da função política e biopolítica da tecnologia. Isso acontece em um momento no qual o Estado assume para si o controle e a normatização expansiva da gestão da saúde. Seja pelo controle, direto ou indireto, das universidades; seja pela fiscalização da sociedade civil, após os anos 1950 é o Estado, em sua nova função gerente, que radicaliza a divisão entre saberes de "uso controlado" e saberes de "uso livre". Novamente uma falsa oposição entre psicanálise e universidade esconde a questão central, agora definida pela relação da psicanálise com o mercado.

Em alguns países as novas gerações encontram na universidade uma condição que antecede a qualificação nos Institutos de Psicanálise. Ou seja, tolera-se uma crescente diversidade de origens universitárias, não apenas a medicina, mas em contrapartida há uma fixação cada vez mais estrita de critérios de *training*, que oferecem habilitação para o

CHRISTIAN DUNKER

exercício profissional. Hoje, de forma contundente, nas universidades de tradição anglo-saxônica, a formação dos psicanalistas é precedida por um curso universitário, hegemonicamente a psicologia, e controlada por instituições de formação ou *training*, reconhecidas ou não pelo Estado. A questão é saber qual é o lugar da psicanálise no espaço público, e, reciprocamente, qual espaço público é condição para a psicanálise, e não se ela pertencerá ao Estado ou à Sociedade Civil.

A penúltima forma histórica de relação entre psicanálise e universidade procede do caso francês. Nesse país a psicanálise antecedeu a organização disciplinar da psicologia, instalando-se como um saber e uma prática que atravessa a universidade, mas que se coliga, desde o início, à cultura intelectual, às vanguardas estéticas, aos movimentos políticos, capilarizando-se como um discurso de incidência social ampla. Não é um acaso que o primeiro Departamento de Psicanálise (Paris-VIII) tenha aparecido na França, tendo Serge Leclaire, aluno e analisante de Lacan, como diretor. Em meio às convulsões sociais de maio de 1968, seria preciso reinventar a universidade, rever as relações entre Estado e sociedade civil, mas, sobretudo, questionar a ocupação redutiva do espaço público ao dualismo representado pelo mercado e pelo aparelho jurídico-normativo. Em situações de crise desta natureza, como o caso da revolução húngara, a psicanálise ganha lugar proeminente justamente por sua localização para-tópica entre os saberes e práticas que não identificam a esfera dos interesses privados ao mercado e a esfera dos interesses públicos ao Estado.

Algo similar se poderá verificar quando se observa a participação da psicanálise na revisão do sistema universitário sul-africano após o *apartheid*. É por isso que o diagnóstico lacaniano da universidade complementa e duplica a crítica das instituições psicanalíticas. Ele representa uma objeção sistemática que pretende desequilibrar a matéria-prima sobre a qual se instituem as divisões anteriores. Contra a separação metodológica entre ciências da natureza e ciências do espírito, Lacan recorrerá a uma fundamentação lógico-poética dos conceitos. Contra a distinção ético-política entre a incidência do saber na esfera pública e na esfera privada, Lacan recorrerá a uma crítica da falsa universalidade, representada pelo homem e os ideais adaptativos ou conformistas que se

PARTE V - CAPÍTULO II - PSICANÁLISE NA UNIVERSIDADE...

escondem em seu interior. Contra a organização do saber em torno da unidade de valor, representado pela formação para o mercado, Lacan montará uma crítica da razão técnica. Todos esses movimentos convergem na proposição da teoria dos quatro discursos[129] como uma concepção tensa e inconciliável entre verdade e produção.

A revolução lacaniana, que levou a psicanálise a se revigorar e se disseminar pelas universidades ao longo do mundo, pode ser entendida a partir de um sistema de compromissos e benefícios cruzados que ela foi capaz de introduzir. Nesse sentido o caso das universidades brasileiras, no período pós-inflacionário, posterior a 1992, é paradigmático. Momento que, aliás, marca também uma nova fase na internacionalização das universidades e das associações psicanalíticas. A deriva sofrida pela psicanálise, sucessivamente, da medicina para a psicologia e das vanguardas políticas e estéticas para as ciências humanas, encontra no Brasil uma diferença local importante, em relação a quase todos os outros cursos de graduação em psicologia no mundo e em função dos piores motivos.

Durante a ditadura militar, a política de Estado orientada para a substituição dos "teóricos e subversivos" cursos de filosofia ou sociologia pelos "práticos e conformados" cursos de psicologia, abriu o cenário para a politização de teorias e métodos de tratamento. Ao mesmo tempo a crítica da reprodução simbólica dos saberes de elite, com a conivência premeditada da universidade, abria espaço para uma reformulação social da psicanálise, fora de uma profissão aristocrática, para o que Lacan surgia como alternativa real. Note-se que a verdadeira oposição em causa aqui não é entre psicanálise e universidade, mas entre a justificação particularista ou universalista da transmissão do saber. Por outro lado, a psicanálise de orientação lacaniana apresentava, em forma e conteúdo, duas condições que haviam afastado a forma tradicional da psicanálise das universidades, a saber: seu desejo de ciência e sua demanda de transmissão. Ligado à retomada de saberes eruditos ou clássicos, inspirado por

---

[129] LACAN, J. *O Seminário Livro XVII*: o avesso da Psicanálise. Jorge Zajar: Rio de Janeiro, 1988.

CHRISTIAN DUNKER

uma retórica onívora, Lacan retomava o que Freud chamava de *universitas literarum*, elemento do qual a psicologia burocrática brasileira começava a se ressentir.

A segunda diferença local da universidade brasileira, relativa a seu diálogo histórico com a psicanálise, emana do fato de que nossos cursos de psicologia são cursos que habilitam para a prática clínica. A expressiva maioria dos cursos de psicologia pelo mundo consiste em estudo teórico, com alta densidade de pesquisa experimental, orientados por livros-textos e ministrados por professores profissionais distantes da prática. Nenhum contato com pacientes, pouca experiência com conflitos institucionais, afastamento progressivo dos problemas reais de uma comunidade, extemporânea percepção da experiência psicopatológica. Isso será função dos *trainings*, especializações e formações específicas, sejam elas de natureza mais independente, como as sociedades psicanalíticas tradicionais, sejam elas em cursos de especialização. Portanto, a universidade brasileira oferecia, em contraste com o resto do mundo, seja por seus serviços de extensão, seja pelos cursos de introdução à prática clínica, um cenário ferencziano propício para a retomada da ideia de *práxis* tão valorizada pelo pensamento de Lacan.

O caso brasileiro é periférico, e de sua excepcionalidade surge uma nova oposição, não mais entre psicanálise e universidade, como formas de saber ou políticas de tratamento, mas a dissociação entre teoria e prática. No contexto de perda de radicalização da noção de formação, a responsabilidade social daquele que se engaja na ética da psicanálise introduz uma crítica espontânea da ocupação do espaço público por interesses privados e da colonização do espaço privado pelos interesses públicos. Ética da psicanálise, desejo do psicanalista, recusa do pensamento único e do burocratismo formativo são figuras chave da expansão lacaniana nas universidades brasileiras. A oposição não se dá entre o psicanalista como intelectual ou como cidadão, mas entre o psicanalista como funcionário obediente, ou como responsável por um desejo em formação, o desejo de analista. A crítica permanente das vicissitudes de sua própria formação explica tanto o vício quanto a virtude secessionista da tradição lacaniana. As exigências trazidas por este último horizonte são curiosas, pois envolvem decisões éticas, como o engajamento em

PARTE V - CAPÍTULO II - PSICANÁLISE NA UNIVERSIDADE...

uma psicanálise; políticas, como a escolha de um tipo ou outro de formação; cognitivas, como o estudo orientado por questões construídas e cultivadas pelo próprio sujeito (como no cartel). Decisões, que por usa vez são trazidas para o interior mesmo do processo, por meio da noção de transferência.

Chegamos assim à quarta caricatura das relações entre psicanálise e universidade. Nela, a máxima lacaniana de que o psicanalista não se autoriza senão de si mesmo, pode ser interpretada tanto como *libertação* dos costumes administrativos e reguladores, que envolvem o controle profissional, quanto *liberalização* das práticas de formação deslocando a regulação da matéria para o mercado. *"Mercado"*, neste caso, refere-se tanto à acepção de *segurança das populações* e demandas clínicas de sofrimento, quanto às práticas de ensino, estágio e reprodução do discurso da psicanálise. Novamente encontramos aqui uma curiosa coincidência local. Depois de 1992, o Brasil sofre uma espécie de abertura universitária, seguida de uma moratória dos costumes de controle e intervenção do Estado sobre as práticas educativas. Desistência de acompanhamento do processo em troca de preocupação crescente com a qualidade do produto. Exames, comparações, avaliações e demais métricas de produtividade. A expansão do lacanismo na psicologia universitária brasileira; sua relevante participação no desenvolvimento do terceiro setor; sua presença cada vez mais constante em instituições de saúde, mental ou geral; sua educação, universitária e média; sua difusão no debate cultural, tudo isso se explica, em grande medida, pela sua recusa congênita e desconfiança constitutiva com relação a autoridades constituídas, mas também pelo *produtivismo* que ele pode gestar na coalizão com o discurso universitário. Neste ponto a crítica lacaniana da publicação é muito precisa. Afinal, o que significa *publicar*, no sentido de tornar público, quando isso é mero imperativo normativo de mercantilização do espaço público? Quando a produção se mede pelo fator de impacto de um artigo científico? Ou seja, o valor da produção é aferido pela forma de sua reprodutividade. A oposição fundamental, neste caso, se desdobra entre universidade pública e universidade privada, ou melhor, entre os fins públicos ou privados da universidade, frequentemente confundidos com fins coletivos ou individuais. Mais do que qualquer outra tradição

CHRISTIAN DUNKER

dentro da psicanálise, e talvez como em poucos países do mundo, a psicanálise brasileira de orientação lacaniana percebeu a importância do espaço público e a dependência da autonomia de sua prática em relação à apresentação e participação pública do psicanalista. Por outro lado, a crítica lacaniana da psicanálise tecnicista e aristocrática dos anos 1960, centrada na obediência e reprodução automática de padrões verticais de autoridade, foi de fato substituída por uma "livre iniciativa na formação", pela generalização da "transferência de trabalho", pela "flexibilização orientada pelos efeitos". Não pelos mesmos motivos e razões pretendidos na crítica lacaniana da formação tradicional, é preciso constatar que menos do que uma oposição entre psicanálise e universidade há o problema potencial de sua não-oposição.

Entramos assim no último capítulo desta história cruzada entre psicanálise e universidade. Um capítulo que ainda está por se escrever. A *universitarização* das Escolas de psicanálise parece ser uma espécie de sintoma colateral de seu casamento com a universidade, assim como a *mestrificação* das Sociedades de Psicanálise havia sido um sintoma da aliança com as estruturas de linhagem patriarcal e a *histerificação* garantiu o surgimento de inúmeros institutos independentes de formação. Depois da crítica de Lacan à condição dos psicanalistas didatas,[130] as Escolas estão bastante limitadas quanto à possibilidade de gerir as análises e supervisões. O problema se agrava ainda mais pela impossibilidade estrutural, cada vez mais patente – que este texto contribui para ressaltar – de manter uma *histerificação* no interior dos quais floresceram historicamente o questionamento e o sistema de falsas oposições entre psicanálise e universidade. Não há diferença substancial entre o ensino teórico propugnado nas escolas, associações e instituições de psicanálise e o que se encontra nas universidades. Argumentos como "*o nosso Saussure*" (que não precisa mais de nenhuma linguística para ser verdadeiro), o "*Descartes da psicanálise*" (que só nós sabemos quem é), bem como a ideia de que a ética da psicanálise é uma ética comunitária, (restrita às comunidades de psicanalistas) e demais práticas intelectuais que mimetizam o

---

[130] LACAN, J. "Situação da Psicanálise em 1956". *In: Escritos*, Rio de Janeiro: Jorge Zahar, 1998.

PARTE V - CAPÍTULO II - PSICANÁLISE NA UNIVERSIDADE...

mundo real em um símile caricatural, o *mundo psicanalítico* (com suas regras, sua linguagem, seus costumes), a instituição psicanalítica como refúgio, asilo ou subterfúgio para e contra as contradições do mundo, constituem sintomas de falta de universidade (e de universalidade) na formação do psicanalista. Inibição que, às vezes, encontramos em investigações cuja única motivação é o desejo pessoal, privado e particular de ler e estudar um assunto para compreendê-lo, consoante à formação própria, particular e pessoal na qual se imagina reduzir a formação do psicanalista. Responsabilidade social do psicanalista e do intelectual? Zero. Angústia interna e necessária ao conjunto de contradições que determinam a formação do psicanalista? Vazio. O trabalho de apresentar-se ao mundo e compartilhar seu desejo não se confunde com a instrumentalização da universidade para criar público por meio de seus títulos e certificações. Nada deveria ser desabonador em querer qualificar a *práxis*, em apresentar-se à prova do reconhecimento por seus pares, com todas as dificuldades antepostas por uma época em estrutura de espetáculo, para sustentar uma experiência que é esquecidamente social. Mas vê-se aqui o embaraço, emoção ou impedimento pelo qual o psicanalista é tomado diante dessa tarefa, alienado em seu território, álibi para sua época, fetiche de seu espaço privado. Há uma crítica a se formular sobre as condições sociais de oferta da psicanálise, que não é a do pagamento ou gratuidade, nem a do falso furo entre Estado e mercado. Como há também uma crítica, quero crer benéfica, da universidade para com a psicanálise, a saber, de intolerância para com o desconhecimento e falta de colaboração entre autores e linhagens politicamente díspares dentro da psicanálise. O saber não é uma propriedade privada a tal ponto, muito menos matéria-prima para a visão de mundo, feita por ocasião e para soberba indolência. O particularismo psicanalítico, que aparece como seu sintoma social dominante, é estranho ao espírito da universidade. Mas também o espírito de universidade, com seu discurso que é o da administração, pública ou privada, carece da crítica, do desejo e da sagacidade da formação, tal a que se espera do psicanalista. Este mesmo psicanalista que estará na universidade a lembrá-la que ela esqueceu sua função e destino, ou seja, sua origem como instituição de formação (*Bildung*) e não apenas de reprodução de estruturas de poder, de falso reconhecimento e de terceirização da autocrítica.

CHRISTIAN DUNKER

A combinação destas condições faz emergir um problema relativo à autoridade simbólica de onde o psicanalista poderia oferecer sua prática na cena social, ou seja, uma crítica ao particularismo de sua concepção de poder. Há três oposições verdadeiras quando se trata de discutir o conceito de universal, no qual se funda a ideia de universidade em oposição aos nomes (nominalismo); em oposição aos particulares (logicismo) e em oposição aos existenciais (realismo). Curiosamente, são estas três soluções encontradas pela psicanálise, no estado atual de suas relações com a universidade brasileira: a autoridade construída convencionalmente por meio de nomeações como AEs (Analista de Escola) e AMEs (Analista Membro de Escola);[131] a formalização de uma lógica do reconhecimento da autoridade da experiência (passe) e a autoridade decorrente de uma posição consistente de recusa ao exercício do poder (crítica, clínica ou ética).

Basta seguir a pista inspirada no título do texto canônico de Lacan "Direção *da Cura [Cure] e os Princípios de seu Poder*".[132] O que a direção da cura, assunto clínico e ético, teria que ver com o tema do poder? Há diferentes formas como se pode recusar o poder, fazendo-lhe resistência, desequilibrando seus efeitos de conformidade ou permutando sua estrutura. Essa política discursiva, que condicionaria a emergência histórica da psicanálise, se radicalizaria com Lacan trazendo um problema crônico e quiçá desejavelmente insolúvel, relativo à constituição das formas de poder e de autoridade no interior da própria psicanálise, pois, "*não há universal que não deva ser contido por uma existência que o negue*".[133] Não há universal que não se negue em uma espécie de crise permanente, induzida e administrada, em torno da promessa de um novo tipo de laço social, de refúgio ao mal-estar, de comunidade alternativa.

Portanto, o problema da fonte e origem da autoridade social do psicanalista, a partir da qual ele poderá instituir, fazer conhecer ou justificar

---

[131] LACAN, J. (1967) "Proposição de 17 de Outubro de 1967 sobre o psicanalista de Escola". *In: Outros Escritos*. Rio de Janeiro: Zahar, 2002.

[132] LACAN, J (1958) "Direção da cura e os princípios de seu poder". *In: Escritos*. Rio de Janeiro: Zahar, 1998.

[133] LACAN, J. (1973) "O Aturdito". *In: Outros Escritos*, Rio de janeiro: Zahar, 2002.

PAIXÃO DA IGNORÂNCIA

sua prática é mal colocado. Ele o fará sempre, queira ou não, tomando por condição a economia de poder vigente em seu tempo. Se ele se instituirá por meio do Estado, da sociedade civil ou do fetiche da autoria, isto é indiferente ao discurso do mestre. Se ele se fará conhecer com as formas comunitárias, corporativas ou do anonimato associativo, isso é indiferente ao discurso histérico. Se ele pretenderá justificar sua prática, seu saber ou seus conceitos com a universidade, com a voz da opinião pública ou com a covardia silenciosa da administração de regulamentos, isso é indiferente ao discurso universitário. É preciso reconhecer, por razões óbvias e internas a uma prática clínica fundada na recusa ao poder, que seu discurso jamais poderá ser, ele mesmo, fonte de autoridade instituída, justificativa científica ou jurídica, disseminação normativa de uma *doxa*. É por isso que a psicanálise não é uma profissão. É por isso que ela é uma antipsicologia e uma antifilosofia. Não poderia ser de outra forma, uma vez que, como dizia Freud, esperamos mais normalidade de nossos pacientes do que nós mesmos podemos oferecer. Parafraseando: esperamos sempre mais capacidade de crítica e resistência à servidão voluntária de nossos psicanalisantes, do que conseguimos apresentar em nossas próprias instituições, discursos e práticas de transmissão.

Capítulo III

A ANGÚSTIA DA TESE

Depois de orientar mais de 40 trabalhos e participar de mais de 100 bancas de defesa de pós-graduação, verifico que há apenas uma coisa em comum entre elas: a angústia da tese.

Pensando em meus queridos heróis, cada qual tendo feito a difícil travessia do deserto, entre filhos, casamentos, separações e funerais, percebo como a coisa é trágica para quem se arrisca a começar uma vida de pesquisador ou de escritor. Seus parentes e amigos acham que você foi abduzido para outro mundo. Incertezas e insônias, achaques de orientadores e o sentimento persistente de fracasso são inexplicáveis para os que nos cercam. Não há muito dinheiro envolvido, a fama será modesta e supor que este cenário de Dante é gratificador é no mínimo irônico. Fato é que a tese nos representa intimamente e ficará, mesmo, gravada, nos anais da história, com o nosso nome.

Concorrência dos colegas, sempre tão mais "brilhantes"; escassez de tempo marcado por fins-de-semanas imprestáveis, (se fez é porque não rendeu, se não fez é porque devia ter feito), nossos sonhos mais obscenos com o Nobel, tudo isso, mais as oscilações de humor do orientador não ajudam. Mas, o principal vilão desta história é o texto ele mesmo. Escrever. Achar as palavras. E dentro do texto o pior inimigo não é a ignorância, mas uma coisa louca que começa a crescer nos nossos

CHRISTIAN DUNKER

ombros, como um *daimon* socrático, só que do mal, sussurrando baixinho (no começo) e depois berrando folgado e sem peias, impropérios indecentes sobre a qualidade, relevância e sentido do que estamos fazendo. A voz do supereu e seu comparsa incitador, o Ideal do eu, é a voz da deslealdade e a fonte e origem, da *angústia da tese*.

Contra gente assim malvada tentei inicialmente métodos carinhosos. Calma e prudência, "você vai conseguir", "nós te amamos", "não leve isso tudo tão a sério". Logo percebi que apesar de tais imprescindíveis ilações pareciam virar energético na boca sangrenta de Leviathan. Quanto mais o pobre infeliz sente-se amado e amparado, pior fica. A decepção que ele imagina causar, com sua tese pífia, avoluma-se no universo. Coração gelado é gelado mesmo. Contra ele desenvolvi então uma tática de embusteiro. Melhor do que odiar um vampiro sem alma, que fica andando por aí como um fantasma a observar, sorrateiro, aquela vírgula fora de lugar, é odiar alguém de carne e osso, seu embaixador na terra: o senhor orientador. Ajuda, mas não resolve. Aqui vai a fórmula milagrosa, a que cheguei, ainda que quase nunca consiga acertar a justa mistura, para cada qual de meus pupilos, de seus dois ingredientes.

(1) "*Escritor, escreve; pesquisador, pesquisa*". Se você não escreve, acha que vai escrever, ainda está esperando para escrever, pensa que precisa ler mais antes, tem uma ideia incrível na cabeça, está quase preparado para ... não é escritor. Escritor escreve, se não escreve não é escritor. No desespero infinito conhecido como "fim de tese" sentimos que está em causa o juízo mais íntimo de nosso ser, a batalha final entre o Dragão Alado de Rá e o Obelisco Atormentador decidindo nosso lugar na ordem cósmica. Só que não. Aliás, estas não serão suas últimas palavras. Lembre-se: "*Escritor, escreve*", ontem, hoje e principalmente *amanhã também*. Existe amanhã. Existe vida depois da tese.

(2) Junte isso com o que disse um famoso editor. "Agora que você entregou os originais, quero que você releia o trabalho, com cuidado. Marque aquelas passagens que você acha mais sensacionais, aqueles momentos fulgurantes que só você saberia escrever, seus momentos de gênio. Marcou? Agora retire eles imediatamente de seu livro. Eles só dizem

PARTE V - CAPÍTULO III - A ANGÚSTIA DA TESE

respeito a você. Seu juízo sobre o que você faz está completamente perturbado pelo que você está fazendo".

Em suma, não adianta edulcorar o supereu, melhor levar ele para a cama. Leve ele para o seu texto, deixe ele fora do texto. Divisão social do trabalho. Deixe os julgamentos, críticas, considerações de valor e, principalmente a definição de seu lugar ontológico no mundo para quem é pago para isso. Assinado: *nós, a banca examinadora.*

Capítulo IV

OS 27 + 1 ERROS MAIS COMUNS DE QUEM QUER ESCREVER UMA TESE EM PSICANÁLISE

Este ensaio é uma tentativa de reunir e comentar as principais dificuldades daquele que pretende redigir um texto acadêmico inspirado na teoria e na clínica psicanalítica. Não abordarei as dificuldades metodológicas e epistemológicas inerentes ao estatuto particular da psicanálise no campo da ciência, como fiz em outras ocasiões.[134] O objetivo é apresentar um elenco de dificuldades práticas e atitudinais combinado com um número de informações eventualmente úteis e alguns princípios gerais da sociabilidade universitária. O leitor deve estar ciente da relatividade e do contexto do qual derivam tais indicações, ou seja, tanto minha trajetória formativa na tradição da psicanálise lacaniana,

---

[134] DUNKER, C.I.L; PARKER, I. "Modelos y métodos sociocríticos de La investigacion cualitativa: cuatro casos psicanalíticos y estratégias para su superación". *In:* GORDO LOPEZ, A; PACUAL, A.S. (Cood.). *Estrategias y prácticas cualitativas de investigación social.* Pearson Prentice Hall, Madrid, 2008.

DUNKER, C.I.L. *Estrutura e Constituição da Clínica Psicanalítica.* Tese de Livre Docência. Instituto de Psicologia da USP, 2007.

_____. "Metodologia da pesquisa em psicanálise". *In:* LERNER, R; KUPFER, M.C.M. (Coord.) *Psicanálise com Crianças: clínica e pesquisa,* Fapesp-Escuta, 2008.

CHRISTIAN DUNKER

quanto as particularidades dos programas de pós-graduação aos quais pertenci, inicialmente como aluno do Departamento de Psicologia Experimental da USP, depois como orientador na Universidade São Marcos, e hoje no departamento de Psicologia Clínica do Instituto de Psicologia da USP. Nos programas de pós-graduação que conheci fora do Brasil, com exceção da França, os problemas enfrentados são substancialmente diferentes.

Estamos diante de duas culturas muito específicas. Quando se pensa no caráter bastante peculiar, tanto da pesquisa universitária de extração psicanalítica no Brasil, quanto na posição extraordinária que a formação em psicanálise possui, em comparação com outros percursos de qualificação profissional, temos que reconhecer o caráter idiossincrático de nossa condição. Há uma série de costumes, de regras tácitas e de exigências difusas que muito surpreendem o candidato a um curso de pós-graduação. As relações entre custo e benefício envolvidas na formação, mesmo na escolha de uma carreira acadêmica, às vezes fazem supor aos que nos cercam um toque de aspiração vocacional e de devoção à pesquisa que surpreende aos que vêm na pesquisa apenas uma forma de progredir na carreira e ascender na profissão. Isso às vezes redunda em excessiva reverência e deferência. Foi pensando nisso, e na necessidade de introduzir algum distanciamento etnológico na matéria, que apresento minhas considerações sobre forma de lista e em estilo paródico.

Dividi a enumeração em três grupos. Os *equívocos*, decorrentes da simples falta de informação, formação ou localização subjetiva; os *erros*, causados como diria Descartes, principalmente pelo pré-juízo e pela precipitação e finalmente os *erros crassos*, tipo mais grave e geralmente mais renitente de resistência à tarefa. Cada qual deve encontrar por si mesmo a tipificação de suas dificuldades preferidas. Quando o pretendente se inclui majoritariamente no terceiro tipo há que se levantar uma dúvida razoável de natureza diagnóstica: estaremos diante de uma superfície orientável ou não-orientável? Quando o candidato não apresentar nenhuma das imperfeições abaixo resumidas recomenda-se que ele repense imediatamente sua escolha ou a orientação de seus planos de vida. Esta é uma tarefa desaconselhável aos demasiadamente puros de alma e aos que precisam demasiadamente de normas a cumprir e regras

PARTE V - CAPÍTULO IV - OS 27 + 1 ERROS COMUNS DE QUEM QUER...

para obedecer. Finalmente, se seu perfil se concentra exclusivamente nos erros típicos, genéricos ou esperados, mude de área, pois esta não é para quem pode se contentar com o senso comum. Ou seja, assim como na lógica dos inquisidores medievais, não há lugar salvo e seguro que nos garanta a legitimidade de nossas pretensões universitárias ou psicanalíticas. Nenhum desejo pode ser julgado desta maneira, ele sempre será avaliado por seus efeitos. Daí que seja em irônica homenagem ao *Malleus Maleficarum*,[135] composto por 34 questões de teologia canônica sobre a arte de descobrir bruxas e hereges, que esse manual tenha se inspirado.

Outra maneira de encarar o que se apresentará a seguir é pensar em um pequeno guia de autoajuda universitária. Vai aqui um exemplo de corrupção do formato esperado. O que constitui de saída uma advertência aos que não se colocaram o problema básico de que pesquisa universitária constitui um gênero específico de escrita. A psicanálise pode ou não constituir um gênero à parte, mas é preciso considerar o contraste, neste quesito, entre as diferentes escolas, grupos e tradições. O critério de escolha baseia-se no recorrente aparecimento destes *equívocos, erros* e *erros crassos*, nas iniciações científicas, dissertações de mestrado e teses de doutorado, mas apenas nas verdadeiramente interessantes, quer do lado do orientador, quer do lado do orientando.

No mais procurei seguir o espírito das *Ratschläge* freudianas,[136] ou seja, conselhos e indicações que possuem dois critérios fundamentais. Devem adaptar-se à *personalidade médica do pretendente* e enfatizar aspectos a serem evitados e não *modos de ação que devem ser repetidos*. Em tempos de popularização do autodiagnóstico esperamos que ele possa ser de alguma valia tanto para aqueles que especulam ou estão firmemente decididos a incursionar pelo mundo medieval da pós-graduação... *strictu sensu*, como diria Nicolau Eymerich.[137]

---

[135] KRAMER, H; SPRENGER, J. *Malleus Maleficarum (O Martelo das Feiticeiras)* (1484). Rio de Janeiro: Rosa dos Tempos, 1990.

[136] FREUD, S. "Ratchläge für den artz bei der psychoanalytichen behandlung (1912)". *In: Sigmund Freud Studienausgabe, Schrifetn zur Behandlungstechnik*. Fischer, 1975.

[137] EYMERICH. *Directorium Inquisitorum (Manual dos Inquisidores)* (1376). São Paulo: Record, 1993.

CHRISTIAN DUNKER

Finalmente, dedico este escrito àqueles que nutrem interesses etnográficos indiretos na sobreposição destas duas subculturas discursivas, a universidade e a psicanálise. Refiro-me aqui aos pais, esposas, maridos, filhos e amigos daqueles que se candidataram às provações da fé universitária e que serão mais fortemente tocados pelos tormentos que ela causa. Espero que esse pequeno libelo possa servir como tratado de etiqueta e de alívio para estes viajantes incautos, peregrinos desavisados e caronistas involuntários, que tiveram seus entes queridos abduzidos por essa estranha aventura da escrita. Estes que não conseguem entender como isso se tornou algo tão importante na vida de alguém. Que se sentem desprezados, diminuídos e enciumados diante da "maldita tese".

1. Não desconheça seu orientador

Não quero dizer a pessoa simpática que o representa, mas o que ele escreveu, quem ele orientou e quem o orientou, o que ele leu, com quem ele estudou, onde ele publica, onde ele não publica, quais laboratórios e colaboradores ele frequenta e quais associações ele pertence. Isso tudo deve ter alguma congruência, mesmo que a coerência autoral dobre-se diante de circunstâncias insabidas. Lembre-se, a palavra mágica aqui é *pesquisa*. Se você agir como alguém que precisa de conselhos, ordens ou indicações sobre tudo, como se estivesse em um curso de graduação, querendo saber *"como faz para passar de ano"*, reavalie seu interesse em pós-graduação. Se você não tem a iniciativa ou curiosidade para ler e conhecer aquele com quem você irá passar os próximos anos de sua vida é melhor procurar outro ramo. Este aqui se chama *pesquisa*, e sua habilidade para isso será avaliada desde o início pela capacidade de encontrar um orientador e justificar seus interesses diante dele.

2. Nunca ignore o mapa da situação

A situação é composta pelo programa de pós-graduação, pelos outros alunos e orientadores, pela área na qual seu programa está incluído, pelos órgãos externos e internos aos quais ele deve satisfação e pelos quais ele é avaliado. CNPq, Capes, FAPESP, CCint, CPG, CCP, são

PARTE V - CAPÍTULO IV - OS 27 + 1 ERROS COMUNS DE QUEM QUER...

siglas com as quais você deve se familiarizar. Dentre elas é preciso destacar o soberano *Currículo Lattes*, a verdadeira mistura entre carteira de identidade e imposto de renda do pesquisador (ademais é grátis, vá pegar o seu).[138] Se você ainda não tem um volte para o início do jogo – casa número 1. Prazos, condições, regulamentos e comissões compõem a paisagem de sua aventura. Lembre-se: a pós-graduação descende, em espírito e conceito, da Idade Média – Bolonha, Oxford, Sorbonne. Se você nunca estudou o feudalismo, faça um curso rápido: laços de vassalagem, teoria dos dois gládios, territórios defendidos com muralhas e castelos, tribunais do Santo Ofício, qualificações, provas de amor cortês, ataques de Sarracenos, Cruzadas e cercos levantados contra os hereges. Por toda parte haverá hierarquia, sinais e decifrações. Imagine que a burocracia é a Igreja, os orientadores são os nobres (sempre lutando para ver quem é mais nobre que o outro), há também os servos da gleba e os santos em martírio. Casamentos acabam, gravidez múltipla acontece, trabalho é perdido, a peste no computador conspira contra nós. Vida real: o mundo não vai parar para você fazer sua tese. Você precisa sobreviver a tudo isso levando a cabo seus próprios sonhos de autonomia e liberdade. Conheça o mapa. Sem ele os perigos virão de toda parte. Não esqueça: duas ou três vidas para o mestrado e cinco vidas para o doutorado, dependendo do modelo do seu *videogame*. Em casos especiais seis meses de prorrogação, mas não conte com isso, algumas máquinas dão *game over*, sem aviso. Observe ainda que se você perdeu o prazo serão prejudicados, em ordem de importância: você (que terá que prestar contas disso até o juízo final), seu orientador (que escolheu você), seu Programa (que ganhará menos bolsas), seus colegas (que terão menos bolsas para se digladiar), seu Departamento (que terá menor produção científica), sua Universidade (que terá que explicar a má escolha de candidatos), sem falar em seus descendentes até a quinta geração que serão amaldiçoados pelo pecado cometido.

3. Não perca tempo fazendo mapas imaginários

Escrever uma tese, particularmente quando o tema é psicanálise, é um desafio ao narcisismo. Se você não se coloca o texto é anódino, se

---

[138] Disponível em: http://lattes.cnpq.br/

CHRISTIAN DUNKER

você se coloca o texto te expõe. Suas limitações, preconceitos e os mais loucos devaneios serão chamados a trabalhar durante o tempo gestacional de seu texto. Ele será um fragmento de sua conversa com seus analistas, supervisores, pacientes, amigos, concorrentes, inimigos, pseudoinimigos, grupos, anti-grupos e demais figuras fantásticas que só o seu imaginário sabe criar. Além disso, é importante que ele seja parte de sua conversa com a comunidade de autores com os quais você quer falar. Escolha-os com cuidado, mas não demasiado. Fale com os clássicos (Freud, Lacan, Klein etc), mas fale também com os vivos, com as teses e artigos publicados na última década, fale em inglês e francês, (evite o finlandês lacaniano), fale com seus atuais professores, fale com seus antigos professores, fale com os eventos fortuitos da semana, fale com tudo o que lhe cair na mão e se mostrar útil para a conversa. James Joyce revirava latas de lixo, lia desde bula de remédio até propaganda de desodorante. Assim como na análise, tudo é farinha para o moinho da transferência, na tese *tudo é pretexto para o texto*. Especialmente benéfico ao espírito é falar com os outros peregrinos, seus colegas e adjacentes, que apesar de seu modo ensimesmado, gerado pela tese, continuam a viver no mesmo mundo que você. A Idade Média foi um período farto em suspeitas, temores e regido pelo intenso temor de perseguição. Por isso ela é também uma época de extremo fechamento meditativo e introspecção. Não gaste seus preciosos e escassos recursos em comparações inúteis tentando saber todo o mapa antes de começar. A errância faz parte da viagem. Qualquer tentativa de fazer o texto e ao mesmo tempo construir sua própria metalinguagem explicativa deve ser deixada para depois da defesa.

4. Domine o dragão da originalidade

Coragem é bom, aspiração de transcendência não. Um dos piores pesadelos de mestrandos e especialmente de doutorandos é que sua amada tese, fique *"esquecida em uma biblioteca, empoeirando naquele canto escuro, comida por ratos"* como em *O Nome da Rosa*. O caminho de Santiago é longo e árduo, por isso os peregrinos começam a imaginar o jardim das delícias. O desejo de se tornar um autor, de ser reconhecido por uma ideia genial, por uma nova forma de ver as coisas, ou por um tema único, do qual você será o dono, proprietário e conquistador, é

PARTE V - CAPÍTULO IV - OS 27 + 1 ERROS COMUNS DE QUEM QUER...

louvável. Ninguém se mete em uma Cruzada como essa sem ter para si um grande motivo. Considere sua tese como uma donzela a ser conquistada (ou um donzelo quando for o caso). O dragão da originalidade, com suas cabeças narcísicas das quais brotam duas quando se corta uma, torna a sua tese invulnerável. Detalhe chato: sua tese não existe... ainda. Traga o tal dragão, que solta labaredas de idealização pelas ventas, para a viagem, mas guarde-o em seu alforje. Olhe bem para ele quando tudo parecer perdido. Depois guarde-o de novo, rapidamente. A originalidade é um efeito, não uma causa. Você não a procura, ela encontra você. *Magister dixit: "a originalidade que nos é permitida se reduz à franja de entusiasmo que dotamos"*.[139] Mas isso só acontece se você não se obcecar com ideais e for corajoso o suficiente para deixar aparecer sua própria voz. Curiosamente, os que aspiram à suprema originalidade em geral são inibidos ou engolidos por ela. O toque da Graça acontece para alguns, mas, vos garanto, não são os mais preocupados com isso. Enquanto isso se contente em fazer sua parte, ou seja, o melhor que você tem para dar neste momento de sua vida, nas condições reais que você dispõe, com os recursos que você tem. Esqueça o conceito de condições ideais de pressão e temperatura. Além de ter sido inventado depois da Idade das Trevas isso só vai atrapalhar seus familiares que rapidamente serão responsabilizados pela sua falta de criatividade. Deixe os ratos roerem sua tese, daqui a vinte anos ela será apenas um pecado de juventude.

5. Encontre seu unicórnio interior

Alguns comparam a escrita da tese à procura de um tom. Como em uma banda na qual depois que ela consegue começar, todo o resto virá com maior facilidade. Na escrita de ficção este é um tema nobre. Há livros que abordam especificamente a escrita da primeira página, ou até mesmo do primeiro parágrafo.[140] Freud não parece desconhecer o problema ao insistir na importância das primeiras comunicações em análise,

---

[139] LACAN, J. "Introdução de Scilicet no título da Revista da Escola Freudiana de Paris (1968)". *In: Outros Escritos.* Rio de Janeiro: Zahar, 2001.

[140] EDGERTON, L. *Hooked:* write fiction that grabs readers at Page one and never lets them go. Writer's Digest Books, Cincinnati, 2007.

CHRISTIAN DUNKER

seja no início do tratamento, seja na abertura de cada sessão.[141] É por isso também que se costuma repetir, quase sempre sem efeito, que a introdução da tese deve ser a última coisa a ser escrita. Contudo a ordem de criação do texto não deve se confundir com a arquitetura do texto final. É comum, apesar de não deixar de ser paradoxal, por exemplo, que o capítulo sobre o método seja escrito ou finalizado após a discussão dos resultados. Este "tom" é como estar apaixonado. Quando ele acontece você sabe que "tem uma tese". Isso pode acontecer em qualquer ponto do caminho e certamente muda tudo, como um êxtase místico de Marguerite Porete ou Santa Teresa Dávila. Seu conteúdo pode estar simplesmente errado, mal acabado ou em arquitetura precária, mas você, e na maior parte das vezes seu orientador, sabe que você tem uma tese. Mesmo que seu texto seja uma dissertação de mestrado ou um relatório de Iniciação Científica, ou seja, mesmo que não se exija a presença de uma tese, em sentido estrito, que será apresentada e defendida, no caso de trabalhos em psicanálise há sempre uma tese. Por isso deve-se entender a emergência da voz da autoria, da responsabilização e da implicação com o que se está dizendo. São tantas as vozes que compõe um texto; outros autores, você mesmo em outros momentos, seus professores, analistas e supervisores. O estilo é objeto que cai, como uma voz. Há vozes que aparecem no texto e que nem mesmo sabemos de onde provém. Nossa ingerência nessa polifonia é relativa, mas nunca deixe de procurar o instante em que por obra do acaso ou do esforço, elas param de brigar umas com as outras e você sente que este tom é a sua voz. Depois é só não perder isso. Assim como os Unicórnios, a procura do "seu tom" é uma busca feita pela inferência incorreta de que se existem chifres únicos (sem corpos de cavalos) e se existem cavalos (sem chifres únicos), de alguma maneira devem existir cavalos com chifre. Unicórnios não existem. O que não nos impede de procurá-los. Quando os encontramos eles são feitos, naturalmente, de outra coisa: chifres de Nerval mortos há muito tempo, fantasias sobre cavalos fálicos, desejos em torno da virgindade, tapeçarias guardadas em museus, desconhecimento sobre cavalos reais, ou a simples vontade de contar uma história que valha a pena.

---

[141] FREUD, S. (1913) "Zur Eileitung der Behandlung (Weitere Ratschläge zur Technik der Psychoanalyse I) (1913)". *In: Sigmund Freud Studienausgabe, Schrifetn zur Behandlungstechnik.* Fischer, 1975.

PARTE V - CAPÍTULO IV - OS 27 + 1 ERROS COMUNS DE QUEM QUER...

6. Não complique o que não existe

Às vezes quando se está insone durante a noite somos assaltados por uma "ideia maravilhosa". A tese toda nos vem à tona como a pedra faltante de um quebra cabeça. Todavia, no dia seguinte à euforia, que prolongou a insônia, termina em duas frases deslocadas, pífias e vazias. Há outras versões deste problema. Uma longa, rica e esclarecedora conversa com seu orientador pode redundar em mais uma página em branco, que teima em não entregar o segredo de sua virgindade para você. Grandes promessas proclamadas no bar diante dos amigos viram poeira indigente quando tornamos à casa dispostos a não as deixar na inconsequência verbal. Aceite isso como regra do jogo. O tempo de articulação do significante é um tempo lógico, não cronológico, mesmo que a Comissão de Bolsa desconheça os estranhos caminhos da astronomia de Ptolomeu, e que seus membros estejam decidindo se você está mais para Copérnico ou para Giordano Bruno. O lado traiçoeiro disso é que você nunca sabe quando será *a hora*, logo escreva sempre. Escreva quanto tiver cinco ou dez minutos, escreva *antes* de ir ao bar contar bravata aos amigos, escreva *antes* de ter aquela insônia. Nunca espere. Na hora certa as palavras virão. É como uma sessão de análise, você pode não ter nada para dizer naquele dia, mas vá mesmo assim. Geralmente são as melhores. Inversamente jamais complique o que ainda não existe. Os livros que você ainda não leu, o fim de semana sem as crianças, aquela tarde de domingo tranquila e sem interrupções telefônicas, o que seu orientador vai achar se... tudo isso não existe, logo *não complique, escreva*.

Escritor, escreve. Teseiro, tesa.

7. Aceite as críticas mais impiedosas no coração mais íntimo do seu ser

Há um conselho constantemente dado pelos editores aos escritores. Depois de terminado o livro, releia-o com atenção e grife as frases que você acha as mais sensacionais, criativas e retoricamente perfeitas. Em seguida retire-as sumariamente do seu texto. Provavelmente elas só vão interessar a você. Quando a metáfora corrente compara a tese ao nascimento de um filho há de fato alguma pertinência. Poucos projetos na vida

CHRISTIAN DUNKER

demoram tanto paras serem feitos. Geralmente são coisas muito importantes. Nela depositamos nossos sonhos e esperanças. Um dia ela nasce para a vida e sai de nossas mãos, indo parar na alçada destes terríveis leitores inescrupulosos. Então ela já não nos pertence mais e terá que sobreviver sem nossa ajuda. Como dizia Montaigne escrever é aprender a morrer. Assim também é ter filhos. Ora, qualquer psicanalista lembrará aqui que "sua majestade o bebê" precisará de um longo processo de separação, no qual a atitude dos pais será decisiva. A *falha básica* aqui é a seguinte: o juízo mais íntimo de seu ser (*kern useres wesens*) não está em jogo na tese. Não é você quem está sendo julgado: é o que você escreveu. A psicanálise é uma atividade na qual os parâmetros narcísicos de sucesso, realização e progresso são muito inapropriadamente aplicáveis. O caráter sigiloso da experiência, o cotidiano relativamente solitário, as incertezas da prática costumam inquietar nossos ideais. Não é incomum que a tese venha a colocar à prova os mais diferentes aspectos da formação e da prática clínica. Não é boa ideia alimentar esta tentação. Freud recomendava que não nos deixássemos levar pelos elogios transferenciais do paciente, assim como tomássemos as reações críticas com parcimônia. Se seu orientador ou os seus colegas criticam um ponto do seu texto, recue, avalie com calma. Sobretudo responda ao que foi dito. Não tome isso como um ato de desamor. Um acadêmico que não escuta é como um psicanalista surdo. Na dúvida aceite a crítica como instrumento para separar-se de sua "obra". Decline da gula ou soberba psicanalítica. Admita o caráter projetivo da inveja e da ira alheia. Deixe que a melancolia e a acídia[142] façam seu trabalho. Sobretudo, jamais deixe de entregar-se à luxúria, com outros e outras, que não o seu texto.

8. Os limites de sua linguagem são os limites de seu mundo ... e de sua tese

Aprenda línguas. Se não for possível a leitura no original, busque textos que possam ser cotejados, edições de controle; esteja a par das discussões sobre tradução, compilação, reedição e estabelecimento das obras dos autores que lhe são importantes. Nunca se esqueça de mencionar ou

---

[142] A melancolia e a acídia (preguiça espiritual) compunham os pecados capitais, em número inicial de oito e não sete, segundo a classificação de Evágrio do Ponto (345-399 d.c.).

PARTE V - CAPÍTULO IV - OS 27 + 1 ERROS COMUNS DE QUEM QUER...

discutir com o tradutor, este goleiro da vida acadêmica. Se ele segura tudo, não fez mais que a obrigação, ninguém repara. Se erra uma vez, todos criticam. Profissão maldita, até onde ele pisa a grama não nasce. Não obrigue seu leitor a falar sua língua. Especialmente no que ela comporta de idioleto, jargão, gíria, proverbialismo e particularismo. O *seu* litoral entre saber e gozo não é uma praia particular. Lembre-se, o nome do jogo é *Universidade, não é Particularidade*. Ferenczi já apontara que toda colonização começa por obrigar o outro a falar nossa língua. Recusar-se a falar uma "língua comum" não deve amparar-se em falsa associação entre o discurso do psicanalista e o estilo gongórico de Jacques Lacan. Cuidado também com monomanias, Freud e Lacan recomendavam uma dieta onívora, balanceada e diversificada. Construir um estilo, o *seu estilo*, é essencial, para autorizar-se como autor. Nada ajuda mais nesta tarefa do que separar-se do outro. Quanto mais rico, complexo e extenso o outro, melhor será seu estilo, seu corte, sua separação. Separar-se no deserto é bem mais difícil. Pense com sua clínica. Dê preferência aos clássicos da psicanálise e da literatura, mas também todas as línguas da ciência, da cultura e da arte. Pense com a linguagem do cinema e da propaganda. Pense com o teatro e com as novelas de televisão. Dominar bem uma língua básica (um autor ou um tema) é altamente desejável. Há alguns bons textos que ajudam a desenvolver a escrita de ficção,[143] uma aptidão necessária para teses em psicanálise. Há outras referências gerais sobre escrita da clínica, sua estilística e os problemas da constituição da autoria em psicanálise.[144] Há que se ter um pouco de formalidade. Isso começa pelo seu email (evite coisas como *rockfucker2001@fritz.com.br*). O material enviado terá que ser classificado pelo seu orientador e colegas, daí que seja desejável alguma ordem e método

---

[143] BICKHAM, J.M. *The 38 most common Fiction Writing Mistakes.* Writers Diggest Books. Cincinatti, 1997. GARDNER; BURROWAY, STUCKEY-FRENCH. *The Art of Fiction.* Vintage: New York, 1991. STRUNK, E.B; WHITE, W. *The Elements of Style.* Longman: New York, 2000.

[144] MEZAN, R. *Escrever a Clínica.* Casa do Psicólogo. São Paulo, 1998.
BURROWAY, J; STUCKEY-FRENCH, E. *Writing Fiction:* a guide to narrative caft. Longman: New York, 1996. COSTA, A. *Clinicando:* escritas da clínica psicanalítica. Associação Psicanalítica de Porto Alegre, Porto Alegre, 2008. GONÇALVES, R. *Subjetividade e Escrita.* Edusc-UFSM, Santa Maria, 2000.

(evite coisas como *Intr.geral-agora-vai-mesmo-33*). Escolha o que você quer que seja lido com mais atenção, indicando suas dificuldades (evite coisas como *tese-total-tudo-de-uma-vez*). Respeite a urbanidade dos horários de envio e expectativas de resposta (evite comentários como *"E aí? Leu meu email?"* mandado às 3:34 da madrugada anterior). Regra geral: se o leitor não entendeu, a culpa é sua. Neste jogo o leitor é soberano, ou seja, é você quem não se expressou bem, ou escolheu mal seus destinatários. Lembre-se que você não estará ao lado de seus leitores para longas explicações verbais sobre o sentido daquela interjeição, daquela alusão, daquelas aspas, daquele "e/ou" bancário, e ainda pior, *"do que você queria dizer"*.

9. Não perca a experiência

Uma pesquisa clínica não é apenas explicitação de conceitos ou reconstrução de seu desenvolvimento dentro da obra. Uma experiência intelectual também não é o relato ou testemunho auto justificador de um saber pré-constituído. Se você veio para a pós-graduação para chancelar e aprovar o que você já sabe, *volte para a casa número 2*. Por aqui interessam boas perguntas, não só respostas. Ademais, tema não é pergunta. Por exemplo, se você abordar seu orientador pretendido com uma indagação genérica do tipo: *quero estudar sexualidade feminina* ou *a teoria do gozo*, você apenas confessará, involuntariamente, seu interesse em fazer um curso, um cartel ou uma especialização, não uma pós-graduação. Pós-graduação não é o lugar no qual você vai aprender o que este ou aquele autor disse, nem compreender o que ele queria dizer. Isso é pressuposto pela sua formação. Ela também não é o lugar no qual você vai confirmar que sua prática é boa e que você está agora "certificado". O que se espera da pós-graduação é que novos problemas, novos ângulos, novas respostas possam ser propostas e tratadas. Se você ainda não se sente em condições de levantar uma *questio*, ou seja, uma questão capaz de gerar um conjunto articulado de perguntas, que se inclua em uma disputatio volte para o item (1) desta lista. Qualquer um que tenha sido aceito por um orientador que se preze tem um questão em mente, ainda que a tenha esquecido. Ciência é uma disputa agonística e concorrencial pela verdade. Se você não quer dialogar e questionar outras pessoas da comunidade de estudiosos na qual você pretende se incluir,

PARTE V - CAPÍTULO IV - OS 27 + 1 ERROS COMUNS DE QUEM QUER...

continue a ler até encontrar a estrutura da sua ficção. Mas, sobretudo, nunca, jamais perca de vista a experiência que seu texto tem como horizonte. É ela que deve trabalhar em seu texto da primeira à última página.

10. Não ignore seu próprio texto

Na ânsia de ler o que se deve, o que se pode e o que não se pode é comum que nos esqueçamos de ler a sério e com atenção o que estamos dizendo. Ler-se e conhecer os meandros e bastidores de seu próprio texto é uma atividade que nunca se pode recomendar demasiadamente. A procura da concisão, da correção ortográfica, da fluidez, da clareza constitui um verdadeiro Santo Graal à parte dentro da tese. Verifique a concordância e a regência. Leia-se: "*sujeito-verbo-predicado*"; "*uma ideia, um parágrafo*", "*premissas, argumentos, conclusões*". Imagine-se um monge em canto gregoriano: o que você ganha em altura você perde em tonalidade. Regra básica: a gente nunca ganha nas duas. Se desceu, perde em "visão geral". Se subiu, perde em detalhe e agilidade. Se correu, deixou algo para trás. Se foi muito devagar... saiu do coro. Ao contrário da análise, aqui os entimemas, alusões, elipses e enunciações indeterminadas, são mal vindos. A arte de polir um texto introduz uma relação temporal nova que cria ângulos e problemas inesperados. Não é um acaso que na época de Espinosa todo filósofo devia ter uma atividade manual (ele mesmo era polidor de lentes). O polidor e o ourives devem caminhar lado a lado com o engenheiro e com o arquiteto do texto. Estas duas funções devem se articular ainda com a máxima "*seja psicanalista de seu próprio texto*". Escute-o, reconheça insistências, sintomas, inibições, mensagens que retornam invertidas desde o Outro. Principalmente sustente os significantes que você introduz. Explique títulos, justifique conceitos, desenvolva noções, varie e enriqueça o uso de expressões ao longo do texto. Use recursos filológicos, aproveite as flutuações semânticas e ambiguidades calculadas. Faça *sua questão* de pesquisa trabalhar. Aproveite para examinar seu trabalho também como um estrategista militar. Onde estão os flancos, onde estão as melhores colunas de sustentação, onde há buracos fazendo água, por onde queremos que o inimigo se introduza. Sobretudo, *nunca* entregue um texto para apreciação sem homogenizar o tipo de letra (times New Roman 12), sem o espaçamento

CHRISTIAN DUNKER

entre linhas (1,5), sem justificá-lo (a forma do texto e seu conteúdo de preferência), sem a titulação e subtitulação numerada dos itens (1; 1.1.; 1.2.4.), sem nomear propriamente o arquivo (no texto e no computador), sem usar corretamente itálico (expressões estrangeiras, nomes de livros), sem usar propriamente o negrito (nunca como estressador ou interjeição de ênfase, use muito criteriosamente a exclamação (!) e a pergunta retórica), sem rigor formal nas citações (mais de 30 palavras fora do corpo do texto em espaço recuado, letra tamanho 11; menos de 30 palavras no corpo do texto, entre aspas, tamanho 12), sem especificar a fonte corretamente (nome de autor, ano de publicação, ano da edição utilizada, página na qual se encontra a passagem). Sobretudo, *nunca, jamais em tempo algum* cite sem colocar entre aspas ou mencionar o autor. O nome técnico para isso é plágio, ou também chamado furto de texto. Quer usar paráfrases, glosas ou sínteses de ideias de autores ou mesmo de passagens genéricas de um texto? Faça-o com suas palavras. Imagine que você é um advogado apresentando e defendendo uma causa. Assim como no processo jurídico, um erro de forma, uma perda de prazo, uma anomalia de procedimento, impede que sua causa seja apreciada com justiça e parcimônia. Ela pode ser indeferida simplesmente por problemas de forma. Isso gera confusão, pois poderá ser assimilado como uma recusa do conteúdo, desencaminhando a alma de seu trajeto rumo ao paraíso, prendendo-a ao limbo, ou ao purgatório, por tempo indeterminado.

11. As cabras fracas ficam para trás

Nunca deixe as citações para serem checadas depois. Apresente os textos parciais com o melhor nível de acabamento que você conseguir. A perspectiva de que o importante no momento é passar a ideia é completamente incompatível com a sustentação universitária do significante. O mesmo se aplica a títulos que não são explicitados, citações não trabalhadas ou argumentos inconclusos. Evite os dois pecados atitudinais da escrita acadêmica: dogmatismo (cabras concentradas demais) e o ecletismo (cabras dispersas). Bom antídoto estilístico para eles: alterne momentos de construção de justificativas e argumentos, com momentos de construção das regras ou critérios pelos quais os argumentos devem ser julgados. Imagine que seu precioso tempo é tão precioso quanto o

PARTE V - CAPÍTULO IV - OS 27 + 1 ERROS COMUNS DE QUEM QUER...

dos colegas ou de seu orientador que terá que se interessar por problemas ortográficos, de diagramação ou de homogenização de citações e referências, em vez que se concentrar no que é o mais importante. Moral da história: as cabras que você deixa para trás sempre voltam pela frente.

12. A pós-graduação não substitui a formação

A pós-graduação forma pesquisadores e professores. A formação psicanalítica forma psicanalistas. A melhor maneira de viver essa contradição é assumi-la como tal. A formação é um processo muito mais amplo que a pós-graduação. Ela compreende sua formação psicanalítica, mas também sua formação geral (*Bildung*). É necessário que você leia ampla, extensa e intensamente sobre seu tema. Conheça os comentadores e autores. Nunca jamais em tempo algum traga para a universidade as secções e divisões entre as escolas, linhas e grupos psicanalíticos. É como ir ao casamento de seu chefe com a camisa do Palmeiras (mesmo que ele seja palmeirense). A regra pela qual um grupo não deve ler, nem discutir o que os outros grupos concorrentes fazem, não só não se aplica na universidade como é virtualmente maléfica à formação psicanalítica. Isso vale para composição de bancas, exames de qualificação, escolha de disciplinas e estágios docentes. Ao contrário de outras áreas de pós-graduação que tendem à especialização, no caso da psicanálise a feudalização é tendencialmente problemática.

13. A formação não substitui a pós-graduação

A pós-graduação deve ocupar um lugar suplementar na formação do psicanalista. Ou seja, além da própria análise, da supervisão, do estudo de textos, das apresentações de paciente pode-se incluir a pós-graduação. Se ela for pretexto para descuidar da formação esteja certo que será a brecha pela qual o diabo da resistência entrará na sua vida. Em termos mais específicos esse problema acaba se concentrando no seu capítulo sobre método. A psicanálise não apenas possui um método, mas ela foi definida mais de uma vez por Freud como sendo, ela própria, um método. Um método de tratamento e um método de investigação. No

CHRISTIAN DUNKER

que toca o método de investigação ele está bem longe do transporte de categorias como associação livre, transferência e interpretação, sem mediação ou meditação, como se estas justificassem e descrevessem seus procedimentos de método para a pesquisa científica. Há equivalentes, analogias e homologias sim, mas estas exigem uma espécie de "quarentena de aclimatação". Nunca pense que *psicanálise = o que Freud disse*, e principalmente não incorra na inversão, *se Freud (ou seu equivalente) não disse = não psicanálise*. Em geral a formação em psicanálise não enfatiza a formação em investigação psicanalítica, porque geralmente as instituições psicanalíticas distanciam-se da pesquisa formal. Não imagine que da sua formação lhe sairá espontaneamente, pela graça de São Bernardo de Claraval, as regras do método psicanalítico. O método deve estar adequado ao seu objeto e à experiência em questão. Lembre-se da solução tautológica e recursiva proposta por Lacan: *a psicanálise é todo tratamento conduzido por um psicanalista*. Agora conjugue junto comigo: escritor escreve, teseiro tesa e psicanalista, analisa. A pesquisa psicanalítica é toda pesquisa conduzida por um psicanalista. Diferente e mais restrita do que a pesquisa em psicanálise, que será feita por qualquer um que tenha aptidão e interesse pela psicanálise, seja ele ou não psicanalista ou clínico praticante. Ora, para construir um método que eleve o objeto à dignidade de experiência, vale o que servir ao pesquisador e convier a seus objetivos. Ou seja, existem inúmeros recursos, técnicos e metodológicos, que podem ser combinados e articulados aos conceitos metodológicos da psicanálise: análise de discurso, pesquisa ação, hermenêutica crítica, observação livre ou controlada, crítica de conceitos, estudo de caso, para citar os mais comuns no quadro mais amplo da pesquisa qualitativa.[145] Não os desconheça.

14. Com quem você pensa que está falando?

Argumentos de autoridade, do tipo *Freud disse*, ou *Lacan falou*, revelam muitas vezes apenas a subserviência reverente do autor diante

---

[145] BANISTER, P.; PARKER, I. ET ALL. "Qualitative Methods". *In: Psychology*. Open University: London, 1994.

PARTE V - CAPÍTULO IV - OS 27 + 1 ERROS COMUNS DE QUEM QUER...

da tradição que o precedeu. *Tornar sua a herança que te legaram*, tal frase de Goethe pode ser usada para domesticar a transferência de servidão. Em nosso país a extensão representada pela formação em psicanálise, suplementada pela pós-graduação, traz uma responsabilidade nova, a chamada responsabilidade do intelectual. Ela implica situar-se e compartilhar seu percurso com outros. O primeiro dever do intelectual é a humildade. Caso contrário ele apenas reproduzirá o sistema de opressões que o gestou. O segundo dever do intelectual é destruir as autoridades constituídas e *falar fora do lugar* que lhe é reservado. Essa dupla tarefa foi sintetizada brilhantemente no que Bloom[146] chamou de *angústia da influência*. Ou seja, a tarefa formativa de autodilacerar-se diante da autoridade recebida, de separar-se dos autores e influências que recebemos. Aquele que adere ao poder soberano do autor pensa a universidade como uma hierarquia e usará o texto como um inquisidor.

15. Zero é igual a Zero

Uma das regras da teoria geral da conversação de Grice é: *contribua para a conversa acrescentando algo novo*. A melhor maneira de reduzir o interesse de sua tese, inclusive o interesse para você mesmo, é esquecer que a tese é apenas um fragmento composto de palavras a ser adicionado em uma conversa que começou muito antes de você e que terminará muito depois de você. Você dará uma contribuição. Não se espera que seja nem a primeira nem a última. Aqueles que ficam quietos cinco anos porque esperam sair de seu gabinete com "a palavra final" sobre um assunto, deveriam voltar para seu gabinete (zero = zero). Aqueles que querem participar da conversa, mas sem dizer nada que seja próprio ou comprometedor, recolham-se ao gabinete para pensar por mais cinco anos ($0=0$). A conversa mais imediata, vamos dizer, inevitável, é com seu orientador e depois com os membros da banca. Mas você pode aplicar o método da diagonal de Cantor para perceber a extensão potencial da conversa em questão. Ir para uma defesa sem ler, citar ou comentar o que escreveram os membros da banca e seu orientador sobre

---

[146] BLOOM, H. *A Angústia da Influência*. Imago, Rio de Janeiro, 1991.

CHRISTIAN DUNKER

aquele assunto é simplesmente inadmissível. Se você os escolheu é porque eles têm algo a dizer sobre o que você estuda. E se eles o escolheram para orientação ou aceitaram participar de sua banca é porque consideram que você tem algo a contribuir para as pesquisas que eles estão desenvolvendo. Lembre-se, seu orientador não é uma versão piorada de mamãe, cuja única expectativa terrena (sob sua ótica narcísica) é adular e reforçar a adoração pela sua cria. Peça licença, discorde, posicione-se, de preferência com elegância e educação, mas jamais tome o caminho pelo qual você se torna o mestre do universo, simplesmente porque você desenvolveu essa estranha habilidade de ignorar os mais próximos, reduzir cabeças procrustianamente ou diminuir o tamanho do mundo no qual estamos. Isso aplica-se, *mutatis mutandi*, a indiferença para com outras escolas, linhas e orientações dentro da psicanálise. Em suma, nunca esqueça aqueles com quem você está falando, nem justifique sua preguiça com preconceitos.

16. Não matarás passarinhos com canhões

Cuidado para dimensionar bem o esforço de levantamento de argumentos, observações, dados e históricos tendo em vista o que você realmente precisa no quadro de seu argumento. Principalmente no começo queremos cercar todas as brechas e costumamos gastar muitos recursos sem os devidos benefícios para a demonstração. Especialmente quando não estamos bem certos do que vamos fazer na tese começamos a reunir argumentos com forte "aspecto crítico" ou com "altas doses dogmáticas" para justificar o que já sabemos e para afastar o que ainda não sabemos. A arte de acabar com passarinhos por meio de canhões é no fundo a arte de disfarçar a covardia. A psicanálise não é uma ciência que tenha por critério nem exclusivamente a exatidão, nem exclusivamente a empiria. Seu critério é o rigor, do texto e da clínica e deles para com a experiência. Lembremos, clínica é nome de uma experiência e de um método, na verdade uma família de métodos. A clínica exige rigor e minúcia no estabelecimento da semiologia, crítica comparativa da diagnóstica, avaliação ponderada da terapêutica, investigação hipotética de seus esquemas etiológicos. Clínica sob transferência, clínica como tradição, daí a proximidade entre a tese em psicanálise e a escrita do romance policial.[147]

17. Não revele o assassino no primeiro capítulo

Esta não é apenas uma falha retórica que desqualifica a atenção de seu leitor, e na verdade ignora as regras da formação da intriga pela qual valerá a pena continuar a ler seu trabalho. Este erro costuma revelar algo mais sério: *você já sabe aonde quer chegar.* Você já sabe o que será concluído. Você já sabe o que há para ser dito. Fique em casa. Você já sabe. Queremos pessoas que ainda não sabem.

18. Nada se perde, tudo se transforma

A escrita de um texto longo como um mestrado e mais ainda de um doutorado exige uma planta ou um projeto no qual os capítulos são diagramados. A estrutura do texto acadêmico segue, com variações, aquilo que os antigos retóricos chamavam de *dispositio*: introdução, objetivos, justificativa, método, resultados, discussão, conclusão. Essas são funções lógicas do texto e nem sempre devem corresponder à titulação e ordem dos capítulos. O importante é que sua escrita possua escoadouros alternativos. Um capítulo que perdeu o rumo pode virar um bom artigo. Uma seção sem propósito ou lugar pode ser reaproveitada em um congresso. Uma abertura ousada que não deu certo pode ser guardada no seu baú para emergências. Ou seja, se você não tem nenhum outro projeto de escrita que não a tese, você tem um problema grave. Cedo ou tarde seu desejo de fazer tudo entrar vai engordar seu trabalho e poluir seu ambiente. As reduções e emagrecimentos serão sentidos como perdas melancólicas, às quais você resistirá com fervor. Seu texto fica lento, perderá a agilidade e morrerá como um elefante preso na areia movediça, perecendo miseravelmente de hemorragia libidinal.

---

[147] DUNKER, C. I. L; ASSADI, T. C; BICHARA, M. A. M; GORDON, J; RAMIREZ, H. H. A. "Romance Policial e Pesquisa em Psicanálise". *Interações (Universidade São Marcos)*, vol. 8, pp. 113 – 129, 2002.

19. Qual o tamanho da pista onde você vai pousar este avião?

Sempre dimensione seus planos e ideais tendo em vista seus recursos. Grandes promessas exigem imensas áreas de aterrissagem: prazos longos e faustos, escrita pródiga, tempo de dedicação extenso. Calcule o centro de seu projeto, o ponto no qual se deve aplicar mais força e densidade. Veja se ele se ajusta realmente às suas previsões. Se possível comece por ele. Tenha certo que planos, cronogramas e projetos podem ser totalmente corrompidos por uma paixão repentina no meio do caminho. Um livro que nos desorganiza, um comentário lateral que nos atinge em cheio no que queremos fazer. Um erro muito comum é compor um lauto capítulo histórico, cheio de variâncias e reentrâncias, com quatro turbinas, mas que terá que aterrissar na sua pequeníssima e geralmente esburacada pista de pouso, formada pela sua modesta questão de pesquisa. Se você é iniciante vá do particular ao geral, não do geral ao particular. Faça como os cineastas de Hollywood: *comece pela ação*. Para estudar a uma peça teatral específica talvez você não precise refazer toda a teoria da representação em Freud desde o *Projeto*, incluindo as *Afasias* bem como um resumo crítico dos textos sobre a metapsicologia. Para estudar as fórmulas da sexuação em Lacan talvez não seja o melhor caminho começar por uma revisão completa da teoria do significante. Algumas definições devem vir necessariamente antes que outras, mas uma vez começado (lembre-se da importância do começo) há sempre algo por fazer. Sobretudo não brigue com seu texto, não o insulte, não amaldiçoe o dia em que você quis se meter com isso. Não fique cobiçando o tema do próximo, nem fique sonhando com um novo começo. Uma radical mudança de tema deixará os problemas para trás – assim como pensa o senso comum sobre os sintomas. Pense sempre no tamanho da pista.

20. Não me venha com chorumelas

Sim, a impressora tem vontade própria. É verdade, ela está mancomunada com seu computador e às vezes em quadrilha com o provedor da *internet*. Todos eles juntos conspiram contra você. Sem falar na falta de sorte pelo término do papel às três horas da manhã na véspera

PARTE V - CAPÍTULO IV - OS 27 + 1 ERROS COMUNS DE QUEM QUER...

de sua apresentação. Chuva, pneu furado, tsunami na família, câimbra do escritor, tudo isso acontece mesmo. Seu orientador é como um superego auxiliar. Ele e sua tese entraram na sua vida como uma vaca gigante que você mesmo escolheu colocar na cozinha de sua casa. Atrapalham tudo e não param de olhar para você. Um dia eles saem da sua vida e você descobre como ela pode ser feliz. Antes disso, tese é sentimento de dívida permanente. Se você ainda não se esqueceu das condições ideais de pressão e temperatura e ainda sonha com aquele mosteiro nas montanhas de Caracassone, ao lado dos passarinhos, só você, seus livros e seus alfarrábios, volte para o item número 1 desta lista. A regra aqui é: traga alguma coisa, por menor que seja, nunca será suficiente. Um papel amassado com uma frase aforismática. Uma pergunta vetusta, sem propósito ou destino? Traga. Um sonho no qual você se imagina o grande Berzelius[148]? Se estiver escrito traga. Todo orientador sabe se virar com o que foi possível escrever. Ninguém sabe o que fazer com o vazio. Considere levar este último para sua análise.

21. Não bata em cachorro morto

Críticas aos perdedores da história sempre constituem a chamada posição fácil. A comunidade a qual você pertence possui consensos firmados. É importante mostrar que você os conhece, mas é mais importante ainda reverter as expectativas criadas a partir de tais consensos. Repetir as velhas críticas de Lacan à psicologia do ego da década de 1950, pode ser útil para dizer que você faz parte da turma, mas se não acrescentar nada, cedo ou tarde vai parecer covardia e preguiça, ou pior, falta de coisa melhor para dizer. Sempre que possível procure a posição difícil, sem que isso se torne apenas o cultivo de pequenas diferenças. Console-se com a mediocridade da produção alheia. Engane-se com a

---

[148] Segundo Freud o grande químico foi dormir com um problema na cabeça: como podem seis átomos de carbono de reunirem em uma estrutura estável? Naquela noite ele sonhou que os carbonos estavam em uma espécie de festa, cada qual dançando com os outros. De tal maneira que cada carbono dava sua mão para outro carbono até que o último dava sua mão para o primeiro. Berzelius arcou com o conceito na cabeça: o benzeno era uma estrutura fechada composta por seis carbonos que se "davam as mãos".

CHRISTIAN DUNKER

convicção de que sua turma é a melhor do mundo. Divida o quanto puder o mundo em grupos, facções e pessoas crivadas de interesses e intrigas. Conspire e prolifere a maledicência. Você descobrirá então que tudo isso é falso antídoto para aplacar seu sentimento de mediocridade, suas vãs aspirações gloriosas, sua fé que sendo os outros muito pequenos você se tornará a encarnação da grandiosidade intelectual.

22. Não abuse da elasticidade da transferência

A escrita de uma tese está atravessada por transferências, não só aquela que costuma se formar com o orientador. Não imagine que se seu orientador fizesse um esforço para te amar um pouco a mais uma revolução do saber iluminaria sua alma. As portas de Sésamo se abririam com um toque a mais da Pedra Filosofal do reconhecimento do orientador, ser supremo em maldade. Amantes, amantes, textos a parte. Freud dizia que nas instituições a transferência pode assumir as formas mais humilhantes e empobrecedoras. Elas são de dois tipos: aquele que diz que tudo vai dar certo porque seu orientador te ama, e aquele que diz que tudo via dar errado porque seu orientador te odeia. Nada melhor do que a crítica honesta, dura e direta. Se você está em busca do *10 com estrelinha*, volte para a graduação. Os orientadores, como os psicanalistas, sempre esperam mais normalidade e saúde do que eles mesmos podem oferecer como parâmetro. Não tende adivinhar aquilo que seu orientador realmente quer, abrindo mão do que você gostaria. Lute por suas ideias com argumentos, provas e evidências. Não imagine que a universidade é um compadrio que funciona como uma ação entre amigos e se algo deu errado devemos culpar falta de padrinhos. Negocie seus interesses com os de seu orientador. Considere que na escrita acadêmica há quatro tipos de saberes materiais. Aquilo que você sabe que sabe, mas que você mesmo está farto de pensar, escrever e dizer. Aquilo que você sabe que não sabe e te aparece como um imenso e sedutor continente a conquistar, ou a desviar-se. Aquilo que você não sabe que sabe, e que seu orientador deve ser astucioso o suficiente para extrair, dar voz e aproveitar. Finalmente há aquilo que você não sabe que não sabe, por exemplo, o trabalho infinito que aquele tema (aparentemente fácil) representa, mas também sua incrível facilidade para pegar e entender os

PARTE V - CAPÍTULO IV - OS 27 + 1 ERROS COMUNS DE QUEM QUER...

movimentos daquele ou deste autor. Agora suponha que tudo isso está acontecendo também do lado de seu orientador. Ele pode saber menos que você sobre o seu assunto. Ele pode estar farto de ler as mesmas ideias. Ele pode desconhecer sua própria ignorância. Não force a barra, vocês estão juntos como dois cegos em uma floresta escura. Lacan dizia que a transferência une, ao modo de uma banda de Moebius, a psicanálise em intensão e a psicanálise em extensão. Lide com as transferências acadêmicas da mesma forma como você lida com as transferências analíticas, procure saber onde está o ponto de torção.

23. Não é com força, é com jeito

Sua tese é como uma donzela a ser conquistada. Não vai adiantar tirar as calças pela cabeça, praguejar contra a sorte ou rezar pela ajuda divina. Ela só se entregará a você segundo os caprichos e desígnios que serão os dela, no tempo dela (infelizmente ela não está sincronizada com a Capes–CNPq). Três máximas das cantigas trovadorescas de amor e de amigo são aplicáveis aqui: (1) *não é com força, é com jeito*; (2) *quem se desloca recebe, quem pede tem preferência* e (3) *não vá querer marcar o terceiro beijo antes de marcar o primeiro*. Se a ideia não vem mude de capítulo, comece outra parte. Revise um pedaço deixado para trás. Imagine que seu texto é como uma casa em construção, ou como um destes quadros de Bosch ou Brueghel, cheios de detalhes intermináveis. Sempre há algum reparo para fazer aqui ou ali. Seus colegas, orientadores e membros da qualificação vão sempre olhar para aquele capitel torto ou para aquela coluna salomônica mal escorada da sua catedral de Chartres particular. Isso lhe é sonora injustiça diante de todo o resto que deu tanto trabalho e que te parece lindo e maravilhoso (e que provavelmente está mesmo, mas para o qual foi reservado o amargo silêncio ou dois ou três elogios rápidos e superficiais). O leitor profissional é maníaco pela falta, mas pode estar certo e seguro, na maior parte das vezes ele não está gozando com a sua castração.

24. Se não deu com jeito, vá com força mesmo

Apesar de tudo existem textos indóceis, momentos de marasmo criativo e desorientação de ideias. Existem estradas lindas que ligam nada

321

CHRISTIAN DUNKER

a lugar nenhum. Sempre há uma solução absolutamente simples para qualquer problema complexo: a solução errada. Cedo ou tarde os caprichos da inspiração submetem-se à disciplina da transpiração. Se sua donzela não quer se entregar, apesar de suas súplicas e da sua devoção lembre-se, o amor cortês desenvolveu-se em paralelo com os concursos de cavalaria, com os exercícios militares e com as Justas cerimoniais. Quem não te quer não te merece. O importante é não voltar para casa de mãos vazias: resuma, fiche, comprima, resenhe, organize, leia e rabisque. Em casos extremos, faça justiça com suas próprias mãos. Esteja ciente que não é por todos que isso será recebido como a coisa mais linda do mundo. A sublimação é um recurso limitado, o trabalho é a condição de seu acontecimento. Eco (1977) nos lembra de uma estratégia importante para a escolha do tema pode ser usada de forma reversa. Imagine que você deve escolher um tema de tal forma que você seja capaz de efetivamente conhecer (isso incluir desde ler e saber de cor, até situar vagamente o que aquele autor faz) todas as referências importantes. Ou seja, se você não se acha capaz de refazer todas as referências importantes sobre, digamos, *a transferência*, especifique para "a transferência em Freud". Se ainda não dá reduza para: "*a transferência em Freud depois de 1920*". Se mesmo assim, as pernas estão curtas, especifique para "*a transferência em Freud depois de 1920 e sua recepção entre os pós-freudianos da Letônia*". Se ainda assim seu fôlego não dá, procure outra praia, algo como: "*da escolha de temas impossíveis na neurose obsessiva*".

25. Respeite a lógica do encontro

Nas provas de seleção para ingresso é comum vermos candidatos decepcionados por não serem aprovados. Geralmente tomam isso como sinal de sua insuficiente sabedoria ou formação acadêmica prévia insatisfatória. Muitos amaldiçoam a recusa com a cruz do jogo das cartas marcadas e do favorecimento clientelista. Poucos entendem que há uma lógica do encontro entre orientador e orientando: interesses comuns, predicados, referências, aptidões, habilidades e simpatias, tudo isso se mistura em um caldeirão que mais se assemelha a uma entrevista de emprego do que um concurso público. Na maior parte dos casos trata-se

PARTE V - CAPÍTULO IV - OS 27 + 1 ERROS COMUNS DE QUEM QUER...

de um desencaixe entre as disponibilidades do orientador e do Programa de Pós-Graduação e as ofertas e interesses do candidato. É a lógica do encontro. A seleção não mede conhecimentos absolutos e qualificações do tipo Fuvest. Se você ainda acha que ser bom aluno equivale a ser bom pesquisador, volte para o item (1) desta lista. A escolha é feita tendo em vista o que aquele orientador e sua linha de pesquisa em particular podem e devem receber. Pergunte-se: o que *você tem e pode oferecer para aquela comunidade de pesquisa?* Cada orientador tem compromissos a cumprir em termos de sua própria pesquisa, de seus temas, de suas áreas. Se você não sabe disso, repito, volte para o item (1). Muitos consideram isso injusto, pois creem que o mérito deve equalizar as condições de todos. Mas como receber um verdadeiro especialista internacional na psicologia de Jung se não há nenhum conhecedor da Psicologia Analítica no seu Programa de Pós Graduação? O Outro não existe, é descompleto, falta-lhe um significante e há um furo real no Simbólico, sem falar na relação sexual — *sad, but true!*[149] Certo, está mais para namoro ou casamento do que para prova anônima que avalia os méritos objetivos imparcialmente. É por isso que se deve, na medida do possível, frequentar o programa pretendido, apresentar-se ao orientador, quando não pessoalmente, por escrito, estagiar em suas atividades abertas quando as houver, conhecer o programa (*know thy enemy*). É prudente experimentar a cultura local antes de se mudar para ela, ou de se sentir rejeitado por ela. Há casamentos que surgem de encontros às escuras, mas eles são de alto risco. Ou você prefere a ideia de dote?

26. Jamais despreze a importância dos pequenos detalhes

Considere a possibilidade de que outros tenham trilhado caminhos semelhantes aos que agora você enfrenta em seu texto. É possível que mais de uma vez você seja destruído pela certeza de que tudo de útil que havia para ser feito sobre aquele tema, já foi feito por tal autor, que você, infelizmente leu dois meses antes da entrega final de seu trabalho. Considere que boa parte dessa sensação decorre de suas expectativas

---

[149] Traurig aber Wahr.

CHRISTIAN DUNKER

sintomáticas ou das inibições de escrita e criação. Mas há casos nos quais o *espírito do tempo* e a disponibilidade de recursos levam de fato a trabalhos irmãos. Nessa situação serão os detalhes e o acabamento que farão a diferença. Reflita sobre a quantidade de vezes que sua banca ou orientador já leu aquela citação clássica. Você quer estorvá-los com um comentário superficial, ou valeria a pena tentar descobrir e valorizar um detalhe revelador?

27. Vale o escrito

Lembre-se você não estará ao lado de seu leitor para explicar ambiguidades mal postas, frases sem sentido ou afirmações injustificadas. Evite recursos de ambiguação excessiva, tais como aspas, expressões e exemplos que vão datar seu texto (tipo "*na famosa peça de teatro em cartaz...*", que será esquecida daqui a dois anos). É intolerável a ausência de explicação para títulos de capítulos ou seções. Inaceitável deixar de comentar citações. Indesejável citar em demasia, ou em extensão indevida. O critério de um texto acadêmico é o rigor, e rigor quer dizer desambiguação ou ambiguidade calculada. O que claro se concebe, bem se exprime. Se você não consegue explicar "aquilo" que está em sua mente, talvez você esteja sendo iludido por uma Quimera.

27 + 1. A Lei do Mútuo Merecimento Universal dos Orientadores e Orientandos (LMMUOO)

Muitas pessoas acreditam nos poderes mágicos dos orientadores. Fazem questão de que o seu seja bem dotado de tal forma a funcionar como um cartão de visitas para a eternidade do juízo final. Poucos consideram, nesta matéria, que como não sabemos o que foi perdido não podemos avaliar o que ganhamos. No fundo, não há progresso. Aquele orientador mais concorrido provavelmente terá menos tempo para acompanhar seu trabalho. Aquele orientador mais confuso te dará liberdade para que você se organize enquanto tenta organizá-lo. Orientadores que pegam nas mãos do orientando e seguem cada linha de seu texto, podem ser sentidos como controladores. Os que amam demais

PARTE V - CAPÍTULO IV - OS 27 + 1 ERROS COMUNS DE QUEM QUER...

podem destruir seus orientandos com excessos de expectativas. Os que amam de menos abrem espaço para a liberdade e para a diversificação de transferências. Nem sempre o orientador que você quer é o que você precisa. Nem sempre o que você precisa é aquele que te fará feliz. Geralmente aquele que você quer e precisa não está disponível naquele Programa de Pós-Graduação que você pode, ou na hora que você tem. Os que são muito exigentes intimidam. Os pouco exigentes dispersam. Os com muito tempo deixam você paranoide. Os com pouco tempo te melancolizam. Os que dosam perfeitamente o tempo para você, o deixam em esquize-fascinatória diante de tamanho ideal. Acredite: *o orientador não é tão importante assim*. Ele é como o Cálice Sagrado, mais vale a procura do que sua posse. Ele ou ela não precisam saber mais que você para acontecer um bom trabalho. É sempre interessante quando é possível dizer *"aqui você está por sua própria conta e risco"*. Durante o progresso de escrita, e especialmente ao final, as relações tendem a ficar tensas. As insuficiências são silenciosamente atribuídas de um a outro. Seu odioso orientador vai crescentemente representando tudo o que você poderia ter lido, não leu ou não elaborou. Toda a miserável impiedade de um Inquisidor. Ele, do alto de seus poderes deixou que você vivesse a extrema impotência de terminar um texto. Lembre-se do que se diz correntemente *"você nunca acaba uma tese, ela acaba com você"*. O tempo, o prazo possível, acaba por impor-se ao gloriosamente desejado. O que é certo e comprovado é que na imensa gama de desencontros e encontros entre orientandos e orientadores confirma-se a cada vez a Lei Universal de que eles se merecem mutuamente. Sejam quais forem. Sempre. O erro último e primeiro é acreditar que existe tal coisa como uma tese em psicanálise. Há teses em psicologia clínica, em teoria psicanalítica, em epistemologia da psicanálise, e assim por diante. A psicanálise não é uma disciplina universitária. Seu orientador não é seu analista, nem supervisor, nem analisante. Mas como vocês se merecem tentarão inevitavelmente fazer o impossível.

REFERÊNCIAS BIBLIOGRÁFICAS

APA. *Diagnostic and statistical manual of mental disorders*. Washington: APA, 2013.

ARENDT, H. *Eichmann em Jerusalém*. São Paulo: Companhia das Letras, 2019 [1964].

ARENDT, Hannah. *Entre o passado e o futuro*. São Paulo: Perspectiva, 1968.

ARIÉS, P. *História social da família e da infância*. Rio de Janeiro: Guanabara, 1978 [1973].

AUSTIN, J. *Quando dizer é fazer*. Porto Alegre: Artes Médicas, 1980.

BANISTER, P.; PARKER, I. et all. *Qualitative methods in Psychology*. London: Open University, 1994.

BAUMAN, Z. *Modernidade e ambivalência*. Rio de Janeiro: Jorge Zahar, 2015.

BECK, U. *Risk Society:* towards a new modernity. London: Sage, 1992.

BICKHAM, J. M. *The 38 most common fiction writing mistakes*. Cincinatti: Writers Diggest Books, 1997.

BLOOM, H. *A Angústia da influência*. Rio de Janeiro: Imago, 1991.

BOLTANSKI, L.; CHIAPELLO, È. *A Nova razão do mundo*. São Paulo: Boitempo, 2013.

BOURDIEU, P. *A Distinção*. São Paulo. Edusp, 2006

BUARQUE DE HOLANDA, S. *Raízes do Brasil*. São Paulo: Companhia das Letras, 1996 [1936-1955].

BURROWAY, J.; STUCKEY-FRENCH, E. *Writing Fiction:* a guide to narrative caft. New York: Longman, 1996.

CALVINO, I. *Cidades invisíveis*. Companhia das Letras, 2000 [1972].

CARNEIRO, H. *Drogas:* a história do proibicionismo. São Paulo: Autonomia Literária, 2020.

CORRÊA, C.R.G.; SIMANKE, R.T. A recepção do conceito de transitivismo de Charlotte Bühler na teoria lacaniana do estádio do espelho. *Psicol. USP*, São Paulo, vol. 1, 31 abr. 2020, pp. 1-11.

COSTA, A. *Clinicando:* escritas da clínica psicanalítica. Porto Alegre: Associação Psicanalítica de Porto Alegre, 2008.

COSTA, A. *Clinicando:* escritas da clínica psicanalítica. Porto Alegre: Associação Psicanalítica de Porto Alegre, 2008.

CUSA, N. *A Douta ignorância*. Porto Alegre: EDIPUCRS, 2002 [1440].

DARDOT, P.; LACAL, C. *Comum*. São Paulo: Boitempo, 2014 [2007].

DE LEMOS, C.T.G. "Língua e discurso na teorização sobre aquisição de linguagem. *Letras de Hoje"*, Porto Alegre, vol. 30, n. 4, 1995, pp. 9-29.

DUNKER, C. I. L. *Reinvenção da intimidade*. São Paulo: Ubu, 2017.

_____. *Reinvenção da intimidade*. São Paulo: Ubu, 2017.

_____. *Mal-estar, sofrimento e sintoma:* uma psicopatologia do Brasil entre muros. São Paulo: Boitempo, 2015.

_____. *Estrutura e constituição da clínica psicanalítica*: uma arqueologia das práticas de cura, tratamento e terapia. São Paulo: Annablume, 2013.

_____. *Estrutura e constituição da clínica psicanalítica*. São Paulo: Zagodoni, 2011.

_____. *Por uma psicopatologia não toda*. São Paulo: Nversos, 2010.

_____. "Metodologia da pesquisa em psicanálise". *In:* LERNER, R.; KUPFER, M.C.M. (Orgs.) *Psicanálise com crianças:* clínica e pesquisa. São Paulo: Fapesp-Escuta, 2008.

_____. Estrutura e constituição da clínica psicanalítica. 2007. (Tese – Livre docência). São Paulo: Instituto de Psicologia-USP.

_____. Crítica da ideologia estética em Psicanálise. *In:* CARONE, Iraí (Org.). *Psicanálise fim de século*. São Paulo: Hacker, 1998.

_____. *Tempo e linguagem na psicose da criança*. 1996, 253 f. Tese (Doutorado em Psicologia) – Instituto de Psicologia da USP, São Paulo, 1996.

REFERÊNCIAS BIBLIOGRÁFICAS

DUNKER, C. I. L.; ASSADI, T. C; BICHARA, M. A. M; GORDON, J; RAMIREZ, H. H. A. "Romance policial e pesquisa em Psicanálise". *Interações*, São Paulo, vol. 7, n. 13, p. 113-129, jun. 2002.

DUNKER, C. I. L.; PARKER, I. "Modelos y métodos sociocríticos de la investigacion cualitativa: cuatro casos psicanalíticos y estratégias para su superación". *In:* GORDO LOPEZ, A; PACUAL, A. S. (Org.) *Estrategias y prácticas cualitativas de investigación social*. Madrid: Pearson Prentice Hall, 2008.

DUNKER, C. I. L.; THEBAS, C. *O Palhaço e o psicanalista:* como escutar pessoas e transformar vidas. São Paulo: Planeta, 2018.

DUNKER, C. I. L. "Zizek, um pensador e suas sombras". *In:* DUNKER, C.I.L.; AIDAR PRADO, J. L. *Zizek crítico:* política e psicanálise na era do multiculturalismo. São Paulo: Hacker, 2004.

ECO, U. *Como se faz uma tese*. São Paulo: Perspectiva, 1977.

EDGERTON, L. *Hooked:* write fiction that grabs readers at page one and never lets them go. Cincinnati: Writer´s Digest Books, 2007.

EYMERICH. *Directorium Inquisitorum*. Record, São Paulo, 1993 [1376].

FERENCZI, S. *Confusão de línguas entre adultos e a criança*. São Paulo: Martins Fontes, 1992 [1933].

_____. "A psicanálise a serviço do clínico geral". *In:* _____. *Obras completas,* vol. 3. São Paulo: Martins Fontes, 1993 [1920].

_____. "Ciência que adormece, ciência que desperta". *In:* _____. *Obras completas,* vol. 3. São Paulo: Martins Fontes, 1993 [1920].

_____. "Considerações sociais em certas psicanálises". *In:* _____. *Obras completas,* vol. 3. São Paulo: Martins Fontes, 1993 [1920].

_____. "Psicanálise e política social". *In:* _____. *Obras completas,* vol. 3. São Paulo: Martins Fontes, 1993 [1919].

_____. "A importância de Freud para o movimento da higiene mental". *In:* _____. *Obras completas,* vol. 3. São Paulo: Martins Fontes, 1993 [1918].

FERREIRO, Emilia; TEBEROSK, Ana. *A Psicogênese da língua escrita*. Porto Alegre: Artes Medicas 1985.

FONSECA, G. *O Valor do amanhã*. Rio de Janeiro: Rocco, 2015.

FOUCAULT, M. *Vigiar e punir*. Rio de Janeiro: Graal, 1978.

CHRISTIAN DUNKER

_____. *As Palavras e as coisas*. São Paulo: Martins Fontes, 1966.

FREIRE, P. *Pedagogia do oprimido*. São Paulo: Paz e Terra, 2005.

_____. *Cartas à Cristina:* reflexões sobre minha vida e minha práxis. 2ª ed. São Paulo: UNESP, 2003.

_____. *Pedagogia da autonomia:* saberes necessários para a prática educativa. 25ª ed. São Paulo: Editora Paz e Terra, 2002.

_____. *Pedagogia da indignação:* cartas pedagógicas e outros escritos. São Paulo: UNESP, 2001.

_____. *Professora sim, Tia não:* cartas a quem ousa ensinar. 10ª ed. São Paulo: Olho d'Água, 2000.

_____. *Pedagogia do oprimido*. 17ª ed. Rio de Janeiro: Paz e Terra, 1987.

_____. *Cartas à Guiné-Bissau:* registro de uma experiência em processo. 4ª ed. Rio de Janeiro: Paz e Terra, 1984.

_____. *Abertura do Congresso Brasileiro de Leitura*. Campinas, 1981.

FREUD, S. "A questão da análise leiga". *In:* _____. *Sigmund Freud:* obras completas, vol. 17. Trad. Jorge Etcheverry. Buenos Aires: Amorrortu, 1988 [1926].

_____. "Deve-se ensinar a psicanálise na universidade?" *In:* _____. *Sigmund Freud:* obras completas, vol. 17. Buenos Aires: Amorrortu, 1988 [1918], pp. 165-172.

_____. Zur Eileitung der Behandlung (Weitere Ratschläge zur Technik der Psychoanalyse I). *In:* _____. *Sigmund Studienausgabe, Schrifetn zur Behandlungstechnik*. Fischer, 1975 [1913].

_____. Ratchläge für den artz bei der psychoanalytichen behandlung. *In:* Sigmund Freud Studienausgabe, Schrifetn zur Behandlungstechnik. Fischer, 1975 [1912].

_____. Sobre Psicanálise selvagem. *In:* _____. *Obras incompletas de Sigmund Freud*. Belo Horizonte: Autêntica, [1910].

_____. Sobre psicoterapia. *In:* _____. *Sigmund Freud:* obras completas, vol. 17. Trad. Jorge Etcheverry. Buenos Aires: Amorrortu, 1988 [1905].

GARDNER, J. *The Art of fiction*. New York: Vintage, 1991.

GONÇALVES, R. *Subjetividade e escrita*. Santa Maria: Edusc-UFSM, 2000.

REFERÊNCIAS BIBLIOGRÁFICAS

GOUVEIA G.; FREIRE, R.; DUNKER, C. I. L. "Sanção em fonoaudiologia: um modelo de organização dos sintomas de linguagem". *Cadernos de Estudos Linguísticos*, Campinas, vol. 53, n. 1, jan./jun. 2011, pp. 7-26.

GUATIMOSIN, B. *Em torno do cartel*. Rio de Janeiro: Associação dos Fóruns do Campo Lacaniano, 2004.

HEGEL, G. F. *Ciência da Lógica. Volume 2:* a doutrina da essência. Petrópolis: Vozes, 2015 [1813].

_____. *Fenomenologia do espírito*. Petrópolis: Vozes, 1983 [1807].

HONNETH, A. *Luta por reconhecimento*. Campinas: 34, 2009 [2003].

_____. *Pathologies of reason*. New York: Columbia, 2009.

HYPPOLITE, J. *Gênese e estrutura da Fenomenologia do Espírito de Hegel*. São Paulo: Discurso, 1999.

JACOBSON, R. "Kindersprache, aphasie und allgemeine lautgesetze". *In:* _____. Selected writings II: word and language. Nova York, 1957 [1940].

_____. "Two Aspects of language and two types of aphasic disturbances". *In:* _____. Selected writings II: word and language. Nova York, 1957 [1954].

KANT, I. *Crítica da razão prática*. São Paulo: Martins Fontes, 2018 [1773].

_____. Resposta à questão: "o que é esclarecimento?" *In:* _____. Textos seletos. Petrópolis: Vozes, 2011 [1793].

KAUFMANN, P. *Dicionário enciclopédico de Psicanálise*. Rio de Janeiro: Zahar, 1996 [1993].

KHEL, M.R. *Bovarismo brasileiro*. Boitempo: São Paulo, 2018.

_____. *O Tempo e o Cão*. São Paulo Boitempo, 2015.

KRAMER, H.; SPRENGER, J. *Malleus Maleficarum*. Rio de Janeiro: Rosa dos Tempos, 1990 [1484].

KUPERMAN, D. *Transferências Cruzadas*. Rio de Janeiro: Revan, 1996.

LACAN, J. "O Aturdito". *In:* _____. *Outros Escritos*. Zahar: Rio de Janeiro, 2003 [1973].

_____. "Proposição de 9 de outubro de 1967 sobre o psicanalista de escola". *In:* _____. *Outros Escritos*. Rio de Janeiro: Zahar, 2002 [1967].

CHRISTIAN DUNKER

_____. "Direção da cura e os princípios de seu poder". *In:* _____. *Escritos.* Rio de Janeiro: Zahar, 2001 [1958].

_____. "Introdução de Scilicet no título da Revista da Escola Freudiana de Paris (1968)". *In:* _____. *Outros Escritos.* Rio de Janeiro: Zahar, 2001.

_____. "Situação da psicanálise e formação do psicanalista em 1956". *In:* _____. *Escritos.* Rio de Janeiro: Zahar, 2001 [1956].

_____. "O tempo lógico e a asserção da certeza antecipada um novo sofisma". *In:* _____. *Escritos.* Rio de Janeiro: Zahar, 2001.

_____. *O Seminário, livro XVII:* o avesso da Psicanálise. Rio de Janeiro: Zahar, 1998 [1968].

_____. *O Seminário, livro XVII:* o avesso da psicanálise. Rio de Janeiro: Zahar, 1992 [1969-1970].

_____. "Subversão do sujeito e dialética do desejo no inconsciente freudiano". *In:* _____. *Escritos*, Rio de Janeiro: Zahar, 1998 [1960].

_____. "O Estádio do espelho como formador da função do je tal como nos revela a experiência psicanalítica". *In:* _____. *Escritos.* Rio de Janeiro: Zahar, 1998 [1948].

_____. *O Seminário, livro I:* os escritos técnicos de Freud. Rio de Janeiro: Zahar, 1988 [1953].

_____. *A terceira.* Associação Lacaniana Internacional (separata), 1974.

_____. *O Seminário, livro XVIII:* de um discurso que não fosse do semblante. Rio de Janeiro: Zahar, 1971.

LAPLANCHE, J.; PONTALIS, B. *Vocabulário de Psicanálise.* São Paulo: Martins Fontes, 1996.

LIER-DEVITTO, M. F. *Aquisição, patologias e clínica de linguagem.* São Paulo: Fapesp, PUC-SP, 2007.

LOUREIRO, I. *O Carvalho e o pinheiro:* Freud e o estilo romântico. São Paulo: Escuta, 2002.

MANNONI, M. *A Criança retardada e sua mãe.* São Paulo: Martins Fontes, 1988.

MARX, Karl. *Crítica da filosofia do direito de Hegel: introdução.* 2ª ed. São Paulo: Boitempo, 2010 [1848].

REFERÊNCIAS BIBLIOGRÁFICAS

MEZAN, R. *Escrever a clínica*. São Paulo: Casa do Psicólogo, 1998.

_____. "O *Bildunsgroman* do psicanalista". *In:* _____. *A Sombra de Don Juan.* São Paulo: Brasiliense, 1993.

PATTO, M. H. S. *A Produção do fracasso escolar.* São Paulo: Queiróz, 1987.

RANCIÈRE, J. *O Mestre Ignorante.* Belo Horizonte: Autêntica, 2015.

REIS, Maria Letícia. *Victor de Aveyron.* Duetto, 2011.

ROUANET, S. P. *As Razões do Iluminismo.* São Paulo: Brasiliense, 1988.

ROUDINESCO, E. *História da Psicanálise na França.* Rio de Janeiro: Jorge Zahar, 1988 [1986].

SAFATLE, V. *Circuitos do afeto.* Belo Horizonte: Autêntica, 2016.

SANTOS, B. de S. Por uma concepção multicultural de direitos humanos. São Paulo: *Lua Nova*, n. 39, 1997, pp. 105-124.

SEARLE, J. *O Problema da consciência.* São Paulo: Unesp, 2001.

SEN, A. *A Ideia de justiça.* São Paulo: Companhia das Letras, 2009.

SENNA, Luis Antonio Gomes. "O conceito de letramento e a teoria da gramática: uma vinculação necessária para o diálogo entre as ciências da linguagem e a educação". *Delta* [online], 2007, vol. 23, n. 1, pp. 45-70.

SÓFOCLES. *Antígona.* Rio de Janeiro: Jorge Zahar, 2013 [492 a.C.].

SOUZA, J. *Os Batalhadores brasileiros.* Belo Horizonte: UFMG, 2010.

STRUNK, E.B.; WHITE, W. *The Elements of style.* New York: Longman, 2000.

TIUSSI, C. C. *Grupo em educação terapêutica com crianças:* alcance e limites de um dispositivo. 144 f. Dissertação (Mestrado em Psicologia). Instituto de Psicologia, Universidade de São Paulo, São Paulo, 2012.

WALLON, H. *As Origens do pensamento na criança.* São Paulo: Manole, 1989.

_____. "La conscience et la vie subconsciente (1920-1921)". *In:* DUMAS, G. *Nouveau traité de Psychologie.* PUF, 1942.

NOTAS

NOTAS

A Editora Contracorrente se preocupa com todos os detalhes de suas obras!
Aos curiosos, informamos que este livro foi impresso no mês de dezembro
de 2020, em papel Pólen Soft 80g, pela Gráfica Copiart.